O MELHOR DA MÚSICA POPULAR BRASILEIRA

Versão Compacta

Mário Mascarenhas

VOL. III

300 canções cifradas para violão

Nº Cat.: 300-A

Irmãos Vitale S.A. Indústria e Comércio
www.vitale.com.br
Rua França Pinto, 42   Vila Mariana   São Paulo   SP
CEP: 04016-000   Tel.: 11 5081-9499   Fax: 11 5574-7388

© Copyright 2003 by Irmãos Vitale S.A. Ind. e Com. - São Paulo - Brasil
dos os direitos autorais reservados para todos os países. *All rights reserved.*

Dados Internacionais de Catalogação na Publicação (CIP)
(Câmara Brasileira do Livro, SP, Brasil)

Mascarenhas, Mário
    O melhor da música popular brasileira : versão compacta : 300 canções cifradas para violão, vol. III / Mário Mascarenhas. — São Paulo : Irmãos Vitale, 2003.

    ISBN 85-7407-154-4
    ISBN 978-85-7407-154-1

    1. Música - Estudo e ensino 2. Música popular (Canções etc.) - Brasil 3. Violão - Estudo e ensino I. Título.

02-4613   CDD - 780.42098107

Índices para catálogo sitemático:
1. Música popular brasileira : Estudo e ensino
780.42098107

CRÉDITOS

Concepção musical: *Mário Mascarenhas*

Revisão musical e sumário de acordes: *Claudio Hodnik*

Projeto gráfico e capa: *Marcia Fialho e Danilo David*

Ilustrações de capa: *Lan*

Editoração eletrônica: *Marcia Fialho*

Revisão de texto: *Maria Helena Guimarães Pereira*

Coordenação editorial: *Roberto Votta*

Gerente de projeto: *Denise Borges*

Produção executiva: *Fernando Vitale*

SUMÁRIO

NOTA DO EDITOR 11

MÚSICAS

A camisola do dia - *Herivelto Martins e David Nasser*	347
A Felicidade - *Antonio Carlos Jobim e Vinícius de Moraes*	112
A jangada voltou só - *Dorival Caymmi*	386
A lua q eu t dei - *Herbert Vianna*	252
A mulher que ficou na taça - *Francisco Alves e Orestes Barbosa*	222
À primeira vista - *Chico César*	237
A terceira lâmina - *Zé Ramalho*	236
A tua vida é um segredo - *Lamartine Babo*	388
Ah! Como eu amei - *Jota Velloso e Ney Velloso*	159
Ai, quem me dera - *Toquinho e Vinícius de Moraes*	160
As canções que você fez para mim - *Roberto Carlos e Erasmo Carlos*	164
As rosas não falam - *Cartola*	15
Acelerou - *Djavan*	238
Alguém como tu - *Jair Amorim e José Maria Abreu*	161
Alô, alô - *André Filho*	162
Amar é tudo - *Djavan*	226
Antonico - *Ismael Silva*	114
Apenas um rapaz latino-americano - *Belchior*	342
Assim caminha a humanidade - *Lulu Santos*	251
Até amanhã - *Noel Rosa*	19
Atire a primeira pedra - *Ataulpho Alves e Mário Lago*	345
Ave Maria - *Vicente Paiva e Jayme Redondo*	389
Ave Maria dos namorados - *Ewaldo Gouveia e Jair Amorim*	213
Ave Maria no morro - *Herivelto Martins*	390
Aventura - *Eduardo Dusek e Luiz Carlos Góes*	166
Aves daninha - *Lupicínio Rodrigues*	87
Balada triste - *Dalton Vogeler e Esdras Silva*	115
Bandeira branca - *Max Nunes e Laércio Alves*	346
Bastidores - *Chico Buarque de Hollanda*	392
Beijo Partido - *Toninho Horta*	116
Blues da Piedade - *Frejat e Cazuza*	234
Boas festas - *Assis Valente*	88
Boi Bumbá - *Waldemar Henrique*	36

Bom dia - *Herivelto Martins e Aldo Cabral*	224
Bye bye Brasil - *Chico Buarque e Roberto Menescal*	216
Camisa listada - *Assis Valente*	394
Canção da manhã feliz - *Haroldo Barbosa e Luiz Reis*	419
Canção de amor - *Elano de Paula e Chocolate*	348
Canção do sal - *Milton Nascimento*	231
Calúnia - *Marino Pinto e Paulo Soledade*	227
Caprichos do destino - *Pedro Caetano e Claudionor Cruz*	396
Casa de bamba - *Martinho da Vila*	349
Casa no Campo - *Zé Rodrix e Tavito*	117
Caso sério - *Rita Lee e Roberto de Carvalho*	228
Castigo - *Lupicínio Rodrigues e Alcides Gonçalves*	30
Chora cavaquinho - *Waldemar de Abreu (Dunga)*	163
Chove lá fora - *Tito Madi*	391
Chuva - *Durval Ferreira e Pedro Camargo*	325
Cigano - *Djavan*	214
Cirandeiro - *Edu Lobo e Capinan*	220
Clube da esquina - *Milton Nascimento, Lô Borges e Marcio Borges*	296
Codinome: Beija-flor - *Reinaldo Arias, Cazuza e Ezequiel Neves*	77
Coisa feita - *João Bosco, Paulo Emílio e Aldir Blanc*	298
Coisa mais linda - *Carlos Lyra e Vinícius de Moraes*	89
Começar de novo - *Ivan Lins e Vitor Martins*	168
Como é grande o meu amor por você - *Roberto Carlos*	350
Comunhão - *Milton Nascimento e Fernando Brant*	50
Conversa de botequim - *Noel Rosa e Vadico*	352
Cor de rosa choque - *Rita Lee e Roberto de Carvalho*	232
Coração Ateu - *Suely Costa*	170
Coração vagabundo - *Caetano Veloso*	286
Curare - *Bororó*	351
Da cor do pecado - *Bororó*	22
Dá-me tuas mãos - *Erasmo Silva e Jorge de Castro*	90
Dentro de mim mora um anjo - *Suely Costa e Cacaso*	118
Desafinado - *Antonio Carlos Jobim e Newton Mendonça*	178
Deus lhe pague - *Chico Buarque de Hollanda*	308
De papo pro á - *Olegário Mariano e Joubert de Carvalho*	354
De tanto amor - *Roberto Carlos e Erasmo Carlos*	355
De volta pro aconchego - *Dominguinhos e Nando Cordel*	172
Devolva-me - *Renato Barros e Lilian Knapp*	247
Disparada - *Geraldo Vandré e Théo*	72

Disseram que voltei americanizada - *Vicente Paiva e Luiz Peixoto*	28
Divina comédia humana - *Belchior*	261
Doce veneno - *Valzinho, Carlos Lentine e M. Goulart*	398
Dom de iludir - *Caetano Veloso*	288
Dona - *Sá e Guarabyra*	66
É doce morrer no mar - *Dorival Caymmi*	171
É o amor - *Zezé di Camargo*	306
E se... - *Francis Hime e Chico Buarque de Hollanda*	91
Emília - *Wilson Baptista e Haroldo Lobo*	399
Entre tapas e beijos - *Nilton Lamas e Antônio Bruno*	324
Errei... erramos... - *Ataulpho Alves*	120
Esmola - *J. R. Kelly*	41
Esperando na janela - *T. Gondim, M. Almeida e R. do Acordeon*	259
Esquadros - *Adriana Calcanhotto*	320
Estácio holly Estácio - *Luiz Melodia*	422
Este seu olhar - *Antonio Carlos Jobim*	271
Estrada ao sol - *Antonio Carlos Jobim e Dolores Duran*	273
Estrada da vida - *José Rico*	255
Eu não existo sem você - *Antonio Carlos Jobim e Vinícius de Moraes*	42
Eu sei que vou te amar - *Antonio Carlos Jobim e Vinícius de Moraes*	173
Eu sonhei que tu estavas tão linda - *Francisco Mattoso e Lamartine Babo*	24
Eu te amo - *Antonio Carlos Jobim e Chico Buarque*	174
Eu te amo você - *Kiko Zambianchi*	122
Eu velejava em você - *Eduardo Dusek e Luiz Carlos Goes*	242
Êxtase - *Guilherme Arantes*	121
Faceira - *Ary Barroso*	38
Face a face - *Suely Costa e Cacaso*	92
Faltando um pedaço - *Djavan*	356
Fanatismo - *Fagner e Flor Bela Espanca*	35
Feijãozinho com torresmo - *Walter Queiroz*	421
Feitinha pro poeta - *Baden Powell e Lula Freire*	210
Felicidade (Schottis da felicidade) - *Lupicínio Rodrigues*	70
Fez bobagem - *Assis Valente*	264
Fim de caso - *Dolores Duran*	400
Fita meus olhos - *Peterpan*	94
Folhas mortas - *Ary Barroso*	20
Folia no matagal - *Eduardo Dusek e Luiz Carlos Góes*	402
Formosa - *Baden Powell e Vinícius de Moraes*	289
Forró em Caruaru - *Zédantas*	32

Fracasso - *Mário Lago*	423
Fuscão Preto - *Atílio Versutti e Jeca Mineiro*	75
Good-bye boy - *Assis Valente*	274
Ilusão à toa - *Johnny Alf*	63
Infinito desejo - *Gonzaga Júnior*	262
Isso é lá com Santo Antônio - *Lamartine Babo*	60
Isto aqui o que é? - *Ary Barroso*	176
João Valentão - *Dorival Caymmi*	316
Juízo final - *Nelson Cavaquinho e Élcio Soares*	243
Jura - *Sinhô*	14
Jura secreta - *Suely Costa e Abel Silva*	85
Lábios de mel - *Waldir Rocha*	84
Lábios que beijei - *J. Cascata e Leonel Azevedo*	25
Lampião de gás - *Zica Bergami*	124
Lança perfume - *Rita Lee e Roberto de Carvalho*	290
Latin lover - *João Bosco e Aldir Blanc*	229
Leão ferido - *Biafra e Dalto*	256
Leva - *Michael Sullivan, Paulo Massadas e Miguel Plopschi*	44
Levante os olhos - *Silvio Cesar*	358
Lilás - *Djavan*	126
Linha do horizonte - *Paraná e Paulo Sérgio Valle*	71
Lua de São Jorge - *Caetano Veloso*	293
Lua e flor - *Oswaldo Montenegro*	52
Luar de Paquetá - *João de Barro, Freire Júnior e Hermes Fontes*	180
Luz do sol - *Caetano Veloso*	181
Luz e mistério - *Caetano Veloso e Beto Guedes*	300
Madalena - *Ivan Lins e Ronaldo Monteiro de Souza*	127
Mais feliz - *Dé, Bebel Gilberto e Cazuza*	292
Mais uma valsa... mais uma saudade... - *J. Maria de Abreu e Lamartine Babo*	263
Malandragem - *Frejat e Cazuza*	318
Mamãe - *Herivelto Martins e David Nasser*	128
Maria - *Ary Barroso e Luiz Peixoto*	404
Maria Maria - *Milton Nascimento e Fernando Brant*	182
Meia lua inteira - *Carlinhos Brown*	64
Medo de amar - *Suely Costa e Tite de Lemos*	338
Menina moça - *Luiz Antônio*	401
Mentiras - *Adriana Calcanhotto*	310
Metade - *Adriana Calcanhotto*	258
Metamorfose ambulante - *Raul Seixas*	312

Meu caro amigo - *Francis Hime e Chico Buarque de Hollanda*	406
Meu consolo é você - *Nássara e Roberto Martins*	359
Meu drama - *Silas de Oliveira e J. Ilarindo*	95
Meu mundo e nada mais - *Guilherme Arantes*	68
Meus tempos de criança - *Ataulpho Alves*	18
Mexerico da Candinha - *Roberto Carlos e Erasmo Carlos*	82
Minha - *Francis Hime e Ruy Guerra*	360
Minha vida - *Lulu Santos*	257
Minhas madrugadas - *Paulinho da Viola e Candeia*	239
Moça - *Wando*	130
Modinha - *Sergio Bittencourt*	16
Morena dos olhos d'água - *Chico Buarque de Hollanda*	408
Morrer de amor - *Oscar Castro Neves e Luvercy Fiorini*	96
Mucuripe - *Antonio Carlos Belchior e Raimundo Fagner*	62
Mulher - *Custódio Mesquita e Sadi Cabral*	21
Na sombra de uma árvore - *Hyldon*	69
Na minha palhoça (Se você quisesse) - *J. Cascata*	184
Nada por mim - *Herbert Vianna e Paula Toller*	132
Nada será como antes - *Milton Nascimento e Ronaldo Bastos*	133
Não deixe o samba morrer - *Edson e Aloísio*	409
Não me culpe - *Dolores Duran*	265
Não me diga adeus - *Paquito, Luiz Soberano e João Corrêa da Silva*	410
Não quero mais amar ninguém - *Zé da Zilda, Cartola e Carlos Cachaça*	332
Não quero ver você triste - *Roberto Carlos e Erasmo Carlos*	134
Não tem solução - *Dorival Caymmi e Carlos Guinle*	361
Não tem tradução - *Francisco Alves e Noel Rosa*	340
Naquela estação - *Caetano Veloso, João Donato e Rui Bastos*	334
Naquela mesa - *Sérgio Bittencourt*	362
Nem morta - *Michael Sullivan, Paulo Massadas e Miguel Plopschi*	136
Ninguém é de ninguém - *Umberto Silva, Toso Gomes e Ruiz Mergulhão*	411
No Rancho Fundo - *Ary Barroso e Lamartine Babo*	26
No tabuleiro da baiana - *Ary Barroso*	186
Nono mandamento - *Renê Bittencourt e Raul Sampaio*	364
Nós e o mar - *Roberto Menescal e Ronaldo Boscoli*	129
Nossa Senhora das Graças - *Lupicínio Rodrigues*	177
Número um - *Benedito Lacerda e Mário Lago*	248
Nunca mais - *Dorival Caymmi*	365
Nuvem de lágrimas - *Paulo Debétio e Paulinho Rezende*	31
O amanhã - *João Sérgio*	46

O circo - *Sidney Miller*	366
O ébrio - *Vicente Celestino*	424
O mar - *Dorival Caymmi*	370
O menino da porteira - *Teddy Vieira e Luizinho*	188
O que é, o que é - *Gonzaga Júnior*	294
O que eu gosto de você - *Silvio César*	369
O que tinha de ser - *Antonio Carlos Jobim e Vinícius de Moraes*	326
O samba da minha terra - *Dorival Caymmi*	372
O surdo - *Totonho e Paulinho Rezende*	374
O xote das meninas - *Zédantas e Luiz Gonzaga*	54
Oba-lá-lá - *João Gilberto*	272
Oceano - *Djavan*	47
Olê - olá - *Chico Buarque de Hollanda*	56
Olhe o tempo passando - *Dolores Duran e Edson Borges*	97
Ontem ao luar - *Catulo da Paixão Cearense e José Pedro de Alcântara*	330
Oração a Mãe Menininha - *Dorival Caymmi*	98
Orgulho - *Nelson Wederkind e Waldir Rocha*	179
Os quindins de Yayá - *Ary Barroso*	376
Ouro de tolo - *Raul Seixas*	322
Outra vez - *Isolda*	190
Pão e poesia - *Moraes Moreira e Fausto Nilo*	138
Palpite infeliz - *Noel Rosa*	412
Para viver um grande amor - *Toquinho e Vinícius de Moraes*	378
Partido alto - *Chico Buarque de Hollanda*	244
Pau-de-arara - *Guio de Morais e Luiz Gonzaga*	260
Pedacinhos - *Guilherme Arantes*	291
Pegando fogo - *Francisco Mattoso e José Maria de Abreu*	141
Pela rua - *J. Ribamar e Dolores Duran*	427
Pisando corações - *Ernâni Campos e Antenogenes Silva*	420
Poder da criação - *João Nogueira e Paulo César Pinheiro*	250
Por causa desta cabocla - *Ary Barroso e Luiz Peixoto*	240
Por enquanto - *Renato Russo*	335
Por quem sonha Ana Maria - *Juca Chaves*	267
Porta-estandarte - *Geraldo Vandré e Fernando Lona*	270
Pra que dinheiro - *Martinho da Vila*	302
Pra machucar meu coração - *Ary Barroso*	29
Pra você - *Silvio César*	413
Praça Onze - *Grande Otelo e Herivelto Martins*	254
Pranto do poeta - *Nelson Cavaquinho e Guilherme de Brito*	99

Preciso aprender a ser só - *Marcos Valle e Paulo Sérgio Valle*	183
Preciso dizer que te amo - *Dé, Bebel Gilberto e Cazuza*	336
Preciso me encontrar - *Candeia*	268
Prelúdio - *Hervé Cordovil e Vicente Leporace*	100
Punk da periferia - *Gilberto Gil*	328
Quando as crianças saírem de férias - *Roberto Carlos e Erasmo Carlos*	414
Quando o tempo passar - *Herivelto Martins e David Nasser*	101
Quantas lágrimas - *Manace*	269
Que maravilha - *Jorge Ben e Toquinho*	416
Quem ama não enjoa - *Mario Mascarenhas*	76
Quem é - *Silvio Lima e Maurilio Lopes*	142
Rancho do Rio - *João Roberto Kelly e J. Ruy*	102
Rasguei o teu retrato - *Candido das Neves (índio)*	192
Realce - *Gilberto Gil*	48
Renúncia - *Roberto Martins e Mário Rossi*	103
Resposta ao tempo - *Aldir Blanc e Cristóvão Bastos*	304
Revelação - *Clodô e Clesio*	34
Rio - *Ary Barroso*	314
Rio de Janeiro (Isto é meu Brasil) - *Ary Barroso*	104
Ronda - *Paulo Vanzolini*	17
Rosa Morena - *Dorival Caymmi*	143
Sabiá - *Antonio Carlos Jobim e Chico Buarque*	194
Saia do meu caminho - *Custódio Mesquita e Ewaldo Ruy*	373
Samba do Carioca - *Carlos Lyra e Vinícius de Moraes*	196
Samba do perdão - *Baden Powell e Paulo César Pinheiro*	198
Sampa - *Caetano Veloso*	144
Sangrando - *Luiz Gonzaga Júnior*	146
Se - *Djavan*	219
Se eu quiser falar com Deus - *Gilberto Gil*	200
Seduzir - *Djavan*	148
Sei lá (a vida tem sempre razão) - *Toquinho e Vinícius de Moraes*	276
Sentado à beira do caminho - *Roberto Carlos e Erasmo Carlos*	202
Sentimental demais - *Ewaldo Gouveia e Jair Amorim*	327
Sentinela - *Milton Nascimento e Fernando Brant*	106
Serenata da chuva - *Ewaldo Gouveia e Jair Amorim*	209
Serenata do adeus - *Vinícius de Moraes*	212
Sete Marias - *Sá e Guarabyra*	204
Siga - *Fernando Lobo e Hélio Guimarães*	53
Sinal fechado - *Paulinho da Viola*	282

Só pra te mostrar - *Herbert Vianna*	280
Só tinha que ser com você - *Antonio Carlos Jobim e Aloysio de Oliveira*	150
Solidão - *Dolores Duran*	199
Sorriso de criança - *Dona Ivone Lara e Délcio Carvalho*	230
Sozinho - *Peninha*	279
Suave veneno - *Aldir Blanc e Cristóvão Bastos*	278
Tá-Hi!... (Pra você gostar de mim) - *Joubert de Carvalho*	382
Teletema - *Antonio Adolfo e Tibério Gaspar*	108
Tema de amor de Gabriela - *Antonio Carlos Jobim*	149
Terezinha - *Chico Buarque de Hollanda*	384
Tetê - *Roberto Menescal e Ronaldo Boscoli*	59
Tic-tac do meu coração - *Alcyr Pires Vermelho e Walfrido Silva*	426
Trem das Onze - *Adoniran Barbosa*	13
Triste - *Antonio Carlos Jobim*	275
Tristeza de nós dois - *Durval Ferreira, Maurício Einhorn e Bebeto*	109
Tudo se transformou - *Paulinho da Viola*	287
Ultima inspiração - *Peterpan*	383
Um dia de domingo - *Michael Sullivan, Paulo Massadas e Miguel Plopschi*	152
Um jeito estúpido de te amar - *Isolda e Nilton Carlos*	154
Um ser de luz - *João Nogueira, Paulo Cesar Pinheiro e Mauro Duarte*	110
Uma loira - *Herve Cordovil*	40
Uma nova mulher - *Paulo Debétio e Paulinho Rezende*	78
Vai passar - *Francis Hime e Chico Buarque de Hollanda*	206
Valsa de uma cidade - *Ismael Netto e Antônio Maria*	418
Verdade chinesa - *Gilson e Carlos Colla*	80
Viagem - *Taiguara*	266
Viola enluarada - *Marcos Valle e Paulo Sérgio Valle*	208
Violão não se empresta a ninguém - *Benito di Paula*	205
Vitoriosa - *Ivan Lins e Vitor Martins*	86
Você - *Tim Maia*	284
Você abusou - *Antonio Carlos e Jocafi*	417
Você é linda - *Caetano Veloso*	156
Volta - *Lupicínio Rodrigues*	153

SUMÁRIO DE CIFRAS 433

NOTA DO EDITOR

Este livro, o terceiro de uma série de três volumes, dá seguimento a uma versão compacta da Coleção *O Melhor da Música Popular Brasileira*, de autoria do Prof. Mário Mascarenhas, editada por Irmãos Vitale em dez volumes e até a presente data, reunindo 1.000 das mais importantes obras de compositores brasileiros.

Os arranjos originais da coleção, feitos para piano, foram revisados para sua melhor adequação ao canto e à execução das músicas por cifras. Além disso, foram incluídas algumas obras inéditas na coleção e que foram transcritas seguindo-se as mesmas métricas musicais do falecido autor, conforme autorização de seus herdeiros.

Fernando Vitale

Trem das onze

Samba - Si menor   *Adoniran Barbosa*

Introdução: Em   F#7   Bm7   G7   F#7   Bm   F#7

F#7   Bm   F#7 Bm
Não posso ficar nem mais um minuto com você
           F#7 C6   B7
Sinto muito amor, mas não pode ser
Em7   Bm
Moro em Jaçanã,   **BIS**
      G
Se eu perder esse trem
   F#7
Que sai agora às onze horas
       Bm
Só amanhã de manhã

2ª vez: manhã

   F#m7(5-)   B7
Além disso mulher
     Em7
Tem outra coisa,
  C#7
Minha mãe não dorme
       F#7   B7
Enquanto eu não chegar
Em Bm7
Sou filho único
G   F#7 Bm
Tenho minha casa para olhar
     F#7
E eu não posso ficar
   Bm
Não posso ficar...

Jura

Samba - Dó Maior   **Sinhô**

Introdução: **Dm G7 C Dm7 G7 C Dm7 G7 C Dm7 G7 C**

C   Dm
Jura, jura, jura
G7   C
Pelo Senhor
C   G
Jura pela imagem
E7   A7 D7   Dm
Da Santa Cruz   do Redentor
             G7
Prá ter valor a tua
C   Dm
Jura, jura, jura
G7   C
De coração
C7
Para que um dia
        F
Eu possa dar-te meu amor
C   Dm   G7 C
Sem mais pensar na ilusão
C A7   Dm G7   C
Daí, então, dar-te eu irei
C Am   Dm   G7   C
O beijo puro da catedral do amor!
    A7   Dm G7   C
Dos sonhos meus bem juntos aos teus
    Dm   G7   C
Para livrar-nos das aflições da dor.

As rosas não falam

Sol menor   *Cartola*

Introdução: Gm Gm/F A7 Am7(5-) D7 Gm Am7(5-) D7

Gm   Gm/F
Bate outra vez
                           A7/E   A7
Com esperanças o meu coração
                   Am7(5-)   D7 Gm   Am7(5-) D7
Pois já vai terminando o verão, enfim
Gm   Gm/F
Volto ao jardim
                  A7/E   A7
Com certeza que devo chorar
                                  Am7(5-)
Pois bem sei que não queres voltar
D7(9-)   Gm   Fm G7(5+)
Para mim
       Cm7
Queixo-me às rosas
                          Gm   Gm/F
Mas que bobagem, as rosas não falam
                 A7/E   A7
Simplesmente as rosas exalam
            Am7(5-)   D7(9-)
O perfume que roubam de ti, ai...
Gm   Gm/F   A7/E   A7
Devias vir para ver os meus olhos tristonhos | BIS
              Am7(5-)   D7(9-)   Gm Eb7 D7
E quem sabe sonhavas os meus sonhos por fim.

para terminar:
       Gm
Por fim

Modinha

Ré menor   *Sergio Bittencourt*

Introdução: Gm7   A7   Dm7   E7   A7   Dm

              Gm
Olho a rosa na janela
      A7   Dm7
Sonho um sonho pequenino
                  Gm7
Se eu pudesse ser menino
    C7   F7M
Eu roubava esta rosa
    Bb7M   Em7(5-)
E ofertava, todo prosa
    A7   Dm7
A primeira namorada
    Dm/C   Bm7(5-)
E nesse pouco quase nada
   E7   A7
Eu dizia o meu amor,
      Dm
O meu amor.

Dm   Gm
Olho o sol findando, lento
   Em7(5-) A7   Dm7
Sonho o sonho de um adulto
              Gm7
Minha voz na voz do vento
   C7   F7M
Indo em busca do teu vulto
  Bb7M   Em7(5-)
E o meu verso em pedaços
  A7   Dm
Só querendo o teu perdão
  Dm/C   Gm6/Bb
Eu me perco nos teus passos
  A7   Dm
E me encontro na canção
G#° A/G Dm/F   Dm
Ai, amor, eu vou morrer
  E7   A7   Dm
Buscando o teu amor
G#° A/G Dm/F   Dm
Ai, amor, eu vou morrer
  E7   A7 Dm
Buscando o teu amor.

Copyright 1968 by Edclave Edições Clave Ltda.

Ronda

Samba-canção - Fá Maior

Paulo Vanzolini

     F   Am
De noite eu rondo a cidade
           Am7(5-)   D7
A te procurar sem encontrar
     Gm   Gm7M
No meio de olhares espio
           Gm7   C7
Em todos os bares, você não está
 F   Am
Volto pra casa abatida
 Bb   Db7 C7
Desencantada da vida
 F   D7   Db7
O sonho alegria me dá
 C7   F Am7 D7(9-)
Nele você está
Gm7   C7
Ah! Se eu tivesse quem bem me quisesse
              F
Esse alguém me diria
Em7(5-)   A7
Desiste desta busca inútil
       Dm Gm7 C7(13)
Eu não desistia.
 F   Am
Porém com perfeita paciência
      Am7(5-)   D7
Volto a te buscar, hei de encontrar
 Gm   Gm7M
Bebendo com outras mulheres
     Gm7   C7
Rolando dadinhos, jogando bilhar
F   Am
E nesse dia então
 Bb   Db7 C7
Vai dar na primeira edição
F   D7   Db7   C7   F6
Cena de sangue num bar da Avenida São João.

Meus tempos de criança

Samba-canção - Dó menor

Ataulpho Alves

    Cm   G7   Cm
Eu daria tudo que eu tivesse
Bb7   Eb   Fm7 Bb7 Eb7M
Pra voltar aos dias de criança
Dm7(5-)   G7   Cm
Eu não sei pra que que a gente cresce
             Ab7   G7   Dm7(5-)
Se não sai da gente essa lembrança
G7 Cm   G7   Cm
Aos domingos, missa na matriz
Bb7 Eb   Fm7   Bb7   Eb7M
Da cidadezinha onde eu nasci
Dm7(5-)   G7   Cm7
Ai, meu Deus, eu era tão feliz
Ab7   G7   Cm
No meu pequenino Miraí
Dm7(5-)   G7   Cm
Que saudade da professorinha
Fm7   Bb7   Eb7M
Que me ensinou o be - a - bá
Dm7(5-) G7   Cm
Onde andará Mariazinha
Cm   Ab7   G7
Meu primeiro amor, onde andará?
Dm7(5-) G7   Cm
Eu igual a toda a meninada
Fm7   Bb7   Eb7M
Quanta travessura que eu fazia
Dm7(5-) G7   Cm
Jogo de botões sobre a calçada
Ab7   G7   Cm
Eu era feliz e não sabia.

2ª vez para terminar:
Ab7   G7   Cm
Eu era feliz e não sabia.

Copyright 1957 by Warner Chappell Edições Musicais Ltda.

Até amanhã

Samba - Mi menor

Noel Rosa

Introdução: Am B7 Em7 F#7 B7 Em Eb7 D7

     G C#°   G/D
Até amanha,   se Deus quiser
G   C7   F#m7(5-) B7
Se não chover eu volto pra te ver, ó mulher   **BIS**
  D7   D#°   Em
De ti gosto mais que outra qualquer
    F#7   B7   Em D7
Não vou por gosto, o destino é quem quer.
B7   Em
Adeus é pra quem deixa a vida
 D7   G
É sempre na certa que jogo
   E7   Am
Três palavras vou gritar por despedida
  A7   D7
Até amanhã, até já, até logo
    G C#°
Até amanhã.   etc...

Folhas mortas

Samba-canção - Dó Maior   *Ary Barroso*

C7M   **F#m7(5-)**   **B7**
Sei que falam de mim
Gm/Bb   **A7#**
Sei que zombam de mim
    D7
Oh ! Deus,
G7(13)   **Em7**   **Am 7**   **Dm 7**   **G7**
Como sou infeliz
C7M   **F#m7(5-)**   **B7**
Vivo à margem da vida
Gm/Bb   **A7**
Sem amparo ou guarida
    D7
Oh ! Deus,
G7   **C6**
Como sou infeliz.
F   **F#°**
Já tive amores,
Gm   **C7(9)**
Tive carinhos,
Am   **Dm7**
Já tive sonhos,
Bb7
Os dissabores
   Am 7   **Dm**
Levaram minh'alma
G7   **C**   **Am7**   **Dm7**   **G7**
Por caminhos tristonhos.
C7M   **F#m7(5-)**   **B7**
Hoje sou folha morta
Gm/Bb   **A7**
Que a corrente transporta
    D7
Oh ! Deus,
G7   **C6**   **C7(5+)**
Como sou infeliz.
F7M   **F#m7(5-)**   **B7**
Eu queria um minuto apenas
Em7   **A7**
Pra mostrar minhas penas
   Dm
Oh ! Deus,
G7   **C6**
Como sou infeliz !

Copyright 1952 by Irmãos Vitale S.A. Ind. e Com.

Mulher

Fox - Mi bemol Maior *Custódio Mesquita e Sady Cabral*

Introdução: Abm7 Gm7 C7 Fm Bb7 Eb7M(9)

Eb6
Não sei
            Eb7M
Que intensa magia
   Abm   Eb7M
Teu corpo irradia
              C7
Que me deixa louco assim
Bb7   Fm   C7(9-)
Mulher
Fm7
Não sei,
C7   Fm
Teus olhos castanhos
C7(9-)   Fm
Profundos, estranhos
            Abm Eb7M
Que mistérios ocultarão
   C7(9-)
Mulher
  Fm7   Bb7
Não sei dizer
Eb6
Mulher
         Eb7M
Só sei que sem alma
  Abm   Eb
Roubaste-me a calma
        Eb7   Ab6
E a teus pés eu fico a implorar,
Abm7   Abm6
O teu amor tem um gosto amargo...
Gm7   C7
Eu fico sempre a chorar nesta dor
  Fm   Fm7
Por teu amor...
  Bb7
Por teu amor...
Eb7M
Mulher...
      Eb7M
2ª vez: Mulher

Da cor do pecado

Samba-choro - Ré Maior   **Bororó**

  D7M   B7(9-)   Em7
   Este corpo moreno,
      A7   F#m7
   Cheiroso, gostoso
     F°   Em7   A7(13)
   Que você tem...
  D7M   E7   A
   E um corpo mesclado
    F#7   Bm7
   Da cor do pecado
     E7   Em7   A7
   Que faz tão bem...
  D7M   B7(9-)   Em7
   Este beijo molhado
     A7 F#m7
   Escandalizado
      Fo   Em7   A7(13)
   Que você me deu...
  D7   G
   Tem sabor diferente,
    F°   Em7
   Que a boca da gente,
    A7   D
   Jamais esqueceu.
 Bm7   Bbm7   Am7
   Quando você me responde,
        D7
   Umas coisas com graça,
   C/D   G
   A vergonha se esconde...
   C7M   Bm7
   Porque se revela
   E7   Am
   A maldade da raça,
   D7   C/D
   Este cheiro de mato,
      G7M
   Tem cheiro de fato
      Bm7
   Saudade - tristeza...
  Bbm7   Am
   Esta simples beleza,

Copyright 1953 by Rio Musical Ltda.

Da cor do pecado (continuação)

     C7M   B7
este corpo moreno,
              Em7 G7
Morena, enlouquece,
C7M   C#°   Bm7
Eu não sei bem por que
Eb7   Ab7
Só sinto na vida
     D7   G A7
O que vem de você (Ai).

Eu sonhei que tu estavas tão linda

Valsa - Dó Maior *Francisco Mattoso e Lamartine Babo*

Introdução: C7M   A7   Dm7   G7   C   G7(13)

```
          Dm        G7      C7M
Eu sonhei... que tu estavas tão linda...
Am7      Dm       G7       Em7 Dm7 C7M
Numa festa de raro esplendor
         Em7     B7              Em7
Teu vestido de baile... lembro ainda:
     Am7         D7           Dm
Era branco, todo branco, meu amor!
G7    C7M           G7      C7M
A orquestra tocou umas valsas dolentes,
              C6/9       Em7    A7    Dm    A7(5+)
Tomei-te aos braços, fomos dançando, ambos silentes...
    Dm          A7       Dm7  F/G
E os pares que rodeavam entre nós,
         G7         G7(5+)      Em7  Dm7
Diziam coisas, trocavam juras à meia voz
G7    C7M            G7        C7M
Violinos enchiam o ar de emoções
      C/G         Em7        Dm7
E de desejos uma centena de corações...
C7(9)  F7M       Fm6      Em7        A7
Pra despertar teu ciúme, tentei flertar alguém...
        Dm7       G7     C
Mas tu  não flertaste ninguém!
      F7M        Fm6
Olhavas só para mim
        C7M            A7
Vitórias de amor cantei,
       Dm7      G7        C
Mas foi tudo um sonho, acordei!
```

Lábios que beijei

Valsa - Fá Maior   **J. Cascata e Leonel Azevedo**

F7M   **F°**   **Am7(5-)**   **D7**
Lábios que beijei, mãos que afaguei
    Gm   **C7(13) C7 F**
Numa noite de luar assim
   F7M
O mar na solidão bravia
    C7M   **A7(9-)**
E o vento a soluçar pedia
   Dm7   **G7**   **C7**   **C7(5+)**
Que fosses sincera para mim
F7M   **F°**   **Am7(5-)**   **D7**
Nada ouvistes e   logo partistes
    Gm   **C7(13) C7 F**
Para os braços de outro amor
Bb7M   **B°**
Eu fiquei chorando
F/C   **D7**
Minha mágoa cantando
   Gm7   **C7(13)**   **F**
Sou a estátua perenal da dor
Dm   **Gm7**
Passo os dias soluçando com meu pinho
  Em7(5-)   **A7**
Carpindo minha dor sozinho
  Em7(5-)   **Dm**   **A7**
Sem esperança de vê-la jamais
Dm 7   **Am 7**
Deus, tem compaixão deste infeliz
    Bm7(5-)
Por que sofrer assim
  E7   **Em7(5-)**   **A7**
Compadecei dos meus ais
Dm   **Gm7**
Sua imagem permanece imaculada
  Em7(5-)   **A7**
Em minha retina cansada
  Em7(5-)   **Am7(5) D7**
De chorar por teu amor
Gm   **Em7(5-)**   **A7**
Lábios que beijei
Dm
Mãos que afaguei
Em7(5-)   **A7**   **Dm7**
Volta, dá lenitivo à minha dor.

No Rancho Fundo

Samba-canção - Fá Maior

Ary Barroso e Lamartine Babo

      F7M
No Rancho Fundo
  Em7(5-) A7   **Dm**
Bem pra lá ao fim do mundo
  Am7   **Bb7M**
Onde a dor e a saudade
  Am7   **Bb/C**   **F**
Contam coisas da cidade...
Bb/C **C7**   **F7M**
No Rancho Fundo
  Em7(5) **A7**   **Dm**
De olhar triste e profundo
  Am   **Bb7M**
Um moreno canta as "mágua"
  Am7 **Bb/C** **F7M**   **D7**
Tendo os olhos rasos d'água...
  Gm7   **D7**
Pobre moreno
       Gm
Que de tarde no sereno
  Bbm   **F**
Espera a lua no terreiro
  Gm7   **C7**   **F6**
Tendo o cigarro por companheiro
D7   **Gm** **D7**   **Gm**
Sem um aceno   Ele pega na viola
  Bbm7   **F**
E a lua por esmola
    Gm7 C7   **F**
Vem pro quintal desse moreno!
  F7M
No Rancho Fundo
  Em7(5-) **A7**   **Dm**
Bem pra   lá do fim do mundo
  Am7   **Bb7M**
Nunca mais houve alegria
  Am7 **Bb/C**   **F**
Nem de noite nem de dia!
Bb/C **C7**   **F7M**
Os arvoredos
  Em7(5-) **A7**   **Dm**
Já não contam mais segredos
  Am   **Bb7M**
E a última palmeira.
  Am 7 **Bb/C** **F7M** **D7**
Já morreu na cordilheira!

Copyright 1933 by Mangione, Filhos & Cia. Ltda.

No Rancho Fundo (continuação)

      Gm   D7
Os passarinhos
                Gm
Internaram-se nos ninhos
   Bbm7   F
De tão triste, esta tristeza
      Gm7   C7   F6   D7
Enche de trevas a natureza !
       Gm   D7
Tudo por quê ?
              Gm
Só por causa do moreno
   Bbm7   F
Que era grande, hoje é pequeno
      Gm7 C7   F
Para uma casa de sapê.
      F7M
Se Deus soubesse
   Em7(5-) A7   Dm
Da tristeza lá na serra
   Am7   Bb7M
Mandaria lá pra cima
   Am7 Bb/C   F
Todo o amor que há na serra...
Bb/C   C7   F7M
Porque o moreno
   Em7(5) A7   Dm
Vive louco de saudade
   Am7   Bb7M
Só por causa do veneno
   Am7 Bb/C F7M D7
Das mulheres da cidade
   Gm7 D7   Gm
Ele que era   O cantor da primavera
   Bbm7   F
Que até fez do Rancho Fundo
      Gm7   C7   F6   D7
O céu melhor que tem no mundo
     Gm7   D7
O sol queimando
             Gm
Se uma flor lá desabrocha
   Bbm7 Bbm6 F
A montanha vai gelando
      Gm7 C7   F
Lembrando o aroma da cabrocha !

Disseram que eu voltei americanizada

Chorinho - Dó menor   *Vicente Paiva e Luiz Peixoto*

  Cm   Dm7(5-)   G7(5+) Cm
Disseram que eu voltei americanizada
                  Dm7(5-)
Com o "burro" do dinheiro
    G7   Cm
Que estou muito rica,
           C7   Fm7
Que não suporto mais o breque do pandeiro
     C7   G7
E fico arrepiada ouvindo uma cuíca.
                Dm7(5-)   G7(5+) Cm
Disseram que com as mãos estou preocupada
      C7   Fm
E corre por aí - que eu sei - um certo zunzum
                  G7   Cm
Que já não tenho molho, ritmo, nem nada
       Ab   G7   Cm
E dos balangandãs, já não existe mais nenhum.

            Bb7   Eb
Mas pra cima de mim, pra que tanto veneno
Fm/Ab   G7(9-)   C7
Eu posso lá voltar americanizada
            Fm   G7 Cm7
Eu que nasci com o samba, e vivo no terreiro
Cm/Bb   Ab7   G7
Topando a noite inteira, a velha batucada
        C7   F7
Nas rodas de malandros, minhas preferidas
       Bb7   Eb6
Eu digo mesmo que te amo, e nunca "I love you"
Fm7   Dm7(5)
Enquanto houver Brasil,
G7   Cm7
Nas horas das comidas
Cm/Bb Fm/Ab   G7   Cm
Eu sou do camarão ensopadinho com "chuchu".

Pra machucar meu coração

Samba - Ré Maior *Ary Barroso*

D7M　　　　**F°**　　　**Em7**
Tá fazendo ano e meio, amor
　　A7　　**A7(5+)**　**D6(9)**　　**A7(5+)**　**D7/4(9)**
Que nosso lar　desmoronou
　　　　D7(9) G7M　　**Gm6**
Meu sabiá, meu violão
　　　　　　　D7M
E uma cruel desilusão
　　　　　　F°
Foi tudo o que ficou
Em7　　　**B7(9-)**
Ficou ô ô
Em7　　　**A7(9-)**　　**D6**
Pra machucar meu coração
Em7　　　　**A7**　　　**D7M**　　　**Bm7**
Quem sabe, não foi bem melhor assim
Em7　　　　**A7**　　**F#7(13)**　　**F#7(13–)**
Melhor pra você e melhor pra mim
B7(9-)
O mundo é uma escola
　　　　E7(9)　　　　　　**Bm7**　**E7(13)**
Onde a gente precisa aprender
　　　E7(13-)　　**Em7**
A ciência de viver
　　　　　　A7(9-)
Pra não sofrer.

Castigo

Samba-canção - Si menor   **Lupicínio Rodrigues e Alcides Gonçalves**

Introdução: Em7 A7 D7 G7 Bm7 F#7 Bm

```
Bm        C#7       F#7          Bm7
  Eu sabia que você, um dia
       Em7    Am7    D7            G7
  Me procuraria em busca de paz
B7         Em      A7       D7      G7
  Muito remorso, muita saudade,
           Bm    C#7     F#7
  Mas, afinal, o que ele traz
          C#7         F#7          Bm7
  A mulher quando é moça e bonita
              Am7       D7      G
  Nunca acredita em poder tropeçar
B7          Em     A7            D7
  Quando os espelhos dão-lhes uns conselhos,
  G7        Bm         F#7       Bm
  E que procuram em que se agarrar.
  C#m7     F#7         Bm7
  E você pra mim é uma delas
                            Em7
  Que no tempo em que eram belas
       A7       D          D7M
  Viam tudo diferente do que é
            G#m7 C#7          F#7
  E agora que      não mais encanta
         G7      F#7
  Procura imitar a planta
                      Bm
  As plantas que morrem de pé
       C#7      F#7         Bm7
  E eu    lhe agradeço, por mim, ter se lembrado
       Em7        A7
  Que entre tanto desgraçado
            D       D7M
  Que em sua vida passou
           G#m7
  Homem que é homem
C#7       F#7         G7        Bm
  Faz qual o cedro que perfuma o machado
       F#7     Bm
  Que o derrubou.
```

Nuvem de lágrimas

Fá Maior   *Paulo Debétio e Paulinho Rezende*

F
Há uma nuvem de lágrimas
     C7
Sobre os meus olhos
         Cm
Dizendo pra mim que você foi embora
 F7   **Bb**
E que não demora meu pranto rolar
           F
Eu tenho feito de tudo pra me convencer
         G7
E provar que a vida é melhor sem você
         C7
Mas meu coração não se deixa enganar
F
Vivo inventando paixões
    C7
Pra fugir da saudade
        Cm
Mas depois da cama a realidade
 F7   **Bb**
É sua ausência doendo demais
         F
Dá um vazio no peito, uma coisa ruim
         G7
O meu corpo querendo o seu corpo em mim
       C7
Vou sobrevivendo num mundo sem paz
F   **G**
Ah! Jeito triste de ter você
Bb   **F**
Longe dos olhos e dentro do meu coração
    G
Me ensina a te esquecer
Bb   **C7**   **F**
Ou venha logo e me tira esta solidão.

Ao princípio:
F
Há uma nuvem de lágrimas, etc.
F   **G**
Ah! Jeito triste de ter você etc.

Forró em Caruaru

Rojão - Fá Maior   **Zédantas**

Introdução: C7 F C7 F C7 F C7 F

 F   C7
No forró de Sá Joaninha

No Caruaru
 F   C7   BIS
Cumpade Mané Bento
     F
Só fartava tu

I
    C7   F
Nunca vi meu cumpade
 Bb   F
Forgansa tão boa
  Bb   C7
Tão cheio de brinquedo, de animação
F   Am
Bebendo na função
       Dm
Nós dancemo sem pará
       Bb
Num galope de matá
    F
Mas arta madrugada
     D7
Pro mode uma danada
      Gm
Qui vei de Tacaratu
     Bb
Materno dois sordado
       F
Quato cabo e um sargento
      C7
Cumpade Mané Bento
  F
Só fartava tu.

II
  C7   F Bb   F
Meu irmão Jisuíno grudo numa nega
    Bb   C7
Chamego dum sujeito valente e brigão

Forró em Caruaru (continuação)

   F   Am
Eu vi qui a confusão

               Dm
Não tardava cumeçá

               Bb
Pois o cabra de punha

            F
Cum cara de assassino

         D7
Partiu prá Jisuíno

           Gm
Tava feito o sururu

           Bb
Materno dois sordado

               F
Quato cabo e um sargento

          C7
Cumpade mané Bento

    F
Só fartava tu.

III

     C7   F
Pro Dotô Delegado

 Bb   F
Que veio trombudo

          Bb   C7
Eu diche que naquela grande confusão

F   Am
Só hôve uns arranhão

           Dm
Mas o cabra morredô

         Bb
Nesse tempo de calo

         F
Tem a carne reimosa

         D7
O véi zombo da prosa

       Gm
Fugi do Caruaru

         Bb
Materno dois sordado

              F
Quato cabo e um sargento

        C7
Cumpade mané Bento

   F
Só fartava tu.

Revelação

Lá menor   ***Clodô e Clésio***

```
Am            Am/G              F  G       E7/4       E7
  Um dia vestido de saudade viva   faz ressuscitar
Am            Am/G                 F  G       E7/4     E7
  Casas mal vividas camas repartidas   vai se revelar
  A             C#m7            Em7
  Quando a gente tenta de toda maneira
A7            D  Dm            A    E7/G#
  Dele se guardar    sentimento ilhado
F#m7            B7              E
  Morto amordaçado volta a incomodar.


  A             C#m7            Em7
  Quando a gente tenta de toda maneira
A              D  Dm            A    E7/G#
  Dele se guardar    sentimento ilhado
F#m            Bm  E7          Am Am/G  F  E7/4 E7 Am
  Morto amordaçado volta a incomodar.


            A              C#m7
Repetir:  Quando a gente tenta, etc.
                    E             Am Am/G  F  E7/4 E7 Am
Para terminar:  Volta a incomodar.
```

Fanatismo

Mi menor *Fagner e Flor Bela Espanca*

Introdução: Em D C B C D G B7

Em
Minha alma de sonhar-te, anda perdida
                       Am   Em
                Am   D7   G
Meus olhos andam cegos   de te ver
                                  B7
Não és sequer a razão do meu viver
                           Em
Pois que tu és já toda minha vida!
                  Am   Em
Não vejo nada assim enlouquecida...
       Am   D7   G
Passo no mundo, meu amor, a ler
                     B7
No misterioso livro do teu ser
                         Em
A mesma história tantas vezes lida!
                      A7/C#
"Tudo no mundo é frágil tudo passa..."
                  G
Quando me dizem isto, toda a graça
              B7
Duma boca divina fala em mim!
                       Em7
E, os olhos postos em ti,   digo de rastros:
        Dm   G7   C
"Ah! Podem voar mundos, morrer astros",
       B7   Em
Que tu és como um Deus: princípio e fim...
       Dm   G7   C
"Ah! Podem voar mundos, morrer astros",
      B7   Em D C
Que tu és como um Deus: princípio e fim...
B   C
Eu já te falei de tudo
            D
Mas tudo isto é pouco
     G B7 Em
Diante do que sinto.

Boi Bumbá

Batuque amazônico - Fá Maior   **Waldemar Henrique**

Introdução: C7   F   G7   C7   F

C7   F   C7   F
Ele não sabe que o seu dia é hoje (4 vezes)
                    C7   F
O céu forrado de veludo azul-marinho
          D7
Veio ver devagarinho
             Gm
Onde o boi ia dançar...
     C7   F
Ele pediu pra não fazer muito ruído
       D7   Gm
Que o Santinho distraído
     C7   F
Foi dormir sem se lembrar.

       Bb   F
E vem de longe o eco surdo do bumbá sambando   **BIS**
     Bb   F
A noite inteira, encurralado, batucando...
   C7   F
Bumba, meu "pai do Campo" ô ô   **BIS**
   C7   F
Bumba, meu Boi-Bumbá
   C7   F
Bumba, meu Boi-Bumbá
   C7   F
Bumba, meu Boi-Bumbá
C7   F   C7   F
Ele não sabe que o seu dia é hoje (4 veres)
                   C7   F
Estrela-d'Alva lá do céu já vem surgindo...
               D7
Acordou quem está dormindo
            Gm
Por ouvir galo cantar...
      C7   F
Na minha rua resta a cinza da fogueira
    D7   Gm
Que levou a noite inteira
     C7   F
Fagulhando para o ar...

Copyright 1934 by Irmãos Vitale S.A. Ind. e Com.

Boi Bumbá (continuação)

Bb F	
E vem de longe o eco surdo do bumbá sambando	BIS
Bb F	
A noite inteira, encurralado, batucando...	

C7 F	
Bumba, meu "Pai do Campo" ô ô	
C7 F	BIS
Bumba, meu Boi-Bumbá	
C7 F	
Bumba, meu Boi-Bumbá.	

Faceira

Samba - Sol Maior   ***Ary Barroso***

Introdução: G   G7M   C7M   Bm7   Em7   Am7   D7   G

  G7M   F#7(5+)
Foi num samba
  G7M   Bm7(5-) E7
De gente bamba
Am7   D7   G
Que eu te conheci, faceira
     Em
Fazendo "visage"
 A7   D7
Passando rasteira!

Oi, que bom, que bom, que bom!
                 Am7
E desceste lá do morro
  D7(9)   G
Prá morar aqui na cidade
  C7   F#m7(5-)
Deixando o companheiro
  B7   Em7
Triste e louco de saudade.
           Am7
Mas, linda criança,
  D7(9)   Bm7
Tenho fé, tenho esperança,
  E7(9-)   A7(9)
Tu, um dia hás de voltar
 D7   G
Direitinho ao teu lugar.

Oi, vamo' embora.
  D7(9)   Am7
Quando rompe a batucada
  D7(9)   G
Fica a turma aborrecida
   C   F#m7(5-)
O pandeiro não dá nada
  B7   Em7
A barrica recolhida
    Am7
Tua companhia
  D7(9)   Bm7
Faz falar a bateria

Faceira (continuação)

     E7(9-)   **A7**
Fica prosa o tamborim
     D7   **G**
Vem pro samba, vai por mim,

Oi, vamo' embora.

Uma loira

Samba-canção - Si bemol Maior   ***Hervé Cordovil***

Introdução: Bb7M   Eb7M   Ebm   Cm7(5-)   F7   F7(13)

  Bb7M   Dm7(5)
Todos nós temos na vida

G7   Gm7   C7
Um caso uma loira

   Cm7
Você,

F7   Bb   Am7(5-)
Você também tem.

D7   Em7(5-)   A7(5+)   Dm7
Uma loira é um frasco de perfume

          Dm7(5-) G7
Que evapora

G7(5+)   Cm7 Ebm   Cm7
E o aroma   delicado de uma flor

F7   Bb7M   Ebm7
Espuma fervilhante de champanhe

F7(9-) Bb7M   Gm7   C7(13)
Numa taça muito branca de cristal

     Eb7M   Ebm
É um sonho, um poema!

F7(9) Bb7M   Ab7   G7
Você já teve na vida

    Gm7   C7
Um caso, uma loira

   Cm7
Pois eu

F7   Bb
Pois eu, também tive.

Esmola

Samba - Dó menor   *J. R. Kelly*

Introdução: Cm Cm7 Ab7 Fm7 G7 Db7

  Cm7   Ab7(13) Ab7   Dm7(5)
Vai que a vida me consola
          G7(5+)   Cm7 Dm7(5-) G7
Ninguém vai chorar de dor
Cm7   D7   Gm
O seu beijo era uma esmola
Am7   D7
Pobre de amor
Ab7(13)   G7
Eu dei valor
Cm   Ab7(13)
Vou guardar seu beijo na saudade
Fm7   Dm7(5-)
Eu vim falar a verdade
      G7(5+)   C7
Que o assunto é mal de amor
Fm   G7   Cm
Se o teu carinho é tão difícil
                 Ab7(13)
Agradeço o sacrifício
     G7   Cm Dm7 G7
Mas dispenso esse favor.
C7M
Vejam só
Dm7   F/G G7
Os papéis
C7M   C5+   F7M
Se trocaram, bem se vê
    Fm   G7(5+)   Cm7
Hoje eu passo pela sua ingratidão
Fm7
E quem me estendeu a mão
G7   Cm Dm7(5-) G7 Cm
Pedindo esmola é você.

Eu não existo sem você

Choro-canção - Dó Maior **Antônio Carlos Jobim e Vinícius de Moraes**

   C7M   Am7
Eu sei e você sabe,
     Dm7   G7
Já que a vida quis assim,
    Dm7   G7
Que nada neste mundo
   C7M   C6
Levará você de mim,
 Am7
Eu sei e você sabe
     Em7
Que a distância não existe,
 F7M   Dm7
E todo grande amor
  Em7(5-)   A7
Só é bem grande se for triste,
  Dm 7   Fm6
Por isso, meu amor,
     Em7   A7
Não tenha medo de sofrer,
  D7   G7
Que todos os caminhos
   C   Fm6   C
Me encaminham pra você.
  C7M   Am7
Assim como o oceano
  Dm7   G7
Só é belo com o luar,
 Dm7   G7
Assim como a canção
   C7M   C6
Só tem razão se se cantar,
 Am7
Assim como uma nuvem
  Em7
Só acontece se chover,
 F7M   Dm7
Assim como o poeta
  Em7(5-) A7
Só é grande se sofrer,
 Dm 7   Fm6
Assim como viver

Copyright 1958 by Editora Musical Arapuã Ltda.

Eu não existo sem você (continuação)

     Em7   A7
Sem ter amor não é viver,
  D7   G7
Não há você sem mim
        C   Fm6 C
E eu não existo sem você.

Leva

Balada - Sol Maior   **Michael Sullivan, Paulo Massadas e Miguel Plopschi**

     G   **Am7**
Foi bom eu ficar com você o ano inteiro
     D7
Pode crer, foi legal te encontrar
              G
Foi amor verdadeiro
                   G7M
E bom acordar com você
                 Am7
Quando amanhece o dia
                D7
Dá vontade de te agradar
          G
Te trazer alegria
     C   **C7M**   **C#°**
Tão bom encontrar com você
         Bm7   **E7**
Sem ter hora marcada
     Am7   **Dm**   **G7(13)**
Te falar de amor, bem baixinho quando é madrugada
C   **C7M**   **C#°**   **Bm7**   **E7**
Tão bom é poder despertar em você fantasias
        Am   **D7**
Te envolver, te acender, te ligar,
            G
Te fazer companhia.

  G7M   **Am7**   **Bm7**
Leva o meu som contigo, leva
   C7M   **Am7**   **BIS**
E me faz a tua festa
   D7   **G7M** **C/D**
Quero ver você feliz.

  G   **Am7**
E bom quando estou com você numa turma de amigos
  D7   **G**
E depois da canção você fica escutando o que eu digo
      G7M   **Am7**
No carro, na rua, no bar estou sempre contigo
          D7   **G**
Toda vez que você precisar você tem um amigo

Copyright by Sony Music Edições Musicais Ltda.

Leva (continuação)

   C   C7M   c#°   Bm7   E7
Estou pro que der e vier, conte sempre comigo
      Am7   Dm7 G7(13)
Pela estrada buscando emoções, despertando os sentidos
   C   C7M   C#°   Bm7   E7
Com você, primavera, verão no outono ou inverno
   Am7   D7   G
Nosso caso de amor tem sabor de um sonho eterno.

  G7M   Am7   Bm7
Leva o meu som contigo, leva
  C7M   Am7   **BIS**
E me faz a tua festa
   D7   G7M C/D (Iª vez)
Quero ver você feliz.

O amanhã

Samba enredo da União da Ilha do Governador - Dó Maior **João Sérgio**

   C   G7   C
A cigana leu o meu destino
A7   Dm7
Eu so - nhei
A7(5+) Dm7   A7   Dm7
Bola de cristal, jogo de búzios
     G7
Cartomante
            G7(5+) C7M
Eu sempre per - gun - tei
     Gm7 C7   F
O que será   o amanhã?
      D7   G7
Como vai ser o meu destino?
         C C7   F
Já desfolhei o   mal-me-quer
F7M   D7   G7
Primeiro amor de um menino
C   A7   Dm7
E vai chegando o amanhecer
G7   C
Leio a mensagem zodiacal
     A7   Dm7
E o reale-jo diz
     G7 C   G7
Que eu serei feliz, sempre feliz.

  C
Como será o amanhã?
    A7   Dm7
Responda quem pu - der
      G7
O que irá me acontecer   **BIS**

O meu destino será como Deus
 C
Quiser.

      G7
Breque: Mas a cigana ...

Oceano

Ré Maior   *Djavan*

D   G7M   A7
Assim   que o dia amanheceu
       A#°   Bm   Bm7M
Lá no mar alto da paixão
Bm7   Bm6   Am7   D7(9)
Dava pra ver o tempo ruir
Gm7   C7(9)   F#m7
Cadê você, que solidão
B7(9-)   E7   A7
Esquecerá de mim.
D7M   G7M   A7
Enfim, de tudo que há na terra
       A#°   Bm   Bm7M
Não há nada em lugar nenhum
Bm7   Bm6   Am 7   D7(9)
Vida crescer sem você chegar
Gm7   C7(9)   F#m7 B7(9)   E7(9)   A7
Longe de ti tudo parou   ninguém sabe o que eu sofri
Dm7   C7   F7M   Em7(5-) A7(5+)
Amar é um deserto e seus temores
   Dm7   C7   F7M
Vida que vai na sela destas dores
     Gm7   Am7   Bb7M   Em7(5-) A7(5+)
Não sabe voltar me dá teu calor
  Dm   C7   F7M   Em7(5-) A7(5+)
Vem me fazer feliz porque te amo
  Dm7   C7   F7M
Você deságua em mim, meu oceano
     Gm7   Am7   Bb7M   Em7(5-) A7(5+)
Esqueço que amar é quase uma dor
 D   F7M G7M C   D   F7M G7M C   D
Só, sei, vi - ver, se, for, por vo - cê.

Realce

Dó Maior　　　　　　　　　　　　　　　　　　　　　　　　*Gilberto Gil*

　　Em7　　　　　Dm7　　　　　　　Em7
　Não se incomode o que a gente pode
　　　　　　　　　　　　　　　F#m7　　Am7
　Pode o que a gente não pode explodirá
　　　　　　　　　Gm7
　A força é bruta ou a fonte da força
　　　Em7　　　　　　　　　Dm7　　Em7
　E neutra e de repente a gente poderá
　　　Am　　G7　　D7/F#　Fm6
　Realce　　　Realce
　　　　　　Em7　　　　　　　Bm7
　Quanto mais purpurina melhor
E7　　Am　　G7　　D7/F#　Fm6
　Realce　　　Realce.

　　Estribilho:
Fm6　　　　Em7
　Com a cor do veludo
　　　F#m　　　　B7　　Bb7　A7(5+)
　Com amor com tudo re - al
A7(5) G7 Bb7 A7　Ab7　G7 C　　Bb/C　C　Bb/C
　Te - or de be - le - za　Realce
C　　Bb/C　C Bb/C Eb　　　Cm7 Bb/C Eb　　Cm　Bb/C
　Realce　　　　　Realce　　　　　　Realce.

　　　　　　　Dm7　　　　　　　Em7
　Não se impaciente o que a gente sente
　　　　　　　　　　　　　　F#m7　Am7
　Sente ainda que não se sente afeta - rá
　　　　　　Gm7　　　　　　　Em7
　O afeto é fogo e o modo do fogo
　　　　　　　　　　　　　　Dm7　　Em7
　É quente e de repente a gente queimará
　　　Am　　G7　　D7/F#　Fm6
　Realce　　　Realce
　　　　　　Em7　　　　　　　Bm7
　Quanto mais parafina, melhor
E7　　Am　　G7　　D7/F#　Fm6
　Realce　　　Realce.

Copyright 1979 by Gegê Produções Artísticas Ltda.

Realce (continuação)

Estribilho:

     Em7
Com a cor, etc.

         Dm7   **Em7**
Não se desespere quando a vida fere
                           F#m7 **Am7**
Fera e nenhum mágico interferi - rá

Se a vida fere com a sensação
  Em7   **Dm7** **Em7**
Do brilho de repente a gente brilhará
Am   **G7**   **D7/F#** **Fm6**
Realce   Realce

     Em   **Bm7**
Quanto mais serpentina, melhor
E7 **Am** **G7** **D7/F#** **Fm6**
Realce   Realce.

Comunhão

Mi menor   *Milton Nascimento e Fernando Brant*

Em
Sua barriga me deu a mãe;

O pai me deu o seu braço forte,
A/C#
Os seios fortes me deu a mãe;
Cm   Cm/Eb   Bb/F   Gm
O alimento, a luz do Norte.
Em
A vida é boa, me diz o pai
                Em/G
A mãe me ensina que ela é boa.
A/C#
O mal não faço, eu quero o bem,
Cm   Cm/Eb   Bb/F   Gm
Na minha casa, não entra solidão.

Em
Todo amor será comunhão,

A alegria de pão e vinho,
A/C#
Você bem pode me dar a mão,
Cm   Bb/F   Gm
Você bem pode me dar carinho.
Em
Mulher e homem é o amor

Mais parecido com primavera
A/C#
E dentro dele que mora a luz.
   Cm   Bb/F   Gm
Vida futura no ponto de explodir,
    Am   Am/G
Eu quero paz eu não quero guerra,
D/F#   Gm
Quero fartura, eu não quero fome,
        Gm/F
Quero justiça, não quero ódio.
       Em7(5-)
Quero a casa de bom tijolo,

Comunhão (continuação)

Eb
Quero a rua de gente boa
Bb/F
Quero a chuva na minha roça,
D/F#
Quero o sol na minha cabeça,
Gm
Quero a vida, não quero a morte, não,
           Gm/Bb C   Gm7
Quero o sonho, a fantasia,
Am   **Am/G**
Quero o amor e a poesia,
D/F#
Quero cantar, quero companhia,
   Gm   **Gm/F**
Eu quero sempre a luta fria.
Em7(5-)
O homem tem que ser, comunhão,
Eb   **Bb/F**
A vida tem que ser comunhão,

O mundo tem que ser comunhão
 D/F#
A alegria do vinho e pão.
Gm
O pão e vinho nisso repartidos.

Em
Sua barriga me deu a mãe:

Eu, pai, te dou meu amor e sorte.
A/C#
Os seios fartos te deu a mãe,
Cm   **Cm/Eb**   **Bb/F**   **Gm**
O alimento, a luz do Norte,
Em
A vida é boa, te digo eu,
                 Em/G
A mãe ensina que ela é sábia,
A/C#
O mal não faço, eu quero o bem.
Cm   **Cm/Eb**   **Bb/F**   **Gm**
A nossa casa reflete comunhão.

Lua e flor

Ré Maior   ***Oswaldo Montenegro***

```
        D
Eu amava
                   A/C#
Como amava algum cantor
            Bm     C
De qualquer clichê de cabaré
   G      D   D5+
De lua e flor,
        Bm
Eu sonhava
        Bm/A     Em7
Como a feia na vitrine
         A7
Como carta
              D
Que se assina em vão.

Eu amava
                  A/C#
Como amava um sonhador
             Bm
Sem saber por quê
    C     G      D    F#7
E amava ter no coração,
      Bm7              Em
A certeza ventilada de poesia
         A7
De que o dia
            D
Não amanhece não

Eu amava
                Am7   D7
Como amava um pescador
              G
Que se encanta mais com a rede
            Gm
Que com o mar,
       D
Eu amava
     Bm           Em 7
Como jamais poderia
        A7
Se soubesse
    G      D
Como te contar.
```

Siga

Samba-canção - Mi bemol Maior   **_Fernando Lobo e Hélio Guimarães_**

Eb7M   Ab7
Siga, vá seguindo o seu caminho
Db   C7   Fm7   C7(9-)
Vá, escolha o rumo que quiser
Fm   Bb7   Eb7M   C7
Quem sabe do mundo sou eu vagabundo
Fm   Bb7
Das estradas e do tempo,
   Eb7M Fm7 Bb7(13) Eb7M   Ab7
Eu sei,   passa o tempo passa a vida passa
Db7M   C7   Fm7
Eu já não sei mais o que eu sou
              Bb7   Eb7M   C7
Quem sabia do mundo era eu vagabundo
Fm7   Bb7   Eb7M Ab Bb7 Eb7M(9)
Das estradas do tempo cansei.

O xote das meninas

Baião - Fá Maior   **Zédantas e Luiz Gonzaga**

Introdução: Gm Dm A7 Dm C7 F G7 C7 F

F
Mandacaru, quando fulór na seca
    F7   Bb
É um sinal qui a chuva chega no sertão

Toda minina
           F
Que enjoa da boneca
          Gm7
E sinal qui o amo
   C7   F F7
Já chegô no coração.
  Bb
Meia comprida
               F
Não que mais sapato baxo
            Gm
O vestido bem cintado
  C7   F
Nunqué mais visti timão

     Gm
Ela só qué
 A7   Dm   **BIS**
Só pensa em namora.

     Gm
De manhã cedo
 C7 F
Já tá pintada
      A7
Só vive suspirando
       Dm
Sonhando acordada
       A7
O pai leva ao dotô
  Dm
A fia adoentada.
    A7
Num come, nem istuda
    Dm
Num dorme, nem qué nada

O xote das meninas (continuação)

Ela só qué **Gm**
Só pensa em namora. **A7** **Dm**
| BIS

Mas o dotô **Gm**
Nem examina **C7** **F**
Chamando o pai do lado **A7**
Lhe diz logo em surdina **Dm**
Qui o mal é da idade **A7**
E que pra tal minina **Dm**
Num tem um só remédio **A7**
Em toda a medicina, **Dm**

Ela só qué **Gm**
Só pensa em namorá. **A7** **Dm**
| BIS

Olê - olá

Samba-canção - Mi menor   *Chico Buarque de Hollanda*

   D7/F#   **Em7**
Não chore ainda não
                C7(9)
Que eu tenho um violão
          Em7
E nós vamos cantar,
D7/F#   **Em7**
Felicidade, aqui
             C7(9)
Pode passar e ouvir
      Em7
E se ela for de samba
         C/Bb B/A Em/G
Há de querer ficar - ar - ar.

C7(9)   **F6**
Seu padre, toca o sino,
   C#7   **F#6**
Que é pra todo mundo saber
         D7(9)
Que a noite é criança,
     G6
Que o samba é menino,
      Eb7(9)
Que a dor é tão velha
  Ab6
Que pode morrer
  D7   **G6**
olê olê olê olá
        C7(9)
Tem samba de sobra,
    B7
Quem sabe sambar
  C/Bb
Que entre na roda,
    F/A
Que mostre o gingado,
   B/A
Mas muito cuidado,
 Em/G
Não vale chorar.

Copyright 1965 by Editora de Música Brasileira Moderna Ltda.

Olê - olá (continuação)

  D7/F#   Em7
Não chore ainda não
                    C7(9)
Que eu tenho uma razão
                Em7
Pra você não chorar,
D7/F#   Em7
Amiga, me perdoa
            C7(9)
Se eu insisto à toa
         Em7
Mas a vida é boa
        C/Bb B/A Em/G
Para quem cantar - ar - ar.

C7(9)   F6
Meu pinho toca forte
      C#7   F#6
Que é pra todo mundo acordar,
      D7
Não fale da vida
     G6
Nem fale da morte
     Eb7
Tem dó da menina,
     Ab6
Não deixa chorar,
 D7   G6
Olê Olê Olê Olá,
      C7(9)
Tem samba de sobra,
    B7
Quem sabe sambar
     C/Bb
Que entre na roda,
     F/A
Que mostre o gingado,
    B/A
Mas muito cuidado,
   Em/G
Não vale chorar.
D7/F#   Em7
Não chore ainda não
         C7(9)
Que eu tenho a impressão
   Em7
Que o samba vem aí.

Olê - olá (continuação)

D7/F#   Em7
E um samba tão imenso
          C7(9)
Que eu às vezes penso
       Em7
Que o próprio tempo
         C/Bb B/A Em/G
Vai parar prá ouvir - ir - ir.
C7(9)   F6
Luar, espere um pouco
     C#7   F#6
Que é pra meu samba poder chegar
         D7
Eu sei que o violão
      G6
Está fraco, está rouco,
      Eb7
Mas a minha voz
        Ab6
Não cansou de chamar
D7   G6
Olê Olê Olê Olá
        C7(9)
Tem samba de sobra
       B7
Ninguém quer sambar
        C/Bb
Não há mais quem cante
    F/A
Nem há mais lugar
     D7/C
O sol chega antes
   G7/B
Do samba chegar
      C7/Bb
Quem passa nem liga,
  F/A
Já vai trabalhar.
       B/A
E você, minha amiga,
  Em/G Am6 Em
Já pode chorar.

Tetê

Samba-canção - Dó Maior **Roberto Menescal e Ronaldo Boscoli**

Introdução: Em7   A7   Dm7   G7

C7M
Tetê
   C5+   **F6**
Você sabe tudo tá bem
   F#m7   **B7**   **Em7**
Mas eu lhe garanto Tetê
   Gm7   **C7**   **F6**   **Bb7**
Que o mundo dá voltas também, Tetê
Em7   **A7**
Hoje sou eu,
  Dm7   **G7**   **C7M**
Quem vai dizer, Tetê
 C5+   **F6**
Você sabia demais
  F#m7   **B7**   **Em7**
Não viu que o tempo passou
  Gm7 **C7**   **F6**
E fez de você nunca mais
Bb7
Tetê
    Em7   **Eb7M**
Não chora Tetê
Ab7M **G7**   **C** **Ab7(9)** **G7(13)**
Não pode Tetê, segue em paz.

                   C **Ab7(9)** **Db7M** **C7M**
Para terminar: Segue em paz:

Isto é lá com Santo Antônio

Marcha - Dó Maior   **Lamartine Babo**

Canto I

   G7   C
Eu pedi numa oração

Ao querido São João
   A7   Dm
Que me desse um matrimônio
        G7
São João disse que não!

São João disse que não!
           D#° G7
—Isto é lá com Santo Antônio!

Coro I

C   G7   C
Eu pedi numa oração

Ao querido São João,
   A7   Dm
Que me desse um matrimonio...
  F#°   C/G A7
Matrimônio! Matrimônio!
Dm   G7   C
- Isto é lá com Santo Antônio!

Canto II

  G7   C
Implorei a São João

Desse ao menos um cartão
  A7   Dm
Que eu levava a Santo Antônio
    G7
São João ficou zangado...

São João... só dá cartão
      D#° G7
Com direito a batizado...

Isto é lá com Santo Antônio (continuação)

Coro II

C   G7   C
Implorei a São João...

... Desse ao menos um cartão
       A7   Dm
Que eu levava a Santo Antônio
  F#°   C/G A7
Matrimônio! Matrimônio!
Dm   G7   C
Isso é lá com Santo Antônio!

Canto III

   G7   C
São João não me atendendo,

A São Pedro fui correndo
    A7   Dm
Nos portões do... paraíso...
             G7
Disse o velho num sorriso

- Minha gente sou chaveiro
         D#° G7
Nunca fui casamenteiro...

Coro III

C   G7   C
São João não me atendendo,

A São Pedro fui correndo
   A7   Dm
Nos portões do paraíso...
 F#°   C/G A7
Matrimônio! Matrimônio!
Dm   G7   C
Isso é lá com Santo Antônio!

Mucuripe

Canção - Mi menor　　　　**Antonio Carlos Belchior e Raimundo Fagner**

Bm7(5-)　E7(9-)　　　Am7
　As velas do Mucuripe
　　　　　　D7(4)
　Vão sair para pescar
B7　　B7/D#　　　Em
　Vou levar as minhas mágoas
　　　B7/D#　　　Em
　Pras águas fundas do mar.　　**BIS**
　　　　Em/D　　F#7/C#
　Hoje à noite namorar
　　　　F#7　　　　F#m7(5-)
　Sem ter medo de saudade
　　　　B7　　　Em
　Sem vontade de casar.

Bm7(5-)　E7(9-)　　　Am 7
　Calça nova de riscado
　　　　　　D7
　Paletó de linho branco
　　　B7/D#　　Em
　Que até o mês passado
　　　B7/D#　　　　Em
　Lá no campo inda era flor
　　　Em/D　　　　C7M
　Sob o meu chapéu quebrado
　　　　　　　　C#°
　O sorriso ingênuo e franco
　　　　　　　　F#m7(5-)
　De um rapaz novo encantado
F#7　　　　　　F#m7(5-)　B7
　Com 20 anos de amor
Bm7(5-)　E7(9-)　　　Am7
　Aquela estrela é dele
　　Am/G　　F#m7(5-)　　B7　　　Em
　Vida,　vento, vela,　leva-me... daqui!

Ilusão à toa

Samba-canção - Ré bemol Maior   *Johnny Alf*

    Ebm7   Ab7
Eu acho engraçado
            Bm7   E7(9-)
Quando um certo alguém
        D7(9)   Bb7(11+)
Se aproxima de mim
              Am7
Trazendo exuberância
B7(9+)   Em7   C#7(9-)
Que me extasia
    F#m7   C#m7
Meus olhos sentem
     F#m7   C#m7
Minhas mãos transpiram
    F#m7   G#7(9-)   C#m7   Cm7
E um amor que eu guardo há muito dentro em mim
C#m7   F#7(9-) Bm7
E é a voz do cora - ção
   E7 A$_4^7$ A7(13) Fm7 Bb($_{13-}^{9-}$)
Que diz assim... assim:
Ebm7   Ab7   Db7M
Olha, somente um dia longe de teus olhos
      Cm7(5-) F7($_{13-}^{9-}$) Bbm7 Bbm/Ab
Trouxe a saudade do amor tão perto
      Gm7(5-)   C7(9-)   Fm7 Bb$_4^7$(9) Bb7(9-)
E o mundo inteiro fez-se tão tristonho.
Bbm7 Eb7(9)   Ebm7(9) D7(9+)   Db7(9) Gb7
Mas,   embora agora eu   te tenha perto,
   Cm7(5-) B7(9)   Bbm7   Eb7(9)
Eu acho graça do meu pensamento
   Gm7(5-)   C7(9-)   Am7 Bb7(9) Am7 Gm7 Gb7(11+) F7M
A conduzir o nosso amor discreto.
Gb7M   Gm7(5-)   C7(9-) Fm7
Sim, amor discreto pra uma só pessoa
      Abm7   Bb7(9)   Eb7M Ebm7
Pois nem de leve sabes que ou te quero
    Gbm6   Ab7(5+) Db$_9^6$ B7(9) Bb7(9) Ebm7
E me apraz esta ilusão à toa.   Olha...

Meia lua inteira

Sol Maior   **Carlinhos Brown**

        G
Meia lua inteira

Sopapo na cara do fraco

Estrangeiro gozador,

Coca de coqueiro baixo
                C
Quando o engano se enganou.

São dim, dão, dão, São Bento
                   G
Grande homem de movimento   **BIS**
      C
Martelo de tribunal.

G   C
Sumiu na mata adentro,
        G
Foi pego sem documento
        C
No Terreiro Regional
 G   F   G   F
Capoeira Larará, Capoeira Larará
    G   C   G   Em7
Terça-feira Capoeira Larará
  A7   D7   G
Tô no pé de onde der Larará
        F   G   F
Verdadeiro Larará, derradeiro Larará
       G   C   Em7
Não me impede de cantar Larará
  A7   D7   G
Tô no pé de onde der Larará.

Bimba, biriba a mim que diga

Taco de arame cabeça barriga

São dim, dão, dão, São Bento

Meia lua inteira (continuação)

Grande homem de movimento
              C
Nunca foi um marginal
G   C
Sumiu da praça a tempo
        G   C
Caminhando contra o vento
                G
Sobre a própria capital
        C
Capoeira Larará...

Dona

Sol Maior   *Sá e Guarabyra*

Introdução: G D/G C/E D7 G D/G C/E D7

  G   Bm7 C D7(4)   G   Bm7 C D7(4) G   Bm7 C
Dona   desses traiçoeiros   sonhos
D7(4)   G   Bm7 C D7(4)
Sempre verdadeiros
        G   Bm7 C   D7(4)   G   Bm7 C D7(4)   G   Bm7 C
Oh! Dona   desses animais   Dona
         D7(4)   G Bm7 C D7(4)
Dos teus ideais.

  G   C/G   D/G   C/G   G
Pelas ruas onde andas, onde mandas todos nós
        C/G   D/G   C/G   C
Somos sempre mensageiros esperando tua voz
       C6   C7M   C6   C
Teus desejos, uma ordem, nada é nunca, nunca é não
     C6   C7M   D7
Porque tens essa certeza dentro do teu coração
  G   C/G   D/G   C/G   G
Tam-tam-tam batem na porta, não precisa ver quem é
     C/G   D/G   C/G   C
Prá sentir a impaciência do teu pulso de mulher
   C6   C7M   C6   C
Um olhar me atira à cama, um beijo me faz amar
   C6   C7M   D7
Não levanto, não me escondo, porque sei que és minha
 G   Bm7 C D7(4)
Dona.

 G   Bm7 C D7(4)   G   Bm7 C D7(4) G   Bm7 C D7(4)
Dona   desses traiçoeiros   sonhos
D7   G   Bm7 C D7(4)
Sempre verdadeiros   Oh! Oh! Oh!
 G   Bm7 C D7(4)   G   Bm7 C D7(4) G Bm7 C
Dona   desses animais,   Dona
       D7(4)   Bm7 C D7(4)
Dos teus ideais.

G   C/G   D/G   C/G   G
Não há pedra em teu caminho, não há ondas no teu mar
       C/G   D/G   C/G   C
Não há vento ou tempestade que te impeçam de voar
    C   C7M   C6   C
Entre a cobra e o passarinho, entre a pomba e o gavião

Dona (continuação)

    C6   **C7M**   **D7**   **G**
O teu ódio ou teu carinho nos carregam pela mão
  C/G   **D/G**   **C/G**   **G**
E a moça da cantiga, a mulher da criação
  C/G   **D/G**   **C/G**   **C**
Umas vezes nossa amiga, outras nossa perdição
  C6   **C7M**   **C6**   **C**
O poder que nos levanta, a força que nos faz cair
  C6   **C7M**   **D7**   **G**   **Bm7** **C** **D7(4)**
Qual de nós ainda não sabe que isso tudo te faz dona.
G   **Bm7**   **C**   **D7(4)** **G**
Dona   oh! Oh!

Meu mundo e nada mais

Fá Maior *Guilherme Arantes*

Introdução: F° F F° Bb Gm7 C7 F Bb

F   F° F   Am
Quando eu fui ferido vi tudo mudar
Cm   F   Bb Eb Bb
Das verdades que eu sabia
F   F°   F   Am
Só sobraram restos que eu não esqueci
Cm   F   Bb
Toda aquela paz que eu tinha.

             F   C7   F
Eu que tinha tudo hoje estou mudo estou mudado
     Dm   Gm7   Bb
A meia-noite a meia luz fechando.
F   Bb   C   F
Daria tudo por um modo de esquecer.

BIS

Bb   F   C7   F
Eu queria tanto estar no escuro do meu quarto
     Dm   Gm7   Bb
A meia-noite, à meia-luz sonhando
F   Bb   C   F
Daria tudo por meu mundo e nada mais.

Voltar à introdução: F° F F° Bb Gm7 C7 F Bb

F   F° F   Am
Não estou bem certo se ainda vou sorrir
Cm   F   Bb Eb Bb
Sem um travo de amargura
F   F°   F   Am
Como ser mais livre, como ser capaz
    Cm   F   Bb
De enxergar um novo dia.

Voltar a:
Bb   F   C7   F
Eu que tinha tudo hoje estou mudo estou mudado

(repetir 3 vezes) sumindo para acabar.

Copyright 1976 by Universal Music Publishing Ltda.

Na sombra de uma árvore

Ré Maior   ***Hyldon***

  D   C
Larga de ser boba e vem comigo
  D   C   F#m
Existe um mundo novo e quero te mostrar
               Bm   E7   D/F# E7
Que não se aprende em nenhum livro
        E4   A
Basta ter coragem pra se libertar
       A7
Viver, amar
            D   C
E de que valem as ruas da cidade
  D   C   F#m
Se no meu caminho a cor é natural
              Bm   E7 D/F# E7
Descansar na sombra de uma árvore
     A7   D
Ouvindo pássaros cantar,

Cantar.

Felicidade (Schottis da felicidade)

Schottis-canção - Dó Maior **Lupicínio Rodrigues**

    C   Dm7
Felicidade foi-se embora
          G7
E a saudade no meu peito
   C
Ainda mora
  E7   Am   A7   Dm
E por isso que eu gosto lá de fora
            G7
Porque sei que a falsidade
  C
Não vigora.

BIS

II

   C
A minha casa
        Dm
Fica lá detrás do mundo
         G7
Mas eu vou em um segundo
       C
Quando começo a cantar.

Meu pensamento
      Dm
Parece uma coisa à toa
       G7
Mas como é que a gente voa
      C
Quando começa a pensar.

BIS

Linha do horizonte

Jovem - Sol Maior   **Paraná e Paulo Sergio Valle**

G   Am7
E, eu vou pro ar
        G
No azul mais lindo
      D$\frac{7}{4}$(9)
Eu vou morar
G   Am7
Eu quero um lugar
        G
Que não tenha dono
    D$\frac{7}{4}$(9)
Qualquer lugar.

Orquestra: G Am7 G D7 G Am7 G D$\frac{7}{4}$(9)
G   Am7
Eu quero encontrar
       G
A rosa dos ventos
    D$\frac{7}{4}$(9)
E me guiar
G   Am7
Eu, quero virar
      G
Pássaro de prata
 D$\frac{7}{4}$(9)
E só voar

Orquestra: G Am7 G D7 G Am7 G D$\frac{7}{4}$(9)
G   Am7
E, aqui onde estou
       G
Essa é minha estrada
  D$\frac{7}{4}$(9)
Por onde eu vou
      Am7
E, quando cansar
       G
Na linha do horizonte
 D$\frac{7}{4}$(9)
Eu vou pousar

Repetir Ad - libtum

Disparada

Choro-canção - Ré Maior   **Geraldo Vandré e Théo**

    A7   D
Prepare o seu coração
    A7   D
Pras coisas que eu vou contar
    G   F#m7
Eu venho lá do sertão
    G   Em7 A7 D
Eu venho lá do ser - tão
    G   F#7   Bm
Eu venho lá do sertão
    G   Em7 A7 D
E posso não lhe agradar.
    A7   D
Aprendi a dizer não
    A7   D
Ver a morte sem chorar
    G   F#m7
E a morte, o destino, tudo
    G   Em7 A7 D
E a morte, o destino, tudo
    F#7   Bm
Estava fora do lugar
    G   Em   A7 D
E eu vivo pra conser - tar
    Am7 D7   G
Na boiada já fui boi
    Bm   E7   A
Mas um dia me montei
    C#m7 F#7   Bm7
Não por um motivo meu
    E7
Ou de quem
    A7   D
Comigo houvesse
    F#7   Bm7
Que qualquer querer tivesse
    F#7   G
Porém por necessidade
    Em7   G   D
Do dono de uma boiada
     G   A7   D
Cujo vaqueiro mor - reu.
    A7   D
Boiadeiro muito tempo

Disparada (continuação)

     A7   D
Laço firme, braço forte
        G   F#m7
Muito gado e muita gente
G   Em7 A7 D
Pela vida segurei
     G   F#7   Bm
Seguia como num sonho
        G   Em A7 D
Que boladeiro, era um rei.
     A7   D
Mas o mundo foi rodando
   A7   D
Nas patas do meu cavalo
   G
E nos sonhos
       F#m7
Que fui sonhando
G   Em7 A7 D
As visões se clareando
   F#7   Bm
As visões se clareando
G   Em A7 D
Até que um dia acor - dei.
   A7   D
Então não pude seguir
 A7   D
Valente lugar - tenente
     G   F#m7
De dono de gado e gente
  G   A7   D
Porque gado a gente marca
  F#7   Bm7
Tange, ferra, engorda e mata,
G   Em A7 D
Mas com a gente é diferente.
   A7   D
Se você não concordar
  A7   D
Não posso me desculpar
   G   F#m7
Não canto pra enganar
G Em7   A7 D
Vou pegar minha viola
   F#7   Bm
Vou deixar você de lado
 G   Em A7   D
Vou cantar noutro lugar.

Disparada (continuação)

     D7   G
Na boiada já fui boi
    E7   A7
Boiadeiro já fui rei
      F#7
Não por mim
          Bm7
Nem por ninguém
          A7   D
Que junto comigo houvesse
    F#7   Bm7
Que quisesse ou que pudesse
     F#7   G
Por qualquer coisa de seu
Em7 A7   D
Por qualquer coisa de seu
  G   Em A7 D
Querer mais longe que eu.
   A7   D
Mas o mundo foi rodando
   A7   D
Nas patas do meu cavalo
   G   F#m7
E já que um dia montei
  G   Em A7 D
Agora sou cava - leiro
   F#7   Bm
Laço firme, braço forte
   G   Em   A7 D
De um reino que não tem rei.

Fuscão Preto

Jovem - Sol Maior   *Atílio Versutti e Jeca Mineiro*

     G   **D7**
Me disseram que ela foi vista com outro
      C   **D7**   **G**
Num fuscão preto pela cidade a rodar
                      D7
Bem vestida igual à dama da noite
      C   **D7**   **G**
Cheirando a álcool e fumando sem parar.
                        D7
Meu Deus do céu, diga que isso é mentira
     C   **D7**   **G**
Se for verdade esclareça por favor
                   D7
Daí a pouco ou mesmo vi o fuscão
    C   **D7**   **G**
E os dois juntos se desmanchando em amor.

    D7   **C**
Fuscão preto você é feito de aço
              G
Fez o meu podo em pedaços
D7   **G**
Também aprender a matar
    D7   **C**
Fuscão preto com o seu ronco maldito
           G
Meu castelo tão bonito
D7   **G**
Você fez desmoronar.

Repete

Quem ama não enjoa

Samba-canção - Dó Maior　　　　　　　　　　　*Mário Mascarenhas*

Introdução: Fm　Fm6　C　F　Dm7　G7　C　G7　C

　　　　　Am　　　　E7(9-)　Am
Você só diz que quer ficar sozinha
　　　　　　Dm 7　　　　Am
Mas você quer é se livrar de mim,
A7(9-)　　Dm　　　　　　Am7
Pois tira o cavalinho da chuva,
　　　　　　F7　　　　　　　E7
Porque não vou lhe abandonar assim.

　　　　　　Am　　　E7(9-)　　Am
Sou um cãozinho que você maltrata,
A7(9-)　　Dm7　　　　　　Am
Você faz tudo para eu lhe deixar,
　　　　Dm/F　　　E7　　　　Am
Pois tire o cavalinho da chuva,
　　　　　E7　　　　　　　　　　Am
Porque o divórcio eu não vou lhe dar!

Estribilho:
　　Dm 7(11)　　　　　G7
Você me abraça e beija
　　　　　　　　　　　C
Depois me manda embora, (olha só)
　　　Bm7(11)　　　E7
E eu saio, lá pelas ruas,
　　　　　　　Am　Dm　　　Am
A chorar à toa,　　(pobre de mim!)
　　Fm　　　　　　Fm6
Mas quando você me chama,
　　　　C　　　　　　Am
Volto correndo, (volto voando!)
Am7　F7M Dm7　G7　　　　C　E7
Porque　quem ama não enjoa!

(Voltar ao princípio e FIM)

　　　　　　　　　Am7　F7M　Dm7　G7(13)　　　　C
Para terminar: Porque, quem ama, não enjoa!

(Repetir sumindo)

Codinome: Beija-flor

Choro-canção - Si bemol Maior   **Reinaldo Arias, Cazuza e Ezequiel Neves**

[Bb] [Bb7M] [Bb] [Bb7M]
Pra que mentir, fingir que perdoou,
[Eb7M] [F7/Eb] [Eb7M]
Tentar ficar amigos, sem rancor?
[F7] [Eb7M] [F/Eb]
A emoção acabou, que coincidência é o amor
[Cm] [Dm7] [Eb7M] [F/Eb] [Gb7M]
A nossa música nunca mais tocou.
[Bb] [Bb7M] [Bb] [Bb7M]
Pra que usar de tanta educação
[Eb7M] [F/Eb] [Gm7]
Pra desfilar terceiras intenções
[Eb7M] [F/Eb]
Desperdiçando o meu mel
[Eb7M] [F/Eb]
Devagarzinho, flor em flor
[Cm] [Dm7] [Eb7M] [Eb/F] [Gb/Ab]
Esses ini - migos   beija-flor.
[Db7M] [Cm7]
Eu protegi teu nome por amor
[F7] [Bbm] [Fm7] [Bb7M]
Em um codinome beija-flor
[Db7M] [Cm7]
Não responda nunca meu amor
[Gb7M] [Ab] [Bb7M]
Pra qualquer um na rua, beija-flor.
[Gb7M] [Ab]
E só eu que podia
[Gb7M] [Ab]
Dentro da tua orelha fria
[Gb7M] [Ab] [Bb7M]
Dizer segredos de liqüidificador
[Gb7M] [Ab]
Você sonhava acordada
[Gb7M] [Ab]
Um jeito de não sentir dor
[Gb7M] [Ab]
Prendia o choro e aguava
[Bb7M]
O bom do amor.

Uma nova mulher

Balanço - Mi bemol Maior   **Paulo Debétio e Paulinho Rezende**

     Eb   Ab/Eb
Que venha essa nova mulher
        Eb   Ab/Eb
De dentro de mim
        Eb   Ab/Eb
Com os olhos felinos felizes
       Gm   Eb7
E mãos de cetim
  Ab7M   Db7(9)
E venha sem segredo das sombras
 Gm7   C7
Que rondam meu coração
  Fm7   Db7(9)
E ponha nos sonhos dos homens
     Gm Cm   F7(13) F7(13-)
A sede voraz da paixão.

Bb7(9) Eb6(9)   Ab/Eb
Que venha de dentro de mim
        Eb7M Ab/Eb
Ou de onde vier
    Eb   Ab/Eb
Com toda malícia e segredos
       Gm7   Eb7
Que eu não souber
  Ab7M   Db7(9)
Que tenha o cio das corças
 Gm7   Cm7
E lute com todas as forças
  Fm7   Bb7
Conquiste o direito de ser
         Eb Cm7
Uma nova mulher,

 Fm Gm Ab   Bb7
Livre, livre, livre para o amor
 Eb6(9)   Eb/Db
Quero ser assim, quero ser assim
 Ab/C   Bb7
Senhora das minhas vontades
     Eb
E dona de mim.

Uma nova mulher (continuação)

    Fm   Gm   Ab   Bb7
Livre, livre, livre para o amor
    Eb6(9)   Eb/Db
Quero ser assim, quero ser assim
        Ab/C   Bb7
Senhora das minhas vontades
            Eb
E dona de mim.

Verdade chinesa

Samba - Dó menor   Gilson e Carlos Colla

Introdução: Fm7   Bb7   Eb7M   Cm7   Dm7(5-)   G7   Cm   Ab7   G7

Cm7   **C7**
    Era só isso que eu queria da vida
Fm   **Dm7(5-)**   **G7**
    Uma cerveja, uma ilusão atrevida
Cm7
    Que me dissesse uma verdade chinesa
Dm7(5-)   **G7**
    Com uma intenção de um beijo doce na boca.

Cm   **C7**
    A tarde cai, noite levanta, magia,
Fm7   **Dm7(5-)**   **G7**
    Quem sabe a gente vai se ver outro dia
Cm7
    Quem sabe o sonho vai ficar na conversa
Dm7(5-)   **G7**   **Cm**
    Quem sabe até a vida pague essa promessa.

       C7   **Fm7**
    Muita coisa a gente faz
       Bb7   **Eb7M**
    Segundo o caminho que o mundo traçou
       Cm   **Dm7(5-)**
    Seguindo a cartilha que alguém ensinou
       G7   **Cm7**
    Segundo a receita da vida normal.

       C7   **Fm7**
    Mas o que é vida afinal
       Bb7   **Eb7M**
    Será que é fazer o que o mestre mandou?
       Cm   **Cm/Bb**   **Am7(5-)**
    E comer o pão que o diabo amassou
       D7   **Dm7(5-)** **G7**
    Perdendo da vida o que tem de melhor?

C7 Fm7   **Bb7**   **Eb7M**
    Senta se acomoda à vontade
       Cm7   **Dm7(5-)**
    Tá em casa tome um copo

Verdade chinesa (continuação)

     G7   **C7**
Dá um tempo que a tristeza vai passar
Fm7   **Bb7**   **Eb7M**
Deixa pra amanhã tem muito tempo
    Cm7   **G7**
O que vale é o sentimento
                           Cm
E o amor que a gente tem no coração.

Cm7   **C7**
Era só isso que eu queria da vida etc.

               C7 **Fm7**   **Bb7**   **Eb7M**
Para terminar: Senta se acomoda à vontade etc.

Mexerico da Candinha

Jovem - Ré Maior **Roberto Carlos e Erasmo Carlos**

Introdução: D6

(Falado)

Olha o que a Candinha

Está falando aqui! **BIS**

Puxa! Mas como fala.

D
A Candinha vive

A falar de mim em tudo

Diz que eu sou louco,

Esquisito e cabeludo
G7
E que eu não ligo para nada,

Que dirijo em disparada,
D
Acho que a Candinha

Gosta mesmo de falar
A7
Ela diz que eu sou maluco
G7#
E que o hospício é o meu lugar
Dm   A7   D
Mas... a Candinha quer falar.
D
A Candinha

Quer fazer da minha vida

Um inferno

Já está falando

Do modelo do meu terno
G7
E que a minha calça é justa

E de ver ela se assusta

Mexerico da Candinha (continuação)

   D
E também a bota

Ela acha extravagante
      A7
Ela diz que eu só falo gíria
        G7
E que é preciso moderar
Dm   A7   D
Mas a Candinha quer falar.
G
A Candinha gosta
    D
De falar de toda gente
  G
Mas as garotas gostam
   D
De ver bem diferente
G
A Candinha fala
       D
Mas no fundo me quer bem
E7
E eu não vou ligar
   A7
Pra mexerico de ninguém
     D
Mas a Candinha agora

Já está falando até demais

Porém ela no fundo

Sabe que sou bom rapaz
   G7
E sabe bem que essa onda

E uma coisa natural
 D
E eu digo que viver assim

E que é legal
    A7
Sei que um dia
   G
A Candinha vai comigo concordar
Dm   A7   D
Mas sei que ainda vai falar
Dm   A7   D
Mas sei que ainda vai falar.

Lábios de mel

Toada - Mi bemol Maior *Waldir Rocha*

Introdução: Ab Bb7 Eb C7 Fm Bb7 Eb

Eb   Ab7
Meu amor
              Eb
Quando me beija
Fm   Dm7(5-)
Vejo o mundo revirar
G7   Cm
Vejo o céu aqui na terra
F7   Bb7
E a terra no ar
Eb   Ab7
Os seus lábios
         Eb
Têm o mel
Fm   Dm7(5-)
Que a abelha tira da flor
G7   Cm
E sou pobre, pobre, pobre
       Fm Bb7   Eb Ab Eb
Mas é meu   seu amor
Bb7   Eb
Quem tem amor

Peça a Deus
        Cm   Fm
Pra seu bem lhe amar de verdade,
Bb7   Fm
Para mais tarde
           Bb7
Não ter desenganos
          Eb C7 F7
E chorar de saudade
Bb7   Eb
Quem foi na vida
   Db7   C7
Que teve um amor
    Gm7   C7(9-)   Fm
E este amor sem razão lhe deixou
   Eb   C7
E até hoje não guarda
  Fm7 Bb7   Eb
No peito a marca da dor.

Jura Secreta

Dó Maior   **Suely Costa e Abel Silva**

```
C7M        C5+           C6    C7M(5+)
```
Só uma coisa me entristece
```
C7M         C/Bb              A7
```
O beijo de amor que eu não roubei
```
Dm      Dm/C       G/B   F/A
```
A jura Secreta que não fiz
```
G7                    C7M  Fm6
```
A briga de amor que não causei
```
C7M        C5+         C6
```
Nada do que posso me alucina
```
C7M       C/Bb          A7
```
Tanto quanto o que não fiz
```
Dm            Dm/C      G/B   F/A
```
Nada do que eu quero me suprime
```
G7                      C7M  Bm7(11)  E7
```
De que por não saber inda não quis.
```
Am                D7(9)
```
Só uma palavra me devora
```
Am7               D7(9)
```
Aquela que meu coração não diz
```
F         C/E          Dm      Dm/C
```
Só o que me cega, o que me faz infeliz
```
G/B        G7         C7M
```
É o brilho do olhar que não sofri.

Vitoriosa

Funk moderado - Ré Maior   **Ivan Lins e Vitor Martins**

  D7M   G/A   D7M
Quero   sua risada mais gostosa
       G/A   D7M
Esse seu jeito de achar
       Em7   C#m7(5-) F#7 Bm7 Bm6
Que a vida pode ser   maravilhosa
A7 D7M G/A   D7M
Quero   sua alegria escandalosa
G/A   A7   D7M   Em7
Vitoriosa por não ter vergonha
      C#m7(5-) F#7   Bm7 Bm6 A6
De aprender como se goza
D7M(9) C#m7(5-) F#7(5+)
Bm7   F#m7
Quero toda a sua pouca castidade
Bm7   F#m7
Quero toda a sua liberdade
G6   G#m7(5-)
Quero toda a sua vontade
       C#7   F#7M   F#6
De passar dos seus limites
B/C#   C#7   F#7M
E ir além, e ir além
   E7(9) G/A
E ir além.

Copyright by 1986 Velas Produções Artísticas Musicais e Com. Ltda.

Aves daninhas

Samba-canção - Dó Maior   **Lupicínio Rodrigues**

Introdução: Gm/Bb   A7   D7   Am7   D7   F/G   G7

    C7M   Eb°   Dm6
Eu não quero falar com ninguém
 G7   C7M
Eu prefiro ir pra casa dormir
    G/A   A7(9)   D7
Se eu vou conversar com alguém
   Am7   D7   F/G G7(9)
As perguntas se vão repetir
    C7M   Eb°   Dm6
Quando eu estou em paz com meu bem
 G7   C7M
Ninguém por ele vem perguntar
   Em7(5-)   A7   Dm
Mas sabendo que andamos brigados
F/G   G7(9)   C
Esses malvados querem me torturar.
   Bm7(5-)   E7(9-)   Am7
Se eu vou a uma festa sozinha
   Dm7   G7   C7M A7
Procurando esquecer o meu bem
   Dm7   F/G   C7M
Nunca falta uma engraçadinha
   Am7   D7(9)   G7
Perguntando: ele hoje não vem?
   Bm7(5-)   E7(9-)   Am7
Já não chegam essas mágoas tão minhas
   Dm7   G7   C7M A7(9-)
A chorar nossa separação
   Dm7   F/G   C7M   Am7
Ainda vem essas aves daninhas
 D7   G7   C6
Beliscando o meu coração.

Boas Festas

Marchinha - Ré Maior *Assis Valente*

Introdução: G D E7 A7 D6

D
Anoi___te___ceu

O sino gemeu

A gente ficou
E7   A7   D
Feliz a rezar

Papai No___el

Vê se você tem

A felicidade
E7   A7   D
Pra você me dar.

D
Eu pensei que todo mundo
                  F°   Em7
Fosse filho de Papai No___el

Bem assim felicidade
              A7
Eu pensei que fosse uma
          D
Brincadeira de papel

Já faz tempo que eu pedi
               F°   Em7
Mas o meu Papai Noel não vem

Com certeza já morreu
    A7
Ou então felicidade
          D
E brinquedo que não tem.

Copyright 1934 by Irmãos Vitale S.A. Ind. e Com.

Coisa mais linda

Bossa-nova - Lá Maior **Carlos Lyra e Vinícius de Moraes**

```
    A7M     A6       A°      C#7/G# F#7(13)  B7(9)
Coisa mais bonita é você,       assim
      E7(9)      A7(9)    Am6   G#m7(5-)
Justinho você, eu juro,
      Gm6           F#7    B7(13) B7(13-)  Bm7  E7(9-)
Eu não sei por que você,
    A7M      A6       A°        C#7/G#
Você é mais bonita que a flor
           F#7(13) B7(9)   E7(9)     A7(9)
Quem dera    a primavera da flor,
      Am6    G7(9)            A7M       F#m7
Tivesse        todo esse aroma de beleza
              C#m7
Que é o amor
       F#m7           B7(4)
Perfumando a natureza
          B7         E7(4)  E7(5+)
Numa forma de mulher
    A7M     A6      A°
Porque tão linda assim
       C#7/G# F#7(13) B7(9)
Não existe a flor
                  E7(9)      A7(9)
Nem mesmo a cor não existe
      Am6   G7(9)           A7M       Dm6
E o amor,      nem mesmo o amor existe
              A6          G7(9)
E eu fico um pouco triste
         A7M      Dm6
Um pouco sem saber
         A6           G7(9)
Se é tão lindo o amor
              A7M
Que eu tenho por você.
```

Dá-me tuas mãos

Samba - Dó Maior *Erasmo Silva e Jorge de Castro*

Introdução: C7M(9)   C/E   Am7   C/G   Ab7   G7

G7   C7M
Dá-me tuas mãos
Am7   Dm7
Os teus lábios que eu quero beijar
A7   A7(5+9+) Dm7
Deixa que eu veja os meus olhos

Nos teus olhos
Ab7(9,13)   G7(5+)   C7M(9)
Para que eu possa sonhar
G7(13)   C7M(9)
Dá-me tuas mãos
Am7   Dm7
Meu olhar te procura em vão
A7/E   A7(5+)   Dm7
Pois quanto mais tu te afastas
              G7   C/G C7M C7
Mais padece o meu coração
       F7M   E7
Quero que teus olhos me olhem
F7   E7   Am   C/D   D7(9)
Como te olham os meus
G7M(9)
Quero que eles sintam em meus olhos
C/D   D7   F/G
Tudo o que eu sinto nos teus
G7(13)   C7M(9)
Dá-me tuas mãos
Am7   Dm7
Fica perto de mim por favor
A7   A7(5+)   Dm7
Se tu fores embora outra vez
G7(5+)   C7M
Amor, eu morrerei de dor.

E se...

Samba - Si bemol Maior *Francis Hime e Chico Buarque de Hollanda*

Introdução: Bb7M(9) Ab7M/Bb

Bb(add9)   Ab7M/Bb Bb7M(9) Ab7M/Bb Bb(add9)
E se o oceano   incendiar
 Eb   Ab7M/Bb   Dm7 G7(9) Eb7M
E se cair neve no sertão
                     Ebm6   Bb7M
E se o urubu cocorocar
         Bb6(9)   G7sus4 G7   Cm7
E se o Botafogo for campeão
                     F7sus4 F7 Ab7M/Bb
E se o meu dinheiro não faltar
        Bb7   F6/G G7(9) Eb7M
E se o delegado for gentil
       Eb7M(9)   Ebm6   Bb(add9)
E se tiver bife no jantar
                   G7sus4 G7 Cm7
E se o Carnaval cair em abril
                 F7sus4 F7 Ab7M/Bb
E se o telefone funcionar
      Bb7   G7sus4 G7 Eb7M
E se o Pantanal virar pirão
    Eb7M(9)   Ebm6 Bb7M
E se o Pão-de-Açúcar desmanchar
              G7sus4 G7(5+) Cm7
E se tiver sopa pro peão
             F7sus4 F7 Ab7M/Bb
E se o oceano incendiar
      Bb7   G7sus4 G7 Eb7M
E se o Arapiraca for campeão
   Eb7M(9)   Ebm6 Bb7M
E se à meia-noite o sol raiar
             G7sus4 G7(5+) Cm7
E se meu país for um jardim
        F7sus4 F7 Ab7M/Bb
E se eu convidá-la pra dançar
Bb7   G7sus4 G7 Eb7M
E se ela ficar assim, assim
        Eb7M(9)   Ebm6 Bb7M
E se eu lhe entregar meu coração
           G7sus4 G7(5+) Cm7
Meu coração for um quindim
          F7sus4 F7
E se meu amor gostar então
  Bb/F Bb6(9) Bb7M Ebm7(9) Bb7M(9)
De mim.

Face a face

Bossa-choro - Lá menor **Suely Costa e Cacaso**

E7 **Am 7**
São as trapaças da sorte
A7 **A7(5+)** **Dm7**
São as graças da paixão
   E/G#
Pra se combinar comigo
   E7 **Am7** **Bm7(11)**
Tem que ter opinião
E7   **Am7**
São as desgraças da sorte
A7 **A7(5+)** **Dm7**
São as traças da paixão
   E/G#
Quem quiser falar comigo
   E7 **Am7**
Tem que ter bom coração.

Bm7(11) **E7** **Am7**
Morena quando repenso
A7   **Dm7**
No nosso sonho fagueiro
Gm/Bb **A7** **Dm7**
O céu estava tão denso
G7   **C7M**
Inverso tão passageiro
E7   **Am**
Uma certeza me nasce
A7   **Dm7**
E abole todo o meu zelo
Dm/C   **B7**
Quando me vi face a face
   D/E
Fitava o meu pesadelo
E7   **Am7**
Estava cego o apelo
A7 **A7/C#** **Dm7**
Estava solto o impasse
   Dm7/G
Sofrendo nosso desvelo
G7   **C7M**
Perdendo no desenlace
   Bm7(5-) **E7** **Am7**
No rolo   feito um novelo

Face a face (continuação)

Gm7   **E7**   **Am7**
Até o fim do degelo
Dm7   **Am/C**   **Am7**
Até que a morte me abrace.

Bm7(11)   **E7**   **Am7**
São as trapaças da sorte etc.

Bm7(11)   **E7**   **Am/C**   **Am7**
Morena, quando relembre
               Dm7
Aquele céu escarlate
Gm/Bb   **A7**   **Dm7**
Mal começava dezembro
      G7
Já ia longe o combate
E7   **Am7**
Uma lambada me bole
A7   **Dm7**
Uma certeza me abate
Dm/C   **B7**
A dor querendo que eu morra
               D/E
O amor querendo que eu mate
E7   **Am7**
Estava solta a cachorra
A7   **A7/C#**   **Dm7**
Que mete o dente e não late
             Dm7/G
No meio daquela zorra
G7   **C7M**
Perdendo no desempate
    Bm7(5-) E7   **Am7**
Girando feito piorra
Gm7   **E7**   **Am7**
Até que a magia escorra
Dm7   **F7M**   **Am 7**
Até que a raiva desate.

Fita meus olhos

Samba - Dó menor *Peterpan*

Cm7
Pobre de quem
    Cm/Bb   **Ab7M**   **Fm6**
Vive assim como eu neste mundo
    Cm7   **Cm7/Bb Fm/Ab**
Obrigada a guardar um segredo
  G7   **Cm7** **Dm7(11) G7**
Com amor tão profundo
Cm7
Tenho receio
    Fm7   **Fm6**
De ouvir meu amor dizer não
   Cm7 **Cm/Bb Fm/Ab**
Pois assim sem saber a certeza
  G7 **Cm Gm7(5-) C7**
Desta linda ilusão.
Fm   **Fm6**
Queres saber
    Cm7
Quem me faz viver triste assim
Fm
Queres saber
    Ab7(13) G7
Quem eu gosto e não gosta de mim
  Gm7(5-) C7(9-)   **Fm7 Fm7/Eb**
Quem eu quero   e quem só me maltrata
  D7   **Ab7 G7**
Como é sincero este amor que me mata
Cm   **Cm7**   **Ab7M** **Fm**
Fita meus olhos e procura me compreender
   Cm7 **Cm/Bb Fm/Ab**
E se não compreenderes enfim
 G7 **Cm**
Só me resta morrer.

Meu drama

Samba - Dó Maior   **Silas de Oliveira e J. Ilarindo**

`C7M    G6/B  Am7`
Sin_to
          `Dm7   G7  Dm7`
Abalada a minha calma
       `G7         C7M   Bb/C  C7  F7M`
Embriagada a minh'alma
         `F7      Bm7(5-)   E7`
Efeito de sua sedução
`F7M Dm7        G7         C7M          F7M`
Oh!   minha romântica senhora tentação
           `E7(5+)    Am7        D7`
Não deixe que eu venha sucumbir
     `Dm7        G7       C6(9)  G7(9-)`
Neste vendaval de paixão.

                        `C6(9) Bb7  A7 (2ª vez)`
`Dm7       G7           C7M  C/Bb  A7(9-)`
Jamais pensei em minha vida
`Dm7      G7      C7M`
Sentir tamanha emoção
`F#m7(5-)      B7          Em7`
Será que o amor por ironia
         `Em/D       C7`
Deu-me esta fantasia
      `B7         Em   F7M`
Vestida de obsessão
          `E7        Am7   D7  Am7`
A ti confesso me apaixonei
        `D7       Dm7      G7(5+)`
Será uma maldição, não sei...
`C7M   G6/B  Am 7`
Sinto...

BIS

Morrer de amor

Choro-canção - Fá Maior   **Oscar Castro Neves e Luvercy Fiorini**

```
      C7          F7M              Bbm/F
    Andei sozinho, cheio de mágoa
              G/F                   C/E   Cm/Eb
    Pelas estradas, de caminho sem fim
      F/Eb        Bb/D  Bbm/Db    F   C/E  Dm7
    Tão sem ninguém, que pensei a - té
            G/F   Em7 Dm7     C7/4 C7
    Em morrer, em morrer.
                  F7M              Bbm/F
    Mas vendo sempre, que a minha sombra
              G/F                C/E  Cm/Eb
    Ia ficando cada instante mais só
      F/Eb        Bb/D  Bbm/Db   F  C/E  Dm7
    Muito mais só,   sempre a caminhar
            G/F   Em7     Dm7(11)  C7/4 C7
    Para não mais voltar
                 F7/4    F/Eb
    Eu quis morrer
              Bb/D G/F           C/E   A/G
    Então eu via     que não morria
                 D/F#   D7
    Eu só queria
             Gsus4 G7           Bb/C C7
    Morrer  de muito a - mor   por ti
                 F7M              Bbm/F
    E hoje eu volto, na mesma estrada
               G/F              C/E  Cm/Eb
    Com esperança infinita no olhar
     F/Eb       Bb/D  Bbm/Db    F  C/E  Dm7
    Para entregar      todo o co - ra - ção
              G/F   G7sus4 G7  Bb/C  C7         Db/F
    Que o amor  es - co - lheu    para morrer
              F
    Morrer de amor.
```

Copyright 1967 by Warner Chappell Edições Musicais Ltda.

Olhe o tempo passando

Fá Maior

Dolores Duran e Edson Borges

Introdução: F7M(9)   Bb/C   F7M(9)   Bb/C   C7(9-)

F7M   D7(9-)
Olhe,
    Gm7   G#°
Você vai embora
     Am7   Dm7
Não me quer agora
     Bm7   E7(9)
Promete voltar
Am7   D7
Hoje,
    Gm7   C7
Você faz pirraça
    Am7(5-)   D7
Até acha graça
    Gm7
Se me vir chorar
 Bb/C   C7(9)   F7M
A vida   acaba um pouco todo dia
 Bb/C   Bb7M Gm7(9) F7M(9) E7(9-)
Eu sei e você finge não saber
Am7 D7   Bm7   Em7
E pode ser que quando você volte
Am7 D7(9-) G7(13) G7(13-) Gm7(9) C7(9-)
Já seja um pouco tarde pra viver.
 F7M   D7(9-)
Olha,
    Gm7   G#°
O tempo passando
     Am7   D7
Você me perdendo
     Bm7   E7(9-)
Com medo de amar
Am7   D7
Olha,
    Gm7   G#°
Se fico sozinha
    F7M
Acabo cansando
 Bb/C   F6
De tanto esperar.

Oração a Mãe Menininha

Toada - Sol Maior   **Dorival Caymmi**

[G]
O coração da gente, ai?
[E7(9-)] [Am7]
Tá no Gantois   **BIS**
[D7]
E a Oxum mais bonita, hein?
[G]
Tá no Gantois

[E7(9-)] [Am7]
Olorum que mandô
[D7]
Essa filha de Oxum
[Am7]
Toma conta da gente,
[D7] [G]
E de tudo cuida
[G7M] [Am7] [D7] [G]
Olorum que mandô

Ê Ô

Ora lê lê ô
[G]
Ai,   minha mãe
[E7(9-)] [Am7]
Minha mae menini - nha
[D7]
Ai, minha mãe
[G]
Menininha do Gantois

A estrela mais linda, hein?
[E7(9-)] [Am7]
Tá no Gantois
[D7]
E o sol mais brilhante, hein?
[G]
Tá no Gantois

A beleza do mundo, hein?
[E7(9-)] [Am 7]
Tá no Gantois
[D7]
E a mão da doçura, hein?
[G]
Tá no Gantois.

Copyright by Dorival Caymmi (Direto com o autor)

Pranto do poeta

Samba - Si bemol Maior **Nelson Cavaquinho e Guilherme de Brito**

Introdução: Dm   Em7(5-)   A7   Dm7   Em7(5-)   A7   Dm

F7(5 +)   Bb6(9) Bb7M   Dm7 G7
Em Manguei - ra quando morre
     Cm7   F7   Dm7(5-) G7
Um poe - ta, todos cho - ram
Cm7   F7
Vivo tranqüilo
     Bb   G7 C7(9)
Em Mangueira porque sei que alguém
     F7(9)   F7(9-)
Há de chorar quando eu morrer
F7   Cm7   F7
Mas o pranto em Mangueira
    Bb(add9)
É tão diferente
    Dm7   G7
É um pranto sem lenço
   Cm7   Dm7
Que alegra a gente
    Em7(5-)   A7
Hei de ter um alguém
   Dm7   Bb7M
Pra chorar por mim
   Em7(5-)   A7
Através de um samba
   Dm7   F7(5+)
E de um tamborim, tamborim.

segunda vez, final: F F7(9-) Bb7M

Prelúdio

Samba - Mi bemol Maior   *Hervé Cordovil e Vicente Leporace*

Introdução: Eb7M   F#m7   Fm7   Abm6   Eb7M   Db7   Eb7M   Ab7M/Bb   Bb7(9/13)

Eb7M   **D7**
Não, não posso mais te perdoar
                     Db7M   **C7**
Não posso e nem devo esquecer
              Fm7
De tudo quanto vivo a padecer...
Ab7M   **Db7(9)**   **Eb7M**
Não!   Quando a saudade me afligia
          D7(9)
Tu cantavas, tu sorrias...
    Gm7   **C7**   **Fm7**   **Bb7**
Zombavas até do meu penar,
Eb6   **D7**
Da minha fé...
G7M   **Em7**   **Bm7**   **Bbm7**   **Am7**
Noites inteiras ao pia - no
                 Cm6   **D7**   **G7M**
E a inspiração jamais me vi - nha
       G7(9)   **C7M**
Para um prelúdio compor
    C/D   **G(add9)**
Que te falasse de amor
    Am7 D7   **G(add9)**
Para te fazer   mais minha!...
Bm7   **Bb7(9)**
Não, não...
Eb7M   **D7**
Não, não posso mais perdoar...
(repete tudo até...)
   Eb6(9)
Da minha fé.

Quando o tempo passar

Bolero - Si bemol Maior   **Herivelto Martins e David Nasser**

Bb(add9) Bb7M(9)   Fm6/Ab G7
Sei,   quando o tempo passar
                  Ebm6/Gb F7
Ninguém vai lembrar
                 Bb6(9) Gm7 Cm7 F7
Que nós dois existimos.
Bb(add9) Bb7M(9)   Fmo/Ab G7
Sei,   nosso amor foi um sonho
                 Ebm6/Gb F7
De um passado risonho
                Bb6(9) Gm7
Que nós dois destruímos.
Cm7   F7
Partirei,
           Bb   Ab7   G7
Mas sei que não irei sozinho
         Cm7   F7
A noite vai no meu caminho
              Bb6(9) G7
A noite e mais ninguém
Cm7   F7
Partirás,
          Bb   Ab7   G7
Serás feliz na tua estrada
           Cm7   F7
Por outro amor iluminada
                    Bb(add9)
Pois não te quero mal meu bem.

Rancho do Rio

Marcha-rancho - Mi bemol Maior *João Roberto Kelly e J. Ruy*

Introdução: Fm   D7   Gm   C7   Fm7   Bb7(9)   Eb   Ab/C   Bb7

Eb   Cm7   Cm/Bb   Fm7
Foi Estácio de Sá quem fundou

　　Bb7(9)　　　　　Eb6(9) Eb7(9)
E São Sebastião abençoou

　Ab　　D7　　　Gm7　　C7(9)
Rio é quatrocentão

　　　　　　Fm　　　　Bb7　　　　　Eb7M(9) Ab/Bb Bb7
Mas é um broto no meu coração

　Eb
Eu falo assim porque

　Gm　　　　Fm　　Bb7　　　Eb6(9) Ab/Bb Bb7
Rio, eu conheço　　você

　　　　　　　　　Eb
Com essa idade

　F7(9)　　　　　　Bb(add9)
Que o bom Deus lhe deu

　　　F7
É pra cantar

Lá - ra - lá

　　Bb7
E para amar

Lá - ra - lá

　　　　　Fm7　　　Bb7　　　Eb
Você está mais broto do que eu.

Renúncia

Fox-canção - Ré Maior   **Roberto Martins e Mario Rossi**

D
Hoje não existe
  E7
Nada mais entre nós dois
 A7
Somos duas almas
      D   **Em7** **A7(9)**
Que se devem separar
D
O meu coração
    A   **F#m7**
Vive chorando em minha voz
Bm7   **E7**
Já sofremos tanto
     Em7   **A7**
Que é melhor renunciar
    D **G7** **F#m7**
A minha renúncia
    Bm7   **Em7** **A7(9)** **Em7**
Enche-me a alma e o coração de tédio
 A7 **Em7**
A tua renúncia
      A7   **D**   **G/A** **D6(9)**
Dá-me um desgosto que não tem remédio
  Am7 **D7** **G7M**
Amar é viver
    Gm6
É um doce prazer
      F#m7
Embriagador e vulgar,
Bm7   **E7**
Difícil no amor
Em7 **A7** **D**
É saber renunciar.

Rio de Janeiro (Isto é meu Brasil)

Samba - Sol Maior **Ary Barroso**

Introdução: G E7 Am D7

G   E7(9-)
Para cantar a beleza
     Am7 D7   G
A grandeza   de nossa ter_ra
G   D
Basta ser bom brasileiro
                 Em7
Mostrar ao mundo inteiro
A7   D7   D7(5+)
Tudo que ela encerra, Brasil.
                    G6(9)
O nossas praias sao tao claras
G7M
Nossas flores são tão raras
Bb°   Am7
Isto é o meu Brasil
Am 7   E7   Am7
Ô   nossos rios, nossas   ilhas e matas
      E7   Am
Nossos montes, nossas lindas cascatas
  A7   D7   D7(5+)
Deus foi quem criou ô ô
G
O minha terra brasileira
             G7
Ouve esta canção ligeira
   Bm7(5-) E7   Am E7 Am
Que eu fiz   quase louco de saudade
Cm7   G
Brasil, tange as cordas dos teus violões
        G7(5+)   C7M
E canta o teu canto de amor
     Am7   D7   G
Que vai fundo nos corações.
G   E7(9-)
Para sentir a grandeza
   Am7 D7   G
A beleza do meu país
G   D
Basta uma só condição
Em7   A7   D7
E ser brasileiro e ter coração
     D7(5+)
Rio de Janeiro...

Copyright 1950 by Irmãos Vitale S.A. Ind. e Com.

Rio de Janeiro (Isto é meu Brasil) (continuação)

G
Ô nossas flores são tão raras
                    G6(9)
Nossas noites são tão claras
Bb°   **Am7**
Isto é o meu Brasil.
Am7 **E7** **Am7**   **E7**   **Am**
O   esses montes, essas ilhas e matas
E7   **Am**
Essas fontes, essas lindas cascatas
  A7   **D7** **D7(5+)**
Isto é o meu Brasil ô ô
G
O minha terra brasileira
                G7
Ouve esta canção ligeira
    Bm7(5-) **E7**   **Am** **E7** **Am**
Que fiz   quase louco de saudade
   Cm7   **G**
Brasil, tange as cordas dos seus violões
            G7(5+)   **C7M**
E canta o teu canto de amor
       Am7   **D7** **G**
Que vai fundo nos corações.

Sentinela

Choro-canção - Fá menor   **Milton Nascimento e Fernando Brant**

Introdução: Fm7(⁹₁₁)

Fm7
Morte, vela
    Fm7(11)
Sentinela sou
        Db(add9)
Do corpo desse meu irmão

Que já se vai
   Bbm7   Cm7   Cm7(11)
Revejo nessa hora tudo que ocorreu
  Fm   Fm7(11)
Memória não morrerá
  Fm7   Cm7(11)
Vulto negro em meu rumo vem
    Db7M(9)   Db6/F
Mostrar a sua dor plantada nesse chão
    Bbm7
Seu rosto brilha em reza
   Cm7
Brilha em faca e flor
    Fm7(11)
Histórias vem me contar
Bbm7   Cm7
Longe, longe ouço essa voz
   Fm7   Em7(⁹₁₁)
Que o tempo não levará
   Em7   Ebm7(11)   Dbm7(11)
"Precisa gritar sua força, ê irmão sobreviver

A morte inda não vai chegar
   Bm7(11)
Se a gente na hora de unir

Os caminhos num só
   Bbm7
Não fugir nem se desviar"
 Em7   Ebm7(11)   Dbm7(11)
"Precisa amar sua amiga, ê irmão e relembrar
 Dbm7(⁹₁₁)   Bm7(11)
Que o mundo só vai se curvar

Quando o amor que em seu corpo já nasceu
                 Fm7
Liberdade buscar na mulher que você encontrou"

Copyright Almo Music (Adm. por Universal Music)

Sentinela (continuação)

Dm7
Morte vela, sentinela sou
Bb
Do corpo desse meu irmão que já se foi
     Gm7(9)   **Am7(9)**
Revejo nessa hora tudo que aprendi
       D7sus4
Memória não morrerá
Gm7   **Am**
Longe, longe ouço essa voz
          D$\frac{7}{4}$(9)
Que o tempo não levará.

Teletema

Fá Maior *Antonio Adolfo e Tibério Gaspar*

Introdução: F7M   Bb/C   F7M   Bb/C

F   F7M   Gm7
Rumo estrada turva só despedida
       A7(9-)   Dm7
Por entre lenços brancos de partida
        G7   Gm7   Eb7
Em cada curva sem ter você vou mais só
Ab7M
Corro rompendo laços, abraços
Gm7(5-)   C7(9-)
Beijos e em cada passo
           Fm7   Bb7
É você quem vejo no telespaço
     Bbm7   C7(9-)
Pousada em cores do além.
   F   F7M   Gm7
Brando corpo celeste meta metade
        A7   Dm7
Do meu santuário, minha eternidade
        G7   Gm7   Eb7
Iluminando o meu caminho e fim.
Ab7M   Gm7(5-)
Dando a incerteza tão passageira
     C7(9-)   Fm7
Nós viveremos uma vida inteira
     Bb7   Bbm7   C7
Eternamente somente os dois mais ninguém
F   F7M   Bb6(9)   Bb(add9)
Eu vou de sol a sol
          Dm7(11)
Desfeito em cor
      G7(9)
Perfeito em som
     Bb/C   C7(13)   F7M
Perfeito em tanto amor.

Tristeza de nós dois

Bossa-nova - Sol Maior **Durval Ferreira, Mauricio Einhorn e Bebeto**

Introdução: G7M(9) Gm7(9) G7M(9) Gm7(9)

   G(add9)   G6(9) Gm7(9)
Quando a noite vem
  Gm6   Dm/F   Dm/C   Bm7(5-) E7(9-)
Vem a saudade dos carinhos seus
 Am7(5-) Cm6   B7(13) B7(13) D/E
Olha, meu amor
      E7(9-) A7(13) A7(13-)
Chego a pensar
          Am7   D7(9-)
Que o nosso amor não morreu
  G(add9) G6(9) Gm7(9) Gm6   Dm/F Dm/C
Quando esta tristeza   vem falar
         Bm7(5-)   E7
Das coisas de   você
  Am7   Am6 Bm7(5-) E7(9-)/B
Ouço a sua voz no mar
 Cm7(11) F7/C   F#m7(5-) B7(9-)
Vejo o   seu olhar no céu
    E7M   C7M(9)
A chorar como eu
       Am7   D7(9-) G7M(9) Gm7(9) G7M(9) Gm7(9)
Com saudades também.

Um ser de luz

Samba - Mi menor   **João Nogueira, Paulo Cesar Pinheiro e Mauro Duarte**

Introdução: E7   E7(9-)

   Am7 D7
Um dia
             G(add9)
Um ser de luz nasceu
       Am 7   B7 Em
Numa cidade do interior
 E7   Am
E o menino Deus lhe abençoou
                   E7 Am
De manto branco ao se batizar
  E7   Am   E7   Am
Se transformou num sabiá
 B7   Em
Dona dos versos de um trovador
 Am 7   B7   Em
E a rainha do seu lugar
 D   D7   Am7(11) D7   Em
Sua voz então   a se espalhar
                 C#m7(5-) F#7/C#
Corria chão, cruzava o mar
       B7
Levado pelo ar
 F#m7(5-)   B7   Em
Onde chegava espantava a dor
     Am7   B7   Em
Com a força do seu cantar
              G   G(add9) B7
Mas aconteceu um dia
              E7sus4   E7
Foi que o menino Deus chamou
 Am   B7   Em
E ela se foi pra cantar
          F#m7(5-) B7
Para além do luar
             Bm7(5) E7 Am
Onde moram as estrelas
    B7   Em
E a gente fica a lembrar
          F#m7(5)
Vendo o céu clarear
    B7   Em7   B7
Na esperança de vê-la... sabiá
Em B7 Em
Sa - bi - á

Um ser de luz (continuação)

Que falta faz sua a-le-gri-a
   Am7   *C7 B7*   *Dm6 E7*

Am
Sem você

Meu canto agora é só   melancolia
               C7 B7   *E7(9)*

Am7   *Em*
Canta meu sabiá

D7   *G*
Voa, meu sabiá

Am7   *Em B7*
Adeus, meu sabiá

        Em B7
Até um dia!

Para o final: canta meu sabiá...

A Felicidade

Samba-canção - Dó Maior **Antonio Carlos Jobim e Vinícius de Moraes**

    C7M(9)
Tristeza não tem fim
  Em7 **B7(9-)**   **Em7 A7 Dm7 G7**
Feli - cida - de... sim
    C7M(9)
Tristeza não tem fim
  Em7 **B7(9-)**   **Em7 A7 Dm7 G7**
Feli - cida - de... sim

C7M(9)   **Bm7(5-)**   **E7(9-)**
  A   felicidade é como a pluma
    Am7   **Gm7 C7(9)**
Que o vento vai levando pelo ar
F7M   **Dm7**   **Am7**   **D7(9)**
Voa tão leve mas tem a vida breve
  Am7   **D7(9)**   **Am7**
Precisa que haja vento sem parar
C7M(9) **F7**   **C7M(9)**
A felicidade do pobre parece
Gm7   **C7(9)**   **F7M**
A grande ilusão do Carnaval
G$^7_4$ **G7** **C6**   **C7M(9)**
A gente trabalha o ano inteiro
   F#m7(5-)   **B7(9-)**
Por um momento de sonho
  Em7 **A7** **Dm7 E7/G#**
Pra fazer a fantasia
  Am   **Am/G**   **D7/F# Dm/F**
De rei ou de pirata ou jardineira
 Am   **Am6**   **Am6-**   **Am7**
E tudo se acabar na quarta-feira.

      C7M(9)
Estribilho: Tristeza não tem fim... etc.

C7M(9)   **Bm7(5-)**   **E7(9-)**
  A   felicidade é como a gota
    Am7   **Gm7 C7(9)**
De orvalho numa pétala de flor
F7M   **Dm7**   **Am7**   **D7(9)**
Brilha tranqüila, depois de leve oscila

Copyright 1960 by Editora Musical Arapuã Ltda.

A felicidade (continuação)

     Am7   D7(9)   Dm7   Am7
E cai como uma lágrima de amor
C7M(9)   F7   C7M(9)
A minha felicidade está sonhando
Gm7   C7(9)   F7M
Nos olhos da minha namorada
G$^7_4$ G7   C6   C7M(9)
E como esta noite passando, passando
   F#m7(5-)   B7(9-)
Em busca da madrugada
    Em7   A7 Dm7 E7/G#
Falem baixo por favor
  Am   Am/G   D7/F# Dm/F
Pra que ela acorde alegre como o dia
  Am   Am6   Am6-   Am7
Oferecendo beijos de amor.

              C7M(9)
Estribilho: Tristeza não tem fim... etc.

Antonico

Samba - Lá menor *Ismael Silva*

Introdução: Am Dm Bm7(5-) E7 Am7

    Am   Dm
O Antonico, vou lhe pedir um favor
    Bm7(5-)   E7   Am7
Que só depende da sua boa vontade
Bm7(5-) E7 Am   Em
É   necessário uma viração pro Nestor
     F#m7(5-)   B7 Dm Bm7(5-)
Que está vivendo em grande dificuldade
E7   Am   Dm
Ele está mesmo dançando na corda bamba
    E7   Em7(5-)
Ele é aquele que na escola de samba
A7   Dm7   Bm7(5-) E7   Am
Toca cuíca, toca surdo e tamborim,
   Dm/F   E7   Am7
Faça por ele como se fosse por mim.
  E7   Am   Dm
Até muamba já fizeram pro rapaz,
   Bm7(5-)   E7   Am7
Porque no samba ninguém faz o que ele faz
Bm7(5-) E7 Am   Em
Mas hei de vê-lo muito bem se Deus quiser,
  F#m7(5-)   B7 Dm Bm7(5-)
E agradeço pelo que você fizer.
E7   Am   Dm
Ele está mesmo dançando na corda bamba,
  E7   Em7(5-)
Ele é aquele que na escola de samba
A7 Dm   Bm7(5) E7 Am7
Toca cuíca, toca surdo e tamborim,
  Dm   E7   Am
Faça por ele como se fosse por mim.

Balada triste

Samba-canção - Ré menor **Dalton Vogeler e Esdras Silva**

Introdução: Bb7M Dm7 Gm7 Em7(5-) A7

      Dm
Balada triste,
    Bb7M   Gm/Bb
Que me faz lembrar de alguém
A7   Dm
Alguém que existe
    Bb7M Bb6   Gm
E que outrora   foi meu bem
C7(9)   F7M
Balada triste,
     E7   Am
Melodia do meu drama,
   D7   Gm7
Esse alguém já não me ama
   E7   Gm/Bb
Esqueceu você também.
A7   Dm
Não há mais nada
   Bb7M Bb6   G/A
Foi um sonho que findou
A7   Dm
Triste balada
   Bb7M   Bb6   Gm
Só você me acompanhou
C7   F7M
Fica, comigo,
  E7   Am
Velha amiga e companheira
  D7   Gm7
Vou cantá-la a vida inteira
    E7(9-)   A7   Dm
Pra lembrar o que   passou.

Beijo Partido

Bossa-nova - Si bemol Maior *Toninho Horta*

   Cm7   Eb/F   F/Eb   D7(9+)
Sabe, eu não faço fé mais na minha loucura,
  G7(5+)   Cm7   Em7(5-)   A7   D7M
E digo eu não gosto de quem me arruina em pedaços,
  Dm7 G/A Gb7/Ab Dm7/G   F7M/G Gb7(13)   F7(13)
E Deus é   quem sabe de ti   e   eu não mereço
               Bb7M Ab7 G7
um beijo partido
   Cm7   Eb/F   F/Eb   D7(9+)
Hoje não passa de um dia perdido no tempo
  G7(5+) Cm7   Cm7/Bb   Em7(5-)   D7M
E fico   longe de tudo o que sei, não se fala mais nisso
  Dm7 G/A Gb/Ab G7(13)   Gb7(13) F7(13) A/Bb   Bb7M Ab7 G7(5+)
Eu sei, eu se - rei pra você e que não me importa saber.
Cm7   Eb/F   F/Eb   D7(9+)   G7
Hoje não passa de um vaso quebrado no peito e grito

   Orquestra: Cm7 Cm/Bb Em7(5-) A7 D7M(9) Dm7(9) G/A

G/A Gb/Ab G7(13)   A/B   C/D G(Add9) D/F# Em7
Olha o beijo partido, onde   está a   rainha,
              Cm7   F7(11+)   Cm7   F6(9)
Que a lucidez escondeu, escondeu, escondeu
         Cm F7(11+) Cm7   F6(9)
Que escondeu,   que escondeu etc.

Casa no Campo

Ré Maior   *Zé Rodrix e Tavito*

D
    Eu quero uma casa no campo
         G   **Em7**   **B7** **C**
    Onde eu possa compor muitos rocks rurais

    E tenha somente a certeza
F   **Bb**   **D7(4)**
    Dos amigos do peito e nada mais.
D
    Eu quero uma casa no campo
         G   **Em Bm**   **B7**
    Onde eu possa ficar do tamanho da paz,
C
    E tenha somente a certeza
F   **Bb**   **G**
    Dos limites do corpo e nada mais.
Em
    Eu quero carneiros e cabras
       A7   **B7**
    Pastando solenes no meu jardim
Em   **Gm6**   **A7(4)**
    Eu quero o silêncio das línguas cansadas
A7 **D**   **Bm7**   **G**
    Eu quero a esperança de óculos
         G#°
    E um filho de cuca legal,
D   **Em**   **D**   **C**
    Eu quero plantar e colher com a mão,
   G   **A7** **G D G D**
    A pimenta e o sal.

    Eu quero uma casa no campo
        G   **Em**
    Do tamanho ideal, pau-a-pique e sapé
Em7   **F#m**   **G7M**   **G#°**
    Onde eu possa plantar meus amigos
A7(4)   **A7**
    Meus discos e livros
       D
    E nada mais.

Dentro de mim mora um anjo

Samba pop - Fá Maior *Suely Costa e Cacaso*

Dm
   Quem me vê assim cantando
Gm7   **C7(13)**   **F7M**
Não sabe nada de mim
Em7(5-)   **A7(5+)**   **Dm**
   Dentro de mim mora um anjo
Dm7M   **Dm7**
   Que tem a boca pintada
Dm6   **Am7(5-)**
   Que tem as unhas pintadas
D7(9-)   **Gm7M**
   Que tem as asas pintadas
Gm7   **Bm7(11)**
   Que passa horas a fio
     Em   **Em7(5-)** **A7(5+)**
No espelho do toucador
Dm7   **Bb7M(9)**
   Dentro de mim mora um anjo
Bb/C   **C7(13)**   **F7M**
   Que me sufoca de amor
Dm   **Dm7M**
   Dentro de mim mora um anjo
Dm7   **Dm7M** **Dm7**
   Montado sobre um cavalo
G7/B   **Bb7M**
   Que ele sangra de esporas
Gm7   **Bm7(11)**
   Ele é meu lado de dentro
  E7   **G/A** **A7(9-)**
Eu sou seu lado de fora
Dm   **Bb7M**
   Quem me vê assim cantando
C7   **F7M**
Não sabe nada de mim
Em7(5-)   **A7(5+)**   **Dm**
   Dentro de mim mora um anjo
Dm7M   **Dm 7**
   Que arrasta suas medalhas
Dm6   **Am7(5)**
   E que batuca pandeiro
D7(9-)   **Gm7M**
   Que me prendeu em seus braços

Dentro de mim mora um anjo (continuação)

Gm7   **Bm7(11)**
Mas que é meu prisioneiro
E7   **Eb7M(9)**
Acho que é colombina
D7   **Db7M**
Acho que é bailarina
Em7(5-)   **A7**   **Dm**
Acho que é brasileiro.

Errei... erramos...

Samba - Dó menor   *Ataulpho Alves*

Introdução: Fm   Cm7   G7

Cm7   D7
Eu na verdade
G7
Indiretamente sou culpado
Cm7   Dm7 G7
Da tua infelicidade
Cm   Gm7
Mas   se eu for condenado
    Am7(5-)   D7
A tua consciência
    G7
Será meu advogado
Cm
Mas...
      D7
Evidentemente
Dm7(5-)   G7
Eu devia ser encarcerado
Cm7   C7
Nas grades do teu coração
    Fm7   G7
Porque se sou criminoso
      Cm7
És também, nota bem
Dm7(5-)   G7   Cm7
Que estás na mesma infração
  Fm7   G7   Cm7
Venho ao tribunal da minha consciência
C7   Fm
Como réu confesso
    Cm7
Pedir clemência
    Fm
O meu erro é bem humano
   G7   Cm
É um crime que não evitamos
            D7
Este princípio alguém jamais destrói
  G7   Cm
Errei... erramos.

Êxtase

Dó Maior

Guilherme Arantes

G   C
Eu nem sonhava te amar desse jeito
G   C
Hoje nasceu novo sol no meu peito
G   C
Quero acordar te sentindo ao meu lado
G   C
Viver o êxtase de ser amado
Am6
Espero que a música
           F   F7M
Que eu canto agora
Bbm7(5-)   E7   **BIS**
Possa expressar
                  Am   F/A
O meu súbito amo - or
G
Com sua ajuda tranqüila e serena
G   C
Vou aprendendo que amar vale a pena
G   C
Que essa amizade é tão gratificante
G   C
Que esse diálogo é muito importante.

Eu te amo você

Sol Maior *Kiko Zambianchi*

  G   Bm
Acho que eu não sei não
  C   D   Em
Eu não queria dizer
      G   Bm
Tô perdendo a razão
   C   D   Em
Quando a gente se vê
Bm   C7M
E tudo é tão difícil
               D
Que eu não vejo a hora
           Em
Disso terminar
Bm   C
E virar só uma canção
        D
Na minha guitarra
 Em   C
Eu te amo você
                Am
Já não dá pra esconder
      G
Essa paixão.

 G   Bm
Eu queria te ver
 C   D   Em
Sentindo esse lance
  G   Bm
Tirando os pés do chão
 C   D   Em
Típico romance.
Bm   C7M
Mas tudo é tão difícil
         D
Que era mais fácil
            Em
Tentarmos esquecer
Bm   D   C
E virar só uma ilusão
     D
Nessa madrugada

Eu te amo você (continuação)

Em   **C**
Eu te amo você
                  Am
Já não dá pra esconder
    G
Essa paixão.
Em   **C**
Mas não quero me ver
              C/D   **G**
Te roubando o prazer da solidão.

    Em   **C**
Eu te amo, eu te amo você,
      C/D   **G**
Não precisa dizer o mesmo não
       Em   **C**
Mas não quero te ver
               C/D   **G**
Me roubando o prazer da solidão.

Lampião de gás

Sol Maior *Zica Bergami*

       F
Lampião de gás!

Lampião de gás! | **BIS**
Bb   **F**
Quanta saudade
C7   **F**
Você me traz!

  F
Da sua lu - zinha verde azulada
        D7   **Gm7**
Que iluminava minha janela,
        C7   **F**
Do almofa - dinha lá na calçada,
    Gm7 **C7**   **F**
Palheta branca, calça apertada.
C7   **F**
Do bilboquê, do diabolô,
        D7   **Gm7**
"Me dá um foguinho", "Vai no vizinho",
     C7   **F**
De pular corda, brincar de roda,
Dm7 **Gm7** **C7**   **F**
Do Benjamin, Jagunço e Chiquinho.

       F
Lampião de gás!

Lampião de gás! | **BIS**
Bb   **F**
Quanta saudade
C7   **F**
Você me traz!

  F
Do bonde aber - to do carvoeiro

Do vassoureiro, com seu pregão,
D7   **Gm7**
Da vovozinha, muito branquinha,

Lampião de gás (continuação)

  C7   F   Dm7   F
Fazendo roscas, sequilho e pão...
C7   F
Da garoinha fria, fininha,
                D7   Gm7
Escorregando pela vidraça,
                 C7   F
Do sabugueiro grande e cheiroso,
Dm7   Gm7   C7   F
Lá do quintal da rua da Graça...

       F
Lampião de gás!

Lampião de gás!
  Bb   F
Quanta saudade
  C7   F
Você me traz!

F
Da minha São Paulo, calma e serena,
               D7   Gm7
Que era pequena, mas grande demais!
            C7   F
Agora cres - ceu, mas tudo morreu...
Dm7   Gm7   C7   F
Lampião de gás, que saudade me traz.

Lilás

Funk - Ré Menor   ***Djavan***

Dm   **Dm/C**
Amanhã: outro dia

Lua sai: ventania
   Bb6   **Am7**
Abraça uma nuvem que passa no ar
  Gm7   **A7(9-)**
Beija, brinca e deixa passar
Dm7
E no ar
         Dm/C
De outro dia

Meu olhar

Surgia
   Bb6   **Am7**
Nas pontas de estrelas perdidas no mar
  Gm7   **C7**
Pra chover de emoção

Trovejar
          Dm7
Raio se libertou
 Dm/C
Clareou
Bb7M   **Am**
Muito mais
  Dm7
Se encantou
   Dm/C
Pela cor lilás.
Am7   **Dm7**
Prata na luz do amor
   E_4^7
Céu azul
                     F7M
Eu quero ver o pôr-do-sol
Am7   **F7M**
Lindo como ele só   **BIS**
Am7   **B7**
E gente pra ver e viajar
Dm7   **Am7**
No seu mar de raio.

Copyright 1984 by Luanda Edições Musicais Ltda.

Madalena

Samba - Fá Maior   *Ivan Lins e Ronaldo Monteiro de Souza*

     F
Oh! Madalena
Dm7   **Gm7** **C7**   **F**
O meu peito percebeu
Dm7   **Gm7 C7**   **F7M** **Dm7**
Que o mar é uma gota
        Gm7   **C7**   **Cm7 Fm7 F7(9-)**
Comparado ao pranto meu
      Bb7M
Mas fique certa
          Cm7   **F7**   **Bb7M**
Quando o nosso amor   desper - ta
        Cm7 **F7**   **B7M**
Logo o sol se deses - pera
   Bb7M **D7/4(9)**
E se esconde   lá na Serra
D7(9-)   **Gm7**
Eh! Madalena
        Gm/F   **Em7(5-)**
O que é meu não se divide
     A7   **Dm7**
Nem tão pouco se admite
      Dm/C   **Bm7(5-)**
Quem do nosso amor duvide
E7(9-) **A7M**
Até a lua
    Bm7   **C#m7**
Se arrisca num palpite
               C7/4(9)
Que o nosso amor existe
    G6
Forte ou fraco
         C7/4(9)
Alegre ou triste

F7M   **Dm7** **Gm7**   **C7(9-)**
Oh! Madalena, Oh! Madalena
F7M   **Dm7** **Gm7**   **C7(9-)**
Oh! Madalena, Oh! Madalena.

Mamãe

Valsa - Sol Maior   **Herivelto Martins e David Nasser**

Introdução: C   Cm6   G7M   Em   A7   D7   G

  G   Am   D7   G
Ela é a dona de tudo,
  Bm7   Em   Am7   E7
Ela é a rainha do lar,
  Am   C/D   Am
Ela vale mais para mim
       D7   D7(5+)   G7M
Que o céu, que a terra, que o mar.
  Bm7(5-)   E7   Am
Ela é a palavra mais linda
        Cm   D7   G7M
Que um dia o poeta escreveu
        Em7   A7
Ela é o tesouro que o pobre
    Am7   D7   G
Das mãos do Senhor recebeu.

     G
Mamãe, mamãe, mamãe,
       D7   G7M
Tu és a razão dos meus dias
       D7   G
Tu és feita de amor, de esperança
E7 Am
Ai, ai, ai, mamãe
     E7   Am
Eu cresci o caminho perdi,
         G7M
Volto a ti e me sinto criança
D7(13) G7M   D7   G7M
Mamãe, mamãe, mamãe,
    Bm7(5)   E7
Eu te lembro, o chinelo na mão,
             Am
O avental todo sujo de ovo...
     C/D   D7   G   Em7
Se eu pudesse, eu queria outra vez mamãe...
    A7   D7   G
Começar tudo de novo.

Nós e o mar

Ré Maior **Roberto Menescal e Ronaldo Boscoli**

  D7M   **Am7**   **D7M**   **Am7**
Lá se vai um dia assim
     D7M   **Am7**   **D7M** **Am7**
E a vontade que não tem fim, esse sol
D7M   **Am7**   **D7M**   **Am7**
E viver, ver chegar ao fim,
    D7M   **Am7**   **D7M** **Am7**
Essa onda cresceu, morreu a seus pés.
  Dm7(9)   **Bb7(13)**
E olhar pro céu é tão bonito
  Dm7(9)   **G#°**   **Gm7**   **C7(9)**
E olhar pra esse olhar perdido nesse mar azul
    F7M   **Gm7 Am7**   **Bb7**   **Em7 A7**
Outra onda nasceu calma desceu sorrindo
     Dm7(9) **Bb7(9)**
Lá vem vindo.
D7M   **Am7**   **D7M**   **Am7**
Lá se vai mais um dia assim
    D7M   **Am7**
Nossa praia que não tem mais fim,
   D7M **Am7**
Acabou
D7M **Am7**   **D7M**   **Am7**
Vai subindo uma lua assim
   D7M   **Am7**   **D7M** **Am7** **D7M**
E a camélia que flutua nua no céu.

Moça

Lá menor   **Wando**

[Am]　　　　　　　　　　[G#°]
Moça, me espera amanhã
　　　　　　　　　　[G°]
Levo o meu coração
[A/G]　　　　　　　　[Dm/F]
Pronto pra te entregar
　　　　　　　[E7]　　　　　　[Am]
Moça, moça eu te prometo
　　　　　　　　　　　[F#m7(5-)]
Eu me viro do avesso
[F7]　　　　　　　　[E7]
Só pra te abraça - ar.

[Am]　　　　　　　　　　　[G#°]
Moça, sei que já não é pura
　　　　　　　　　　　[G°]
Teu passado é tão forte
[A/G]　　　　　　　　　[Dm/F]
Pode até machucar
[Bm7(5-)]　[E7]　　　　　　　　　　[Am]
Moça　　dobre as mangas do tempo
　　　　　　　　　　　　　[F]
Jogue o teu sentimen - to
[E7]　　　　　　　　　　[Am]　[Bm7(5)]　[E7]
Tudo em minhas mãos.

[A7M]　　[C#7]　　　[F#m7]
Eu quero me embolar nos teus cabelos
[Bm7]
Abraçar teu corpo inteiro
[E7]　　　　[A]
Morrer de amor, de amor me perder
[Bm7(5-)]　　　　　[E7]　　　　　[A6]
Eu quero, eu quero, eu quero,　　　　　　　　　　**Refrão**
[C#7]　　　　[F#m7]
Me embolar nos teu cabelos
[Bm7]
Abraçar teu corpo inteiro
[E7]　　　[A6]
Morrer de amor, de amor me perder.

Moça (continuação)

[Am]Moça, sei que já não é [G#°]pura
Teu passado é tão [G°]forte
[A/G]Pode até ma[Dm/F]chucar...

Refrão

Nada por mim

Dó Maior *Herbert Vianna e Paula Toller*

  C   Dm7   Gm
Você me tem fácil demais
               C   D/F#
Mas não parece capaz
      Fm   C
De cuidar do que possui
        Dm7   Gm
Você sorriu e me propôs
           C   D/F#
Que eu te deixasse em paz
      Fm   C
Me disse vá e eu não fui.

   F/A   Fm/Ab
Não faça assim
C/G   D/F#   F
Não faça nada por mim   **BIS**
         Fm   C
Não vá pensando que eu sou seu.

      Dm7   Gm
Você me diz o que fazer
            C   D/F#
Mas não procura entender
   Fm   C
Que eu faço só pra agradar.
     Dm7   Gm
Me diz até o que vestir
       C   D/F#
Por onde andar, onde ir
    Fm
E não me pede pra voltar.

   F/A   Fm/Ab
Não faça assim
C/G   D/F#   F
Não faça nada por mim   **BIS**
         Fm   C
Não vá pensando que eu sou seu.

Nada será como antes

Dó menor   *Milton Nascimento e Ronaldo Bastos*

Introdução: Cm7 (2 compassos)

    Cm7
Eu já estou com o pé nessa estrada
              Bbm7
Qualquer dia a gente se vê,
  Eb7   Ab7M   Db7M
Sei que nada será como antes amanhã
  Fm7
Que notícias me dão dos amigos?
  Gm7
Que notícias me dão de você?
  Cm7
Alvoroço em meu coração
  F7
Amanhã ou depois de amanhã
                   E7   Eb7   Db7M
Resistindo na boca da noite um gosto de sol
  Cm7
Um domingo qualquer, qualquer hora
             Bbm7
Ventania em qualquer direção
  Eb7   Ab7M   Db7M
Sei que nada será como antes amanhã
  Fm7
Que notícias me dão dos amigos?
  Gm7
Que notícias me dão de você?
  Cm7   F7
Sei que nada será como está, amanhã

Ou depois de amanhã
                   E7   Eb7   D7(9) Db7M
Resistindo na boca da noite um gosto de sol.

Não quero ver você triste

Balada - Ré Maior *Roberto Carlos e Erasmo Carlos*

Acompanhamento:
Em7 A7 Em7 A7 F#m7 F°
Em7 A7 Em7 A7 D G D
Em7 A7 Em7 A7 F#m7 F°
Em7 A7 Em7 A7 D D7 G
Gm F#m7 B7 E7 Gm A7
Em7 A7 Em7 A7 F#m7 F°
Em7 A7 Em7 A7 D D7 Gm
A7 D Em7 A7 D G D

(Recitado:)

O que é que você tem

Conta pra mim

Não quero ver você triste assim

Não fique triste

O mundo é bom

A felicidade até existe

Enxugue a lágrima

Pára de chorar

Você vai ver, tudo vai passar

Você vai sorrir outra vez,

Que mal alguém lhe fez

Conta pra mim

Não quero ver você triste assim.

Olha

Vamos sair

Pra que saber aonde ir

Eu só quero ver você sorrir

Enxugue a lágrima

Não chore mais

Olhe o céu azul até demais

Esqueça o mal

Não quero ver você triste (continuação)

Pense só no bem

Assim a felicidade um dia vem

Uma canção

Canta pra mim

Não quero ver você triste assim.

Nem morta

Fá Maior   **Michael Sullivan, Paulo Massadas e Miguel Plopschi**

          F
Eu só fico em seus braços
              F#°
Porque não tenho forças
        Gm **Am7(5-)**
Pra tentar ir à luta
D7   **Gm7**
Eu só sigo os teus passos
Gm/F   **C/E**
Pois não sei te deixar
C7   **F**   **Gm7**
E essa idéia me assusta
C7   **F7M**
Eu só faço o que mandas
        F#°
Pelo amor que é cego
      Gm7 **Am7(5-)**
Que me castra e domina
D7   **Gm7**
Eu só digo o que me dizes
  Gm/F   **C/E**
Foi assim que aprendi
C7   **F** **Cm7**
A ser tua menina.
F7   **Bb7M**
Pra você falo tudo
       C/Bb
No fim de cada noite
      Am7
Te exponho o meu dia
    D7
Mas que tola ironia
    Gm7
Pois você fica mudo
   C7
Nesse mundo só teu
  Cm7
Cheio de fantas - ias.
F7   **Bb7M**
Eu só deito contigo
   C/Bb
Porque quando me abraças
  Am7
Nada disso me importa

Nem morta (continuação)

     D7
Coração abre a porta
          Gm7
Sempre eu me pergunto
         Bb/C
Quando vou te deixar
   C7
Me responde:
  F
Nem morta!

Pão e poesia

Ré Maior   **Moraes Moreira e Fausto Nilo**

Introdução: D B7 Em A7

D   B7   Em7   A7   F#m7
  Felici - dade é uma cidade pequenina,
           Bm7   Em7
  E uma casinha na colina,
              C7(9)   F7
  Qualquer lugar que se ilumina
              B7   Em7
  Quando a gente quer amar.

A7(5+)   Dm7
  Se a vida fosse
         A7   Dm7
  Trabalhar numa oficina
       Am7(5-)   D7
  Fazer menino ou menina,
       Am7(5-) D7   Gm7
  Edifício e maracá,
            C7(9)
  Virtude e vício,
                   F6
  Liberdade e precipício,
       Bb7M   Bb7
  Fazer pão, fazer comício,
                  A7
  Fazer gol e namorar,
            Dm   A7   Dm
  Se a vida fosse o meu desejo,
              Am7(5-)   D7
  Dar um beijo em teu sorriso,
Am7(5-) D7   Gm7
  Sem   cansaço
           C7(9)   Gm7 C7   F
  E o portão do paraíso é teu abraço
              Em A7   D6
  Quando a fábrica apitar.

        B7   Em7   A7
  Felicidade é uma cidade pequenina... etc.

           Dm7   A7   Dm7
  Não há paisagem entre o pão e a poesia

Pão e poesia (continuação)

     Am7(5-)   D7
Entre o quero e o não queria
     Am7(5-) D7 Gm7
Entre a terra e o luar.
    C7(9)
Não é na guerra,
                 F6
Nem saudade e nem futuro,
  Bb7M   Bb7
É o amor no pé do muro,
            A7
Sem ninguém policiar.
    Dm7   A7
É a faculdade de sonhar,
   Dm   Am7(5-)
É a poesia que principia
        D7   Gm7
Quando eu paro de pensar,
  C7(9)
Na luta desigual,
  F6
Na força bruta, meu amor,
     Bb   A7
Quem te maltrata entre o almoço
  D6
E o jantar.

 B7   A7
Felicidade é uma cidade pequenina... etc.

    Dm7   A7   Dm7
O lindo espaço entre a fruta e o caroço,
 Am7(5-)   D7
Quando explode é um alvoroço,
        Gm7
Que distrai o teu olhar,
  C7(9)   F
É a natureza onde eu pareço metade,
 F7   Bb7
Da tua mesma vontade,
 A7   D
Escondida em outro olhar.
  Dm   A7   Dm
E como o doce não esquece a tamarinda,
 Am7(5-) D7
Essa beleza só finda

Pão e poesia (continuação)

           Gm7
Quando a outra começar.
     C7
Vai ser bem feito nosso amor
   F   **Bb7**
Daquele jeito, neste dia é feriado,
  A7   **D**
Não precisa trabalhar.

    D
Pra não dizer que não falei de fantasia
  Am7   **D7**   **G7M**
Que acaricia o pensamento popular,
   C#m7(5-) **F#7**
O amor que fica entre a fala e
 Bm7   **E7**
A tua boca, nem a palavra mais louca,
    B7 **Em7**   **D**
Consegue significar: FELICIDADE!

   B7   **A7**
Felicidade é uma cidade pequenina... etc.

Pegando fogo

Marcha - Fá Maior   **Francisco Mattoso e José Maria de Abreu**

      F   **D7**   **Gm**
Meu coração amanheceu pegando fogo,
C7   **F**
Fogo! Fogo!
Am7(5-)   **D7**   **Gm7**
Foi uma morena que passou perto de mim   **BIS**
       C7   **F**
E que me deixou assim!...
          F
segunda vez: assim

 Bb   **Em7(5-)** **A7**
Manda chamar o bombeiro
Cm/Eb **D7**   **Gm** **D7**
Para o incêndio apagar...
Gm7   **C7**   **F** **D7**
E se não vem ligeiro
 G7   **C7**
Nem cinzas vai encontrar!

 Bb   **Em7(5-)** **A7**
Morena boa que passa
Cm/Eb **D7**   **Gm**
Com sua graça infernal
Gm7   **C7**   **F** **D7**
Mexendo com nossa raça
 G7   **C7**
Botando a gente até mal.

Quem é

Bolero - Si bemol Maior **Silvio Lima e Maurilio Lopes**

F7   **Bb**
Quem é
       Gm7   **Cm7**
Que não sofre por alguém
       F7
Quem é
                        Bb
Que não chora uma lágrima sentida

Quem é
       Gm   **Cm**
Que não tem um grande amor
       F7
Quem é
                   Bb
Que não chora uma grande dor.
Bb7   **Eb**
Deus, meu Deus
    F7   **Bb**
Traga pra junto de mim
                  Cm7
Este alguém que me faz chorar
         F7   **Bb**
Que me faz sofrer tanto assim
Bb7   **Eb**
Deus, meu Deus
  F7   **Bb**
Tenha piedade de mim
Dm7   **Gm7**   **Cm7**
Faça com que ela volte

Viver sem ela | **BIS**
   F7   **Bb** |
Será o meu fim. |

Rosa Morena

Samba - Dó Maior   **Dorival Caymmi**

    C7M **C#°**   **Dm7** **G7(9)**
Rosa   Morena
Dm7   **G7**   **C7M**
Onde vais, morena rosa,
C7M   **Em7**
Com essa rosa no cabelo,
        A7(13)
E esse andar   **BIS**
         Dm7 **A7(5+)**
De moça prosa,
  Dm7
Morena
G7   **C°** **C6**
Morena Ro - sa.

G7
Rosa Morena
    C7(5+)   **F7M**
O samba está esperando,
  F#°   **B7(9-)**
Esperando,
  Em7
Pra te ver,
  A7(13-)
Deixa de parte
         Dm7
Essa coisa dengosa,
   D°
Ande, Rosa,
   C7M **C7**
Vem me ver,
F7M   **Fm6**
Deixa de lado esta pose,
  Em7
Vem pro samba,
  A7
Vem sambar,
D7
Que o pessoal
  Dm   **G7** **C6**
Está cansado de esperar.

Sampa

Samba-canção - Dó Maior **Caetano Veloso**

```
 C7M              Bm7(5-)     E7        Am7 C7(9)
Alguma coisa acontece em meu coração,
   F7M              A7                       Dm7
Que só quando cruzo a Ipiranga e a Avenida São João,
                    G7       G#°         Am7
E que quando eu cheguei por aqui, eu nada entendi
    D7(9)
Da dura poesia concreta de tuas esquinas
                          Dm(9)   G7(13)
Da deselegância discreta de tuas meninas
 C7M              C7
Ainda não havia para mim Rita Lee
    F7M                    F#°
A tua mais completa tradução
 Em7/G     A7(5+)      Dm7        Em7(5-)  A7
Alguma coisa acontece em meu coração
    Dm7       Abm6       G7              C   C7M  G7(5+)
Que só quando cruzo a Ipiranga e a Avenida São João.


 C7M                 Bm7(5)       E7         C7(9)
Quando eu te encarei frente a frente não vi o meu rosto
    F7M              A7                 Dm7
Chamei de mau gosto o que vi, de mau gosto, mau gosto
                G7        G#°      Am7
É que Narciso acha feio o que não é espelho
    D7(9)
E a mente apavora o que ainda não é mesmo velho
                                   Dm7(9)  G7(13)
Nada do que não era antes quando não somos mutantes
 C7M              C7
E foste um difícil começo, afasta o que não conheço
    F7M                       F#°
Que vem de outro sonho feliz de cidade
 Em7/G     A7(5+)     Dm7           Em7(5-) A7
Aprende depressa a chamar-te de realidade
   Dm7       Abm6       G7              C6     C7M  G7(5+)
Porque és o avesso do avesso, do avesso do avesso.


 C7M                Bm7(5-)    E7        Am7  C7(9)
Do povo oprimido nas filas, nas vilas, favelas,
   F7M              A7                     Dm7
Da força da grana que ergue e destrói coisas belas
```

Sampa (continuação)

[G7(13)] [G#°] [Am7]
Da feia fumaça que sobe apagando as estrelas
[D7(9)]
Eu vejo surgir teus poetas de cantos e espaços.
[Dm7(9)] [G7(13)]
Tuas oficinas de florestas, teus Deuses da chuva
[C7M] [C7]
Panaméricas, de Africas utópicas,
[F7M] [F#°]
Túmulo do samba mais possível novo
[Em7/G] [A7(5+)]
Quilombo de Zumbi e os Novos Baianos
[Dm7] [Em7(5-)] [A7]
Passeiam na tua garoa
[Dm7] [Abm6] [G7] [C6]
E novos baianos te podem curtir numa boa.

Sangrando

Ré Maior   *Luiz Gonzaga Junior*

[Bm]   [Bm7]
Quando eu soltar a minha voz,
   [Em7]
Por favor, entenda
[A7]   [G/A]
Que, palavra por palavra
        [A7(9)]
Eis aqui uma pessoa
    [D]   [D7M]
Se entregando
[D7]
Coração na boca, peito aberto
     [G(add9)]
Vou sangrando
[E7]
São as lutas dessa nossa vida
       [A7/4(9)] [A7(9)]
Que eu estou cantando
[Bm]   [Bm7]
Quando eu abrir minha garganta
        [Em7]
Esta força tanta
              [A7/C#]
Tudo o que você ouvir,
    [A7]
Esteja certa
          [D]
Que estarei vivendo
        [C/D]
Veja o brilho dos meus olhos
[D7]   [G(add9)]
E o tremor nas minhas mãos
[E7]
E o meu corpo tão suado
    [A7/4(9)]   [A7]
Transbordando toda raça e emoção.
   [D]
E se eu chorar
        [DJ+ G]   [F#m7]
E o sal molhar o meu sorriso,
      [Em7]
Não se espante,

Cante,

Sangrando (continuação)

      G/A   A7
Que o teu canto é a minha força pra cantar
           D   D5+
Quando eu soltar a minha voz
        G   F#m7
Por favor, entenda,
 Em7   G/A
É apenas o meu jeito de viver
A7(9)   D
O que é amar.

Seduzir

Si bemol Maior   **Djavan**

Bb
  Cantar
   Eb
  E mover o dom
Bb   **Bb7**   **Eb**   **Ebm6**
  Do fundo de uma paixão
Gm7   **C7** **Ab/Bb** **Bb7**
  Seduzir
Eb   **Eb/F**   **F7** **Bb** **F 7/4** **F7**
  As pedras, catedrais, coração.

Bb
  Amar
   Eb
  É perder o tom
Bb   **Bb7**   **Eb**   **D7/F#**
  Nas comas da ilusão
Gm   **C7**
  Revelar
Eb   **F7**
  Todo sentido

Bb   **C7**
  Vou andar, vou voar
Eb   **F7**
  Pra ver o mundo
Bb   **C7**
  Nem que eu bebesse o mar
Eb   **F7**   **Bb**
  Encheria o que eu tenho de fundo.

Tema de amor de Gabriela

Bossa - Dó Maior   *Antonio Carlos Jobim*

Introdução: C   D/C   Cm7   C7M(11+)

         Dm7   G7   C7M
Chega mais perto, moço bonito
Eb°   Dm7   F/G   C7M
Chega mais perto meu raio de sol.
        F#m7(5-)   B7(9)   Em7
A minha casa é um escuro deserto
        F#m7(5-)   B7   Dm7
Mas com você ela é cheia de sol.

         Dm7   G7   C7M
Molha a tua boca na minha boca
Eb°   Dm7   F/G   C7M
A tua boca é meu doce, é meu sal.
          F#m7(5-) B7   Em
Mas quem sou eu nessa vida tão louca,
        F#m7(5-) B7   Bb7(11+)
Mais um palhaço no teu carnaval.

     Bb7(9)   Am/C
Casa de sombra, vida de monge,
    Bm7(5-)   E7(13-)   Gm/Bb
Quanta cachaça na minha dor,
A7   Dm7   G#° Am7
Volta pra casa, fica comigo,
F7   Bb7   E7   Am7
Vem que eu te espero tremendo de amor.

Só tinha de ser com você

Dó Maior　　　　　　　　　　**Antonio Carlos Jobim e Aloysio de Oliveira**

　C7M　G7(9+)　C7M
É só, eu sei
　　Db7(9)　　Gm7(9)
Quanto amor
　　C7(13)　　F#m7(5-)
Eu guardei
　Fm7　　E7(13)
Sem saber
　　　A7　　D7
Que era só
G7(13)　　Db7M
Pra você.

C7M
É...
　　　　　　D7(9)　　Db7(9)　C7M
Só tinha que ser com vo - cê
　　　　　　D7(13)　　Db7　C7M
Havia de ser pra vo - cê
　　　　G7(5+)　　　　Gm7
Senão, era mais uma dor
　　　　　C7(13)　　F#m7(5-)
Senão não seria o amor
　　　　　　FM7　　　E7(9+)
Aquele que a gente nao vê
　　　　　　　A7　　　D7(13)
Amor que chegou para dar
　　　　　　G7　　　Cm7(9)
O que ninguém deu pra você
　　　　　F7　　Bb7　Eb7　Ab7
Amor que chegou para dar
　　　　　　　D7(5+)
O que ninguém deu.

C7M
É...
　　　　　D7(13) F/G C7M
Você que é feito de azul
　　　　　D7(9-) G7(9-) Cm7
Me deixa morar nesse azul
　　　　　G7(9+)　　C7/4
Me deixa encontrar minha paz

Só tinha de ser com você (continuação)

      C7   F7M
Você que é bonito demais
        Fm7   E7(5+)
Se ao menos pudesse saber
    Eb7   Ab7M
Que eu sempre fui só de você
   G7(5+)   C7
Você sempre foi só de mim.

Um dia de domingo

Fá Maior — **Michael Sullivan, Paulo Massadas e Miguel Plopschi**

   F7M   Am7
Eu preciso te falar
Gm7   C   F   C7
Te encontrar de qualquer jeito
F   Am7
Pra sentar e conversar
Gm   Bb/C   F
Depois andar de encontro ao vento.
    D7   Gm
Eu preciso respirar
              C7
O mesmo ar que te rodeia
        F
E na pele quero ter
     A7   Dm7
O mesmo sol que te bronzeia
  F   F#° Gm7
Eu preciso te tocar
          C7
E outra vez te ver sorrindo
        F
E voltar num sonho lindo
  D7   Gm
Já não dá mais pra viver
         C7
Um sentimento sem sentido
 C7   F
Eu preciso descobrir
  A7   Dm
A emoção de estar contigo
Dm7   Gm7
Ver o sol amanhecer
       C7
E ver a vida acontecer
      F
Como um dia de domingo.

   Bb   C7   Am7
Faz de conta que ainda é cedo
D7   Gm7   Bb/C   F
Tudo vai ficar por conta da emoção
F7   Bb   C7   Am7
Faz de conta que ainda é cedo
D7   Gm7   Bb/C   F6
E deixa falar a voz do coração.

Volta

Samba-canção - Dó Maior   **Lupicínio Rodrigues**

C7M
 Quantas noites não durmo
Em7(5-)   A7   Dm
 A rolar-me na cama
Fm   C7M
 A sentir tanta coisa
               D7   Dm7 G7
 Que a gente não sabe explicar quando ama
C7M
 O calor das cobertas
Em7(5-)   A7   Dm
 Não me aquece direito
Fm   C7M
 Não há força no mundo
       A7   Dm7   G7   C6
 Que possa afastar este frio em meu peito.

C7 F7M
 Volta
F#°   **C/G   A7**
 Vem viver outra vez a meu lado
                Dm7
 Eu não posso dormir sem teu braço | **BIS**
G7   **C**
 Pois meu corpo está acostumado.

              C6
2ª vez: acostumado

Um jeito estúpido de te amar

Balada - Fá Maior   ***Isolda e Nilton Carlos***

   F
Eu sei que eu tenho um jeito

Muito estúpido de ser
   Em7(5)   A7
E de dizer coisas que podem

Magoar e te ofender
Dm7
Mas cada um tem seu jeito
    Cm7   F7(13)
Próprio de amar e de se defender.

Bb   C/Bb
Você me acusa e só me preocupa
Am7   D7
Agrava mais e mais a minha culpa
G7/4   G7
Eu faço e desfaço o contrafeito,
   Bb/C   C7
O meu defeito é te amar demais.

   F
Palavras são palavras
        Em7(5-)
E a gente nem percebe

O que disse sem querer
A7
E o que deixou pra depois.
Dm7
Mas importante é perceber

Que a nossa vida em comum
   Cm7   F7
Depende só e unicamente de nós dois.

Bb7   C/Bb
Eu tento achar um jeito de explicar

Um jeito estúpido de te amar (continuação)

_{Am7(5)}   _{D7}
Você bem que podia aceitar
    _{G7(13)}   _{Gm7}
Eu sei que eu tenho
              _{C7(9-)}
Um jeito meio estúpido de ser,
_F   _{Bbm6} _{Bb/C}
Mas é assim que eu sei te amar.

       _F
Palavras são palavras
                   _{Em7(5-)}
E a gente nem percebe

O que disse sem querer
_{A7}
E o que deixou pra depois.
_{Dm7}
Mas importante é perceber

Que a nossa vida em comum
         _{Cm7}   _{F7}
Depende só e unicamente de nós dois.

_{Bb7}   _{C/Bb}
Eu tento achar um jeito de explicar
    _{Am7(5-)}   _{D7}
Você bem que podia aceitar
    _{G7(13)}   _{G7(13-)}
Eu sei que eu tenho
              _{C7(9-)}
Um jeito meio estúpido de ser,
           _{Bbm6}   _F
Mas é assim que eu sei te amar.

Você é linda

Dó Maior   *Caetano Veloso*

[Am7] Fonte de mel
[Em7] Nuns olhos de gueixa
[F7M] Kabuki [Bm7] máscara,
[E7] [F7M] Choque entre o azul
[F#m7(5-)] E o cacho de [B7] acácias
[Em7] Luz das [A7] acácias
[Dm7] Você é [G7] mãe do sol
[Am7] A sua coisa é toda [Em7] tão certa
[F7M] Beleza esper - [Bm7] ta [E7]
[F7M] Você me deixa a rua [F#m7(5-)] de[B7]serta
[Em7] Quando atra[A7]vessa
[Dm7] E não olha [G7(13)] pra trás.

[C7M] Linda
[Em7] E sabe viver
[F7M] Você me faz [Dm7] feliz
[Fm7] Esta canção é só [Bb7] pra dizer
E [C7M] diz [G7/4] [G7(13)]
[C7M] Você é linda
[Em7] Mais que demais
[F7M] Você é linda, [Dm7] sim
[Fm7] Onda do mar do [Bb7] amor
Que bateu em [C7M(9)] mim.

Você é linda (continuação)

[Am7]
Você é forte
[Em7]
Dentes e músculos
[F7M]   [Bm7] [E7]
Peitos e lábios
[F7M]
Você é forte
   [F#m7(5-)] [B7]
Letras e músicas
[Em7]   [A7]
Todas as músicas
      [Dm7] [G7]
Que ainda hei de ouvir
[Am7]
No abaete
[Em7]
Areias e estrelas
   [F7M]   [Bm7] [E7]
Não são mais belas
   [F7M]
Do que você
[F#m7(5-)]   [B7]
Mulher das estrelas
[Em7]   [A7]
Mina de estrelas
   [Dm7]   [G7(13)]
Diga o que você quer.

[C7M]
Você é linda
[Em7]
E sabe viver
[F7M]   [Dm7]
Você me faz feliz
[Fm7]   [Bb7]
Esta canção é só pra dizer
      [C7M] [G 7/4] [G7(13)]
E diz.
   [C7M]
Você é linda
[Em7]
Mais que demais
   [F7M]   [Dm7]
Você é linda, sim
   [Fm7]   [Bb7]
Onda do mar do amor
         [C7M(9)]
Que bateu em mim.

Você é linda (continuação)

[Am7]   [Em7]
Gosto de ver você no seu ritmo
[F7M]   [Bm7] [E7]
Dona do Carnaval
[F7M]
Gosto de ter
[F#m7(5-)] [B7]
Sentir seu estilo
[Em7]   [A7]
Ir no seu íntimo
[Dm7]   [G7(13)]
Nunca me faça mal

[C7M]
Linda
[Em7]
Mais que demais
[F7M]   [Dm7]
Você é linda, sim
[Fm7]   [Bb7]
Onda do mar do amor
         [C7M]
Que bateu em mim.
[C7M]
Você é linda
   [Em7]
E sabe viver
[F7M]   [Dm7]
Você me faz feliz
  [Fm7]   [Bb7]
Esta canção é só pra dizer
    [C7M(9)]
E diz.

Ah! Como eu amei

Balada - Sib Maior *Jota Velloso e Ney Velloso*

Introdução: Bb Cm F7 Bb Cm G7 Cm F7

Bb
O amor que eu tenho guardado no peito

Me faz ser alegre, sofrido e carente.

Cm7   F7
Ah! Como eu te amei

Bb
Eu sonho, sou verso,

Sou terra, sou sol,

Sentimento aberto

Cm7   F7
Ah! Como eu te amei

D7(9-)   Gm7
Ah! Como caminhei

D7   Gm7
Ah! Não entendi

    Gm7 F7
Que eu era feliz, era vida

     Bb
Minha espera acabou

 Gm7 Cm
Meu corpo cansado

   F7
E eu mais velho

     Cm
Meu sorriso sem graça chorou.

F7   Bb
Ah! Como eu amei

D7   Gm
Ah! Eu caminhei

Bb
Tem dias que eu paro

Me lembro e choro

Com medo eu reflito

   Eb
Que não fui perfeito

   F7
Ah! Como eu te amei, etc.

Ai, quem me dera

Canção - Mi menor **Toquinho e Vinícius de Moraes**

```
  B7(9-)        Em              Em/D
Ai quem me dera terminasse a espera
            C7M(11+)          Am/C
Retornasse o canto simples e sem fim
            F#m7(5-)      B7
E ouvindo o canto chorasse tanto
                    Em
Que no mundo o pranto se estancasse enfim
                            Em/D
Ai quem me dera ver morrer a fera
            Bm
Ver nascer o anjo, ver brotar a flor
            C#m7(5-)      F#7
Ai quem me dera uma manhã feliz
            Am/C              B7(9-)
Ai quem me dera uma estação de amor.

              Em              Em/D
Ah, se as pessoas se tornassem boas
            C7M(11+)      B7
E cantassem loas e tivessem paz
      F#°           B7
E pelas ruas se abraçassem nuas
      F#°         E7
E duas a duas sem ser casais
              Am            D7
Ai, quem me dera o som de madrigais
        G7M             C7M
Ver todo mundo parecido enfim
          F#7         B7
E a liberdade nunca ser demais
                E7    Bm7(5-) E7
E não mais haverá solidão ruim.

            Am7               D7
Ai quem me dera ouvir um nunca mais
          G7M         G6      C7M
Dizer que a vida vai ser sempre assim
            F7            B7
E fim da espera ouvir na primavera
              F#m7(5-) B7   Em
Ninguém chamar por mim...
```

Alguém como tu

Samba - Fá Maior   *Jair Amorim e José Maria Abreu*

   F7M   Gm7
Alguém como tu
  Am7   Dm7
Assim como tu,
    Gm7   C7
Eu preciso encontrar
  Gm   C7
Alguém sempre meu
   Gm7   C7
De olhar como o teu
     F7M   Bb7 Am7 Gm7
Que me faça sonhar...
  F7M   Gm7
Amores eu sei
  F   Dm7   Am7
Na vida achei e perdi...
  Dm7   G7
Mas nunca ninguém desejei
        Gm7
Como desejo a ti
  F7M   Gm7
Se tudo acabou,
  Am7   Dm7
Se o amor já passou
   Gm7   C7 Gm7 C7
Há de o sonho ficar
  Gm7   C7
Sozinho eu serei
  Gm7   C7   Cm F7
E alguém eu irei procurar

  Bb   Bbm6
Eu sei que outro amor posso ter
  Am7   Eb7   D7
E um novo romance viver
  Gm
Mas sei que também
  C7   F
Assim como tu mais ninguém.

Alô, alô

Choro-canção - Sib Maior　　　　　　　　　　　　　　　　　*André Filho*

Introdução: **Bb F7 Bb F7**

F7　　　Bb
Alô, alô responde,

　　　　　　　　　　F7
Se gostas mesmo de mim de verdade

Alô, alô responde,
　　　　　　　　　Bb
Responde com toda sinceridade... alô, alô

BIS

　　　　F7　　　　　　　　　**Bb**
Tu não respondes e o meu coração em lágrimas
　　　　F7　　　　　**Bb**
Desesperado vai dizendo alô, alô...
　　A7　　　　　　　　**Bb**
Ai se eu tivesse a certeza desse teu amor,
　　　F7　　　　　　　**Bb**　**F7(13)**
A minha vida seria um rosal em flor.

　　　　　　Bb
Estribilho: Alô, alô... etc.

　　F7　　　　　　　**Bb**
Alô, alô, continuas a não responder
　　　　　　　F7　　　　　**Bb**
E o telefone cada vez chamando mais
　　　　　F7　　　　　　　**Bb**
É sempre assim, não consigo ligação, meu bem
　　　　　　　　F7　　　　　**Bb**　**F7(13)**
Indiferente, não te importas com meus ais!

　　　　　　　Bb6
Estribilho: Alô, alô... etC.

Chora cavaquinho

Samba - Dó Maior　　　　　　　　　　**Waldemar de Abreu (Dunga)**

 G7   C7M   Am7   D7(9)
Chora, cavaquinho, chora
 Dm7   G7   C7M   F7M E7(9-)
Chora, violão também
 Am   Em7   Dm7　　**BIS**
Que o nosso amor foi embo - ra
 D7   G7
Deixando saudade de alguém.

         G7
Quantas vezes
   C7M
Ele cantava
 B°   E7(9)   Am7
Alegrando o meu coração
 Dm7   F G7   C
O seu cantar redobrava
 A7   D7 G7 C
Fazendo sentir o violão.

       G7   C7M
E não tendo mais esperança
 B°   E7(9-) Am7
Na morte vivo pensando
 Dm7 F   G7   C
Parece inocente criança
 A7   D7
Um pobre cavaquinho
 G7   C
Triste chorando.

As canções que você fez para mim

Choro-canção - Fá Maior   **Roberto Carlos e Erasmo Carlos**

F
Hoje eu ouço as suas canções
     A7
Que você fez pra mim

Não sei por que razão
   Dm
Tudo mudou assim
   Gm
Ficaram as canções
  C7
E você não ficou

F
Esqueceu de tanta coisa
    A7
Que um dia me falou

Tanta coisa que somente
    Dm
Entre nós dois ficou
   Gm
Eu acho que você
    C7
Já nem se lembra mais

Bb   **C7**
É tão difícil
   F
Olhar o mundo e ver
  Dm
O que ainda existe
Gm   **C7**
Pois sem você
   F
Meu mundo é diferente
  C7
Minha alegria é triste

F
Quantas vezes você disse
  A7
Que eu amava tanto

Quantas vezes eu

As canções que você fez para mim (continuação)

Dm
Enxuguei o seu pranto
Gm
E agora eu choro só
C7   F
Sem ter você aqui.

Aventura

Canção - Ré Maior   **Eduardo Dusek e Luiz Carlos Góes**

Introdução: D7M   G/A   D7M   G/A   D7M

D7M
Vi seu olhar
G/A
Seu olhar de festa
D7M
De farol de moto
G/A
Azul celeste
D7M
Me ganhou no ato
G/A   **D7M G/A**
Uma carona pra lua.

D7M
Te arrastei
G/A
Estradas, desertos,
D7M
Botecos abrindo
G/A
E a gente rindo
D7M
Brindando cerveja
G/A   **D7M   G/A**
Como se fosse champanhe.

D7M
Todos faróis
A7
Me lembram seus olhos
C
Durmo a viajar
G
Entre lençóis
Bb
Teu corpo fica a dançar
F   **G/A**
No meio do nosso jantar
           D7M G/A D7M G/A
Luz de velas.

Aventura (continuação)

Bm
Aventurar
　　F#7
Por toda a cidade
E　　　　**Bm**
A te procurar

Todos os lugares
Em7
Pintam ciúmes
　　　A7
Na mesa de um bar
F#m
Mas você sente
　　　B7
E começa a brincar
G#°　　　　　　**C#7(9-)**
Diz: "fica frio", meu bem,
　　　　F#m
É melhor relaxar
　　A7　　　　**D7M G/A D7M G/A**
Palmeira no mar...

D
Todos faróis... etc.

Começar de novo

Choro-canção - Mi menor   **Ivan Lins e Vitor Martins**

  Em7
Começar de novo
G/A   **A7**
E contar comigo
Am7   **C/D**
Vai valer à pena
G7M   **C7M**
Ter amanhecido
F#m7(5-)   **B7**
Ter me revelado
Fm7(9)   **Bb7**
Ter me debatido
Eb7M   **Dm4 G7(5+)**
Ter me machuca-do
Cm7   **F7**
Ter sobrevivido
   Bbm7   **Eb7(9-)**
Ter virado a mesa
Ab   **C7(9)** **Fm**
Ter me conhecido
Dm7   **G7(5+)**
Ter virado o barco
C7M   **F#m7(5-) B7(9-)**
Ter me socorri - do
Em7
Começar de novo
G/A   **A7**
E contar comigo
Am7   **C/D**
Vai valer à pena
G7M   **C7M**
Ter amanhecido
F#m7(5-)   **B7**
Sem as tuas garras
  Fm7(9)   **Bb7**
Sempre tão seguras
Eb7M   **Dm7 G7(5+)**
Sem o teu rantas - ma
Cm7   **F7**
Sem tua moldura,
  Bbm7 **Db/Eb**
Sem tuas escoras

Começar de novo (continuação)

[Ab] [C7(9-)] [Fm C] Sem o teu domí - nio
[Dm7] [G7(5+)] Sem tuas esporas
[Db7M] [Gm7 C7(5+)] Sem o teu fascí - nio
[Fm7] Começar de novo
[Ab/Bb] [Bb7(13)] E contar comigo
[Bbm7] [Dbm/Eb] Vai valer a pena
[Ab7M] [Db7M Dbm6] Já ter te esqueci - do
[Ab7M] [C7(9-) Fm] Começar de novo.

Coração ateu

Canção - Mi menor   **Suely Costa**

```
  G                    A/G
  Meu coração ateu   quase acreditou
F#m7(5-)   B7           Em
  Na tua mão que não passou

  De um leve adeus
C7M         Em/B         Am
  Breve pássaro pousado em minha mão
Am/G    F#m7(5-) B7    Em
  Bateu asas       e voou
F/G          G7(9-)       A/G
  Meu coração por certo tempo passou
F#m7(5-)    B7       Em        Em/D
  Na madrugada procurando num jardim
C7M         Em/B          Am       Am/G
  Flor amarela, flor de uma grande espera
            F#m7(5-)  B7     Em
  Logo o meu coração ateu.
F/G          G7(9-)         C
  Se falo em mim e não em ti

  É que nesse momento
C°              Bm7(5-)
  Já me despedi
E 7/4              E7
  Meu coração ateu
          G6        A7
  Não chora e não lembra
        F#m7(5-) B7    Em
  Parte e vai-se embora.
```

É doce morrer no mar

Toada - Ré menor   ***Dorival Caymmi***

   Dm7   **Gm7**
É doce morrer no mar, | **BIS**
  A7   **Dm**
Nas ondas verdes do mar.

    Am7(5-) **D7(9-)**   **Gm6**
A noite que ele não veio, foi...
Em7(5-)   **A7**   **Dm7**
Foi de tristeza para mim,
Em7(5-)   **A7**   **Dm7**
Saveiro voltou sozinho.

   Gm7   **Gm/F**   **Em7(5-)** **A7**
Triste noite foi pra mim.
              D7(9-) **Gm6**
Saveiro partiu de noite, foi
Em7(5-) **A7**   **Dm**
Madrugada... não voltou,
Em7(5-)   **A7**   **Dm**
O marinheiro bonito
   Gm7   **Gm/F** **Em7(5-)** **A7**
Sereia do mar levou.

    Am7(5-) **D7(9-)**   **Gm6**
Nas ondas verdes do mar, meu bem,
Em7(5-) **A7**   **Dm7**
Ele se foi afogar
Gm7
Fez sua cama de noivo,
Bb7M   **Am7**   **Gm** **Dm**
No colo de Iemanjá.

De volta pro aconchego

Dó Maior *Dominguinhos e Nando Cordel*

Introdução: G7(13)

     C   Dm 7   Em7 G7
Estou de volta pro meu aconchego
     C   A7   Dm
Trazendo na mala bastante saudade
A7(5+) Dm
Querendo
    Dm7   A7   Dm7
Um sorriso sincero, um abraço,
     A7   Dm7
Para aliviar meu cansaço
   G7   G/F   Em7
E toda essa minha vontade.

G7   C
Que bom,
     Dm7   Em7 G7
Poder tá contigo de novo,
  C   A7   Dm7
Roçando o teu corpo e beijando você,
A7(5+) Dm   Dm7 G7   C
Pra mim tu és a estrela mais linda
     Am7   Dm7
Seus olhos me prendem, fascinam,
    G7   C
A paz que eu gosto de ter.

  Dm   G7
É duro ficar sem você
  Em   Em7
Vez em quando
A7(5+) Dm7   E7   Am7
Parece que falta um pedaço de mim
A7(5+) Dm/F   G7   C
Me alegro na hora de regressar
  C7   F
Parece que eu vou mergulhar
    A7   D7
Na felicidade sem fim.

Eu sei que vou te amar

Samba-canção - Fá Maior **Antonio Carlos Jobim e Vinícius de Moraes**

Introdução: F Bb/C C7

F7M   G#°
Eu sei que vou te amar
        Gm7   C7(9)
Por toda a minha vida eu vou te amar
         F7M   F7M(5+)
Em cada despedida eu vou te amar
        Bb7M   Bbm7
Desesperadamente, eu sei que vou te amar
F7M   Ab°   Gm7   C7(9)
E cada verso meu será
F7M   D7(5+)   Gm7
Pra te dizer que eu sei que vou te amar
    C7(5+)
Por toda a minha vida.

F7M   G#°
Eu sei que vou chorar
       Gm7   C7(9)
A cada ausência tua eu vou chorar
        F7M   F7M(5+)
Mas cada volta tua há de apagar
          Bb7M   Bbm7
O que essa ausência tua me causou
F7M   Ab°
Eu sei que vou sofrer
             Cm7
A eterna desventura de viver
D7   G7
A espera de viver ao lado teu
Gm7   C7   F7M
Por toda a minha vida.

               F6
Para acabar: vi — da

   A7M
Eu sei que vou te amar

Eu te amo

Choro-canção - Dó Maior *Antônio Carlos Jobim e Chico Buarque*

Introdução: G⁷₄(9) Eb7M F7M G7(9-)

C7M   B7   Bb7M
Ah! Se já perdemos a noção da hora
  A7   Ab7M(9)
Se juntos já jogamos tudo fora
  G7   Gb7M Dm/F
Me conta agora como hei de partir.

E7M G7   C7M   Am
Ah! Se ao te conhecer dei para sonhar
         B⁷₄(9)
Fiz tantos desvarios
       B7(9-)
Rompi com o mundo
            Em7
Queimei meus navios
    A7   Bb°/D Dm7
Me diz pra onde é que inda posso ir.

  F7M   E7   Eb7M
Se nós, nas travessuras das noites eternas
    D7   Db7M
Já confundimos tanto as nossas pernas
        C7   B7M
Diz com que pernas eu devo seguir.

  C7M   Am7   D7(9)
Se entornaste a nossa sorte pelo chão,
      Dm7   Bb° Dm7
Se na bagunça do teu coração
  G7   Dm/F E⁷₄ E7(5+)
Meu sangue errou de veia e se perdeu,

  F7M   E7   Eb7M
Como, se na desordem do armário embutido
      D7   Db7M
Meu paletó enlaça o teu vestido
       C7   B7M
E o meu sapato inda pisa no teu.

Eu te amo (continuação)

C7M **Am7** **D7(11+)**
Como, se nos amamos feito dois pagãos,
Dm7 **Bb°** **Dm7**
Teus seios ainda estão nas minhas mãos,
G7 **Dm/F** **E$^7_4$** **E7(5+)**
Me explica com que cara eu vou sair?

F7M **E7** **Eb7M**
Não, acho que estás te fazendo de tonta,
D7 **Db7M**
Te dei meus olhos para tomares conta,
C7 **B7M**
Agora conta como hei de partir.

Isto aqui o que é?

Samba - Sol Maior   **Ary Barroso**

G7M
Isto aqui ô ô
                           Am7
É um pouquinho de Brasil,   Iaiá,
      D7   **G**   **Em**
Deste Brasil que canta e é feliz
    A7 **D7** **G7M** **Bm7**
Feliz,   feliz
E7 Dm6 E7   **Am7**
É   também um pouco de uma raça
D7(9)   **Cm7**   **G7M** **Em**
Que não tem medo de fumaça, ai, ai
    Am7   **D7** **G** **D7**
E não se entrega não.
                    G   **G#°** **Am7**
Olha o jeito nas cadeiras que ela sabe dar,
                D7(9)   **G6**
Olha o tombo nos quadris que ela sabe dar,
    D7   **G6**   **G#°** **Am7**
Olha o passo de batuque que ela sabe dar,
        D7(9)   **G6**
Olha só o remelejo que ela sabe dar.

    G7M   **Em**
Morena boa que me faz chorar,
  E7(9-) **Am7**
Põe a sandália de prata,
  D7(9)   **G**   **D7**
E vem pro samba sambar, sambar.

           D7 (9)   **G6**
Para terminar: E vem pro samba sambar, sambar.

Nossa Senhora das Graças

Samba-canção - Fá Maior **Lupicínio Rodrigues**

Introdução: F7M   Gm7   C7   F7M   Dm   Gm   C7   F6

F7M   Gm7   C7
  Nossa Senhora das Graças
F   Dm   Am7(5-)   D7
  Eu estou desesperado
Gm7   C7   A7(13-)
  Sabe que eu sou casado
                  Dm7
  Tenho um filho que me adora
                G7   Db7   C7
  E uma esposa que me quer
F7M   Dm7   G7   C7
  Nossa Senhora das Graças
F7M   Cm7   F7
  Estou sendo castigado
Bb   C7(13)   F7M
  Fui brincar com o pecado
                 Dm7   Gm7
  E hoje estou apaixonado
         C7   F6
  Por uma outra mulher.
   Gm7
  Virgem,
        C7   F6
  Por tudo que é mais sagrado
                    Gm7
  Embora eu seja culpado
              C7   F
  Não me deixe abandonado
              G7   Gm7
  Quero a sua proteção.
C7 F
  Virgem,
Bb   B°   Am7
  Dê-me a pena que quiseres
D7   Gm7
  Mas devolva se puderes
      C7(9-)   F
  Sua verdadeira dona
     Dm   Gm7   C7   F6
  Meu perverso coração.

Copyright 1956 by Irmãos Vitale S.A. Ind. e Com.

Desafinado

Mi bemol Maior   **Antonio Carlos Jobim e Newton Mendonça**

  Eb7M   F7(5-)
Se você disser que eu desafino, amor
 Fm7   Bb7   Gm7(5-) C7(9-)
Saiba que isso em mim provoca imensa dor
  Fm7   G7(9-)   C7M   C7(9-)
Só privilegiados têm ouvido igual ao seu
F7(13)   E7M   E7M(11+)
Eu possuo apenas o que Deus me deu
  Eb7M   F7(5-)
Se você insiste em classificar
  Fm7   Bb7   Gm7(5-) C7(9-)
O meu comportamento de anti-musical
 Fm7   G7(9-)   Cm7   D7(9+)
Eu, mesmo mentindo, posso argumentar
 G7M   Gb7(5+)
Que isso é bossa-nova
  F7(13)   E7
Que isso é muito natural
  G7M   G#°   Am7   D7(13)
O que você não sabe nem sequer pressente
 G7M   Gm7   Am7(5-)   Ab7(11+)
É que os desafinados também têm um coração
 Bb7M   B°   Cm7   F7(13)
Fotografei você na minha Roleyflex
  Fm7   C7(9-)   F7(13) F7(13-) Bb$^7_4$(9) Bb7(9-)
Revelou-se a sua enorme ingratidão
 Eb7M   F7(5-)
Só não poderá falar assim do meu amor
 Fm7   Bb7   Gm7(5-)   C7(9-)
Ele é o maior que você pode encontrar, viu
 Ab7M   Abm6   Gm7   F#°
Você com sua música esqueceu o principal
   F7
É que no peito dos desafinados
  E7M
No fundo do peito bate calado
 F7   B$^7_4$(9) Bb7(9-)
E que no peito dos desafinados
 Eb7M   Bb7(9) Eb6
Também bate um coração.

Orgulho

Samba-canção - Si bemol Maior *Nelson Wederkind e Waldir Rocha*

Introdução: Eb7M Eb7 Bb Bb7M Dm7(5-) G7 Cm7 F7 Bb7M G7
C7 F7

Bb7M   Eb7   Dm7
Tu   me mandaste embora eu irei
   Eb/F   F7   Bb7M
Mas comigo também levarei
    Dm7   G7   Cm G7
O orgulho de não mais voltar,
  Cm   F7   Cm7
Mesmo que a vida se torne cruel,
      F7   Cm7   F7
Se transforme numa taça de fel
    Cm7   F7   Bb7M F7
Este trapo tu não mais verás.
  Bb6   Eb7   Dm7 G7
Eu seguirei com meu dissabor
       Cm7   F7   Bb7M Ab7
Com a alma partida de dor,
G7   Cm   Fm7
Procurando esquecer,
Bb Eb   Ebm6   Bb/D
Deus sabe bem quem errou de nós dois
Dm7   G7   Cm
E dará o castigo depois,
        F7   Bb
O castigo a quem merecer.

Luar de Paquetá

Marcha-rancho - Dó menor **João de Barro, Freire Júnior e Hermes Fontes**

Introdução: Cm Cm/Bb Ab7 G7(9-) Cm G7 Cm

           Cm
Nessas noites dolorosas
     Dm7(5)   **G7**   **Cm**
Quando o mar desfeito em rosas
       Cm/Bb A° **D7**
Se desfolha, a lua cheia
Fm/Ab   **G7**   **Dm7(5)**
Lembra a ilha um ninho oculto
     G7   **Dm7(5-)**
Onde o amor celebra em culto
     G7   **Dm7(5-) G7**
Todo encanto que a rodeia
Cm   **Fm6 G7**   **Cm**
Nos canteiros ondulantes
    Dm7(5-) G7 **Gm**
As nereidas incessantes
      C7   **Fm**
Abrem lírios ao luar
    G7   **Cm**
Paquetá é um céu profundo
         D7
Que começa neste mundo
   G7   **C F/A G7 C**
Mas não sabe onde acabar
   Am7   **Dm7 G7**
Jardim de afetos
Dm7 **G7**   **D#° Em7 Dm7**
Pombal de amores
C7M **A7**   **D7**
Humildes tetos
Dm **G7**   **C7M**
De pescadores
   Am7 Dm G7
Se a lua brilha
Dm   **E7**   **Am Am/G**
Que bem nos faz
F7M   **Em Am**
Amar na ilha
Dm7 **G7 C6**
De Paquetá.

Luz do sol

Balada - Fá Maior   ***Caetano Veloso***

[F7M] Luz do sol [Cm7] que a folha traga e tradu[Eb/F]z [Bb7M] [Bbm6]
[Am] Em verde novo, em [D7(9)] folha, em [Db] graça,
[Gb7M] Em vida, em força, [F7M] em lu[Bb/C]z.
[F7M] Céu azul [Cm7] que vem até [Eb/F] onde os [Bb7M] pés [Bbm6]
[Am] Tocam a [D7] terra
[Db] E a terra inspira [Gb7M] e exala [F7M] seus azuis.

[Bb7M] Reza, reza o rio, [Bbm6] córrego pro rio
[F7M] O rio pro [Cm7] mar [F7]
[Bb7M] Reza a correnteza
[Bbm6] Roça beira doura [F7M] a areia
[Em7(5-)] Marcha o homem sobre o chão,
[A7] Leva no coração
[Dm7] Uma ferida acesa
[Gm7] Dono do sim e do [C7] não,
[F7M] Diante da ilusão da infinita beleza.
[Bm7(5-)] Finda por ferir com [E7] a mão
[Am7] Essa delicadeza, a coisa mais querida,
A [Dm7] Glória [G7] da [Bbm6] vi - [Gm7(5-)] da [C7(9-)]
[F7M] Luz do sol [Cm] que a folha traga e tradu[Eb/F]z [Bb7M] [Bbm6]
[Am] Em verde novo, em [D7(9)] folha, em [Db] graça
[Gb7M] Em vida, em força [F7M] e luz.

Maria, Maria

Ré Maior   **Milton Nascimento e Fernando Brant**

Introdução: D   Dm7   G   Gm7   D

  D
Maria, Maria,
     D7M   G
É um dom, uma certa magia
    Gm   D   F#7
Uma força que nos aler - ta
 Bm   G   C
Uma mulher que merece viver e amar
                  G   D
Como outra qualquer do planeta.

  D
Maria, Maria
    D7M   G
É o som, é a cor, é o suor
   Gm   D   F#7
É a dose mais forte, len - ta
Bm   G   C
De uma gente que ri quando deve chorar
         G   D
E não vive, apenas aguenta.

D   D7M
Mas é preciso ter força
       G
É preciso ter raça
         D   F#7
É preciso ter gana sempre
Bm   G   C
Quem traz no corpo uma marca, Maria, Maria
  G   D
Mistura a dor e a alegria.

D   D7M
Mas é preciso ter manha
     G
É preciso ter graça
     D   F#7
É preciso ter sonho sempre
Bm   G
Quem traz na pele essa marca
   C   G   D
Possui a estranha mania de ter fé na vida.

Copyright 1978 by Três Pontas Edições Musicais Ltda. / 1982 by Nascimento Edições Musicais Ltda.

Preciso aprender a ser só

Samba-canção - Lá Maior *Marcos Valle e Paulo Sérgio Valle*

 A7M   D#m7(5-) G#7(13) A7M
Ah! Se eu te pudesse fazer entender
    Em7   A7(13) D7M(9)
Sem teu amor eu não posso viver
     F#m7 B7   Bm7
Que sem nós dois o que resta sou eu
E7(9+)   A7M(9)
Eu assim tão só
    D#m7(5-) G#7(13) A7M(9)
E eu preciso aprender a ser só
    Em7   A7(13) D7M
Poder dormir sem sentir seu amor
     F#m7 B7   Bm7
A ver que foi só um sonho e passou.
E7(9+)   Am7
Ah! O amor
       E7(9+)   A7M
Quando é demais ao findar leva a paz
    Em7 A7 D7M
Me entreguei sem pensar
    C#m7 C°
Que a saudade existe
 Bm7   E7
Se vem é tão triste.
 A7M   D#m7(5-) G#7(13) A7M
Vê, meus olhos choram a falta dos teus
    Em7   A7   D7M(9)
Estes teus olhos que foram tão meus
    Bm7   Dm6   C#m7
Por Deus entenda que assim eu não vivo
 C° Bm7 E7 A7M(9)
Eu morro pensando no nosso amor.

Na minha palhoça (se você quisesse)

Samba - Dó Maior   *J. Cascata*

C
Se você quisesse

Morar na minha palhoça
     G7   **C7**
Lá tem troça e se faz bossa
   F   **Dm** **A7** **Dm**
Fica lá na roça
A7   **Dm**
Perto de um riachão
 Dm7 **Bm7**   **E7**
A noite tem um violão.
     Am
Uma roseira

Cobre a banda da varanda
            D7
E ao romper da madrugada

Vem a passarada
         G7
Abençoar nossa união
     Dm7
Tem um cavalo
            G7
Que eu comprei a prestação
        C
Que não estranha a pista
G7M   **Gm7**
Uma Kodak
    C7   **F6**
Para tirar nossas fotografias

Vai ter retrato todo dia
     A°
Um papagaio

Que eu mandei...
    C7M
Vir do Pará
  A7   **D7**
Um aparelho de rádio batata

Na minha palhoça (continuação)

    G7   **C**
E um violão que desacata.
          G7   **C**
(Meu Deus do céu que bom seria)

Se você... etc.

G7   **Dm7**
Tem um pomar

Que é pequenino
    G7
Uma beleza, uma gracinha
  C
Criação, lá tem galinha
G   **Gm**
Um rouxinol
   C7   **F6**
Que nos acorda ao amanhecer

Isto é verdade, podes crer
  A°
A patativa

Quando canta...
   C7M
Faz chorar
  A7   **D7**
Há uma fonte na encosta do monte
 G7   **C**
A cantar, chuá, chuá...

(Meu Deus do céu, que bom seria)

Se você... etc.

No tabuleiro da baiana

Samba-jongo - Ré Maior   *Ary Barroso*

Introdução: A7 D A7 D G F#7 Bm A7 D

             D
Ele: No tabuleiro da baiana tem

Ela: Vatapá, oi!

       Caruru, oi!

       Mungunzá, oi!

       Tem umbu, oi!

       Pra Ioiô

                        A
Ele: Se eu pedir você me dá

              E7
       O seu coração

                   A
       Seu amor de Iaiá

      D
Ela: No coração da baiana tem

Ela: Sedução,

       Canjerê,

       Ilusão,

       Candomblé

Ele: Pra você

      Bm7
       Juro por Deus

      F#m
       Pro meu Sinhô do Bonfim

       Quero você

            D
       Baianinha

       Inteirinha

      D **E7** **A7**
       Pra mim

D7
Ela: Sim, mas depois

No tabuleiro da baiana (continuação)

   G   B7   Em
O que será de nós dois,
    F#m7
Seu amor
Bm7 Em
É fugaz
 A7   D
Enganador
    Bm7
Ele: Tudo já fiz
   F#m
Fui até canjerê
G7M
Pra ser feliz
    A7   D
Meus trapinhos juntar com você
   F#m7(5-) B7
Ela: Vou me passar
   G   B7   Em
Vai ser mais uma ilusão
  A7
No amor
         D
Quem governa é o coração.

O menino da porteira

Dó Maior   *Teddy Vieira e Luizinho*

```
          C                              G7
Toda vez que eu viajava pela estrada de Ouro Fino,
                       C
De longe eu avistava a figura de um menino
                                       G7
Que corria, abria a porteira, depois vinha me pedindo
                                           C
"Toque o berrante seu moço, que é pra mim ficar ouvindo".
         F                    G7
Quando a boiada passava e a poeira ia baixando,
                       C
Eu jogava uma moeda e ele saía pulando
                                        G7
"Obrigado, boiadeiro, que Deus vai lhe acompanhando",
                              C
Pra aquele sertão afora, meu berrante ia tocando.


                                         G7
Nos caminhos desta vida, muito espinho eu encontrei
                                      C
Mas nenhum calou mais fundo do que isto que eu passei.
                                       G7
Na minha viagem de volta, qualquer coisa eu cismei
                                  C
Vendo a porteira fechada, o menino não avistei,
       F                                G7
Apeei do meu cavalo no ranchinho à beira-chão
                               C
Vi uma muié chorando, quis sabe qual a razão
                                    G7
"Boiadeiro, veio tarde, veja a cruz no estradão.
                                       C
Quem matou o meu filhinho, foi um boi sem coração."


            C                         G7
Lá pras bandas de Ouro Fino, levando o gado selvagem,
                                    C
Quando eu passo na porteira, até vejo a sua imagem.
                                     G7
O seu rangido tão triste mais parece uma mensagem,
                                     C
Daquele rosto trigueiro, desejando-me boa viagem
```

O meninio da porteira (continuação)

   F   G7
A cruzinha do estradão, do pensamento não sai,
                                  C
Eu já fiz um juramento que não esqueço jamais
                                 G7
Nem que meu gado estoure, e eu precise ir atrás,
                                    C
Neste pedaço de chão, berrante eu não toco nunca mais.

Outra vez

Fá Maior *Isolda*

Você foi [F]
O maior dos meus casos [Dm]
De todos os abraços [Gm]
O que eu nunca esqueci [C7]
Você foi [Gm7]
Dos amores que eu tive [C7]
O mais complicado [F]
E o mais simples pra mim.
Você foi [Cm]
O melhor dos meus erros [F7]
A mais estranha história [Bb]
Que alguém já escreveu [Bbm]
E é por essas e outras [F]
Que a minha saudade [Gm]
Faz lembrar de tudo outra vez. [C7]
Você foi [F]
A mentira sincera [Dm]
Brincadeira mais séria [Gm]
Que me aconteceu [C7]
Você foi [Gm7]
O caso mais antigo [C7]
O amor mais amigo [F]

Que me apareceu

Outra vez (continuação)

[Cm]   [F7]
Das lembranças que eu trago na vida
[Bb]
Você é a saudade
[Bbm]
Que eu gosto de ter
[F7M]
Só assim
[Gm7]
Sinto você bem perto
[C7]   [F]
De mim outra vez
[C7]
Esqueci de tentar te esquecer
[F]
Resolvi te querer por querer
[E7]
Decidi te lembrar tantas vezes
[Am]
Eu tenha vontade
[Gm7] [C7]
Sem nada perder
[F]
Você foi
[Dm]
Toda felicidade
[Gm]
Você foi a maldade
[C7]
Que só me fez bem
[Gm7]
Você foi
[C7]
O melhor dos meus planos
[F]
E o maior dos enganos

Que eu pude fazer
[F7]
Das lembranças que eu trago na vida
[Bb]
Você é a saudade
[Bbm]
Que eu gosto de ter
[F7M]
Só assim
[Gm7]   [C7]
Sinto você bem perto de mim
[F]
Outra vez.

Rasguei o teu retrato

Tango-canção - Sol menor **Candido das Neves (Índio)**

Introdução: Cm Gm A7 D7 Gm

Gm   D7   Gm
Tu disseste em juramento

Que entre os véus do esquecimento
                    D7
O meu nome é uma visão...
        Cm   D7
Tu tiveste a impiedade
        Cm   D7
De sorrir desta saudade
                Gm
Que mata o coração

Se um retrato tu me deste,
        Cm   G7
Foi zombando, tu o disseste,
                    Cm
Do amor que te ofertei,
                Gm
E eu, em lágrimas desfeito,
                A7
Quantas vezes junto ao peito
    D7   G
Esse retrato conservei.

Refrão:
    G   D7
Eu sei também ser ingrato!
        C7   B7
Meu coração, vê bem, já não te quer,
    E7   Am
E ontem rasguei o teu retrato
Cm   Cm/Eb G/D D7   G
Ajoelhado aos pés de outra mulher.

Gm   D7   Gm
Eu que tanto te queria,

Eu que tive a covardia
                    D7
De chorar, esse amargor,

Rasguei o teu retrato (continuação)

     Cm   **D7**
Trago aqui despedaçado
    Cm   **D7**
O teu retrato, pois vingado
           Gm
Hoje está o meu amor.

As sentenças são extremas!
    Cm   **G7**
Faça o mesmo aos meus poemas!
            Cm
Rasgue os versos que te fiz!
         Gm
Não te comova o meu pranto,
          A7
Pois quem te amou tanto, tanto,
  D7   **G**
Foi um doido... um infeliz!

Sabiá

Bossa - Mi bemol Maior   **Antonio Carlos Jobim e Chico Buarque**

Introdução: Eb7M/G   F#°

Fm7
Vou voltar

Bb7(9-)   Eb7M/G   Gb°   Fm7   G7
Sei que ainda vou   vol - tar

Cm7
Para o meu lugar

B5+   Bb6   A7M   Ab7M   Gm7
Foi lá   e é ainda lá

Fm7   G7(5+)   Cm7
Que eu hei de ouvir

Cm/Bb   Gb°   Eb6/G
Cantar   uma sabiá

F#°   Fm7 G7   Eb6
Cantar   o meu sabiá

Gb°   Fm7
Vou voltar

Bb7(9-)   Gb7M G° Abm7
Sei que ainda vou vol - tar

Db7(9)   F#m7
Vou deitar à sombra

F#m/E   D#m7
De uma palmeira

G#7(9-)   C#m7
Que já não há

A°   C#m7
Colher a flor

F#7(9-)   Bm7   Gm6
Que já não dá

Bm7
E algum amor

E7/4(9)   C#7/E#   F#m
Talvez possa espantar

F(5+)   Am/E   Cm6/Eb D7
As noites que eu

Bbm6
Não queria

C   C7   Abm6 Bb7/4   Bb7(9)
E anun - ci - ar   o di - a

Eb7M/G F#°   Fm7
Vou voltar

Bb7(9)   Ebm G°   Abm7
Sei que ainda vou vol - tar

Db7(9)   Gb7M
Não vai ser em vão

Copyright 1969 by Jobim Music Ltda. / 1969 by Cara Nova Editora Musical Ltda.

Sabiá (continuação)

    Gb7   **Cb7M**
Que fiz tantos planos
  Abm7 **Ebm7**
De me enganar
     Gb7(13) **Cb7M**
Como fiz enganos
  Abm7 **Ebm7**
De me encontrar
  Abm7 **Ebm7**
Como fiz estradas
  Abm7 **Ebm7**
De me perder
  Abm7   **Ebm7**
Fiz de tudo e nada
  Abm7 **Ebm7**
De te esquecer
  Abm7   **Ebm7**
De te esquecer.

Samba do carioca

Mi menor　　　　　　　　　　　　**Carlos Lyra e Vinícius de Moraes**

Em7　**A7**
Vamos carioca
　　　　Em　　　**A7**
Sai do teu sono devagar
Em7　　　　**A7**
O dia já vem vindo aí
　　Am7　**D7**　**G6**
E o sol já vai raiar
　　C7M　　　**E7/B**
São Jorge, teu padrinho
　　Gm6　　　　**E7**
Te dê cana pra tomar
　　Am　　**Am7M**　**Am7**
Xangô, teu pai, te dê
　　Am6　　**Am6-**　　**B7**
Muitas mulheres para amar.

Em7　　　**A7**
Vai o teu caminho
　　　Em7　　　**A7**
É tanto carinho pra dar
　　Em7　　**A7**
Cuidando do benzinho
　　　Am7　**D7**　**G6**
Que também vai te cuidar.
　　C7M　　　**E7/B**
Mas sempre morandinho
　　　Gm6　　　　　**E7**
Quem não tem com quem morar
　　Am　**Am7M**　**Am7**　**Am6**　**Am6-**
Na base do sozinho não dá pé
　　Am6　**B7**
Nunca vai dar.

　　Em7　　　　**A7**
Vamos minha gente
　　　　Em7　　　**A7**
É hora da gente trabalhar
　　Em7　　　**A7**
O dia já vem vindo aí
　　Am7　**D7**　**G6**
E o sol já vai raiar

Samba do carioca (continuação)

    C7M   **E7/B**
E a vida está contente
    Gm6   **E7**
De poder continuar
   Am   **Am7M**   **Am7**
E o tempo vai passando
Am6   **Am6-** **Am6**   **B7**
Sem vontade de passar.

Em7   **A7**
Êh vida tão boa
       Em7   **A7**
Só coisa boa pra pensar
    Em7   **A7**
Sem ter que pagar nada
    Am7   **D7**   **G6**
Céu e terra, sol e mar
   C7M   **E7/B**
E ainda ter mulher
    Gm6   **E7**
De ter o samba pra criar
  Am   **Am7M** **Am7**
O samba é o balanço
   Am6 Am6- **Am6**   **B7**
Da mulher   que sabe amar
Em7   **A7**
Êh vida tão boa
    Em7   **A7**
É só coisa boa pra pensar.

Samba do perdão

Samba - Dó menor   **Baden Powell e Paulo César Pinheiro**

    Cm7   Dm7   G7
Mais uma vez amor
C7   Am7   G7
A dor chegou sem me dizer
Fm7   Bb7   Eb7M
Agora existe a paixão
Ab7   Fm G7
A hora não é de sofrer
Dm7 G7   Cm
Mas quem quer pedir perdão
Ab7M Am7   D7   Dm7
Não deixa a tristeza saber
G7   Cm7   G7 Cm Ab7M
E no entanto a tua falta
      Fm   Cm Db7
Invade meu coração
    C   Am7   Dm7   G7
Mas a vida ensina a crer e a perdoar
Bb7   Eb7M   Fm7
Quando um amor vareia o nosso
   Bb7   Cm
É tão grande que eu já nem sei
Ab7   G7   Cm
Tenha pena das penas que eu penei
C7   Dm7 G7 Cm
Não desprezes mais
      Gm
Meu padecer
  Ab7M   G7(5+) Cm
A vasta melancolia solidão
Ab7   G7   Cm
Já não cabe mais no meu violão
  Dm7   G7
Tanta mágoa assim
Cm   Gm
Que eu vou morrer
  Ab7M   G7(5+) Cm   Cm/Bb
Soluço até xou pedir ao coração
Ab7M   G7   Ab7M Fm Cm
Só quem morre de amor pede perdão.

Solidão

Samba-canção - Ré menor   ***Dolores Duran***

Introdução: Gm   Em7(5-)   A7   Dm   Gm7   A7   Dm   Em7(5-)   A7

Dm   Em7(5-)
Ai, a solidão
           A7   Dm   Gm7
Vai acabar comigo
A7 Dm   Gm7
Ai, eu já nem sei
              A7   Dm   Em7(5-)
O que faço e o que digo
A7   D7M   D/C#
Vivendo na   esperança
           B7
De encontrar
    Em7
Um dia
                 A7
Um amor sem sofrimento
    D7M   G7M
Vivendo para um sonho
       F#m7   B7
De esperar
    Em7
Alguém que ponha fim
         A7
Ao meu tormento
   Bm7
Eu quero qualquer
        G7M
Coisa verdadeira
         Em7
Um amor, uma saudade
   Gm   D/F#   D7M
Uma lágrima, um amigo
Dm   Gm
Ai, a solidão
   A7   D
Vai acabar comigo.

Se eu quiser falar com Deus

Dó Maior *Gilberto Gil*

```
 C          E7            Am7    C7(9)
   Se eu quiser falar com Deus
F7M      Bb7M        C7M
   Tenho que ficar a sós
               E7          Am7    C7(9)
   Tenho que apagar a luz
F7M      Bb7M        C7M
   Tenho que calar a voz
               E7          Am7    C7(9)
   Tenho que encontrar a paz
F7M      Bb7M        C7M
   Tenho que folgar os nós
                 F         E7(9-)
   Dos sapatos, da gravata,
             Am7        G#°
   Dos desejos, dos receios,
              E7          Am7
   Tenho que esquecer a data
             F#°        C/G
   Tenho que perder a conta
             G#°         Am7
   Tenho que ter mãos vazias
        Ab7M     G7     C7M
   Ter a alma e o corpo nus.

C7M         E7            Am7    C7(9)
   Se eu quiser falar com Deus
F7M         Bb7M     C7M
   Tenho que aceitar a dor
               E7          Am7    C7(9)
   Tenho que comer o pão
F7M      Bb7M        C7M
   Que o diabo amassou
C7M     E7          Am7    C7(9)
   Tenho que virar um cão
F7M      Bb7M        C7M
   Tenho que lamber o chão
                 F         E7(9-)       Am7
   Dos palácios, dos castelos suntuosos
              G#°
   Do meu sonho
```

Se eu quiser falar com Deus (continuação)

        E7   Am7
Tenho que me ver tristonho
      F#°   C/G
Tenho que me achar medonho
     G#°   Am7
E apesar do meu tamanho
  Ab7M   G7   C7M
Alegrar meu coração.

C7M   E7   Am7   C7(9)
  Se eu quiser falar com Deus,
F7M   Bb7M   C7M
  Tenho que me aventurar
      E7   Am7 C7(9)
  Tenho que subir aos céus
F7M   Bb7M   C7M
  Sem cordas pra segurar
C7M   E7   Am7 C7(9)
  Tenho que dizer adeus
F7M   Bb7M   C7M
  Dar as costas, caminhar
     F   E7(9-)
  Decidido pela estrada
        Am7   G#°
  Que ao findar vai dar em nada
    E7   Am7
Nada, nada, nada, nada,
   F#°   C/G
Nada, nada, nada, nada,
   G#°   Am7
Nada, nada, nada, nada,
      Ab7M D7 C7M
Do que eu pensava encontrar.

Sentado à beira do caminho

Sol Maior   *Roberto Carlos e Erasmo Carlos*

Introdução: G G7M G6 G7M G

        G   Am
Eu não posso mais ficar assim a esperar
D7   Am   D7   G   D7
Que um dia de repente você volte para mim
       G   Am
Vejo caminhões e carros apressados a passar por mim
D7   Am   D7   G D7
Estou sentado à beira do caminho que não tem mais fim.
       G   Am
Meu olhar se perde na poeira dessa estrada triste
D7   Am   D7   G   D7
Onde a tristeza e a saudade de você ainda existe
       G   Em7   Am7
Este sol que queima no meu rosto um resto de esperança
D7   Am7   D7
De ao menos ver de perto o seu olhar
                G   Dm7 G7
Que eu trago na lembrança.

C   D7   G   Dm7 G7 C
Preciso acabar logo com isso
      D7   G   E7   Am D7
Preciso lembrar que eu existo, eu existo, eu existo.

      G   Am7
Vem a chuva e molha o meu rosto e então eu choro tanto
D7   Am7   D7
Minhas lágrimas e os pingos dessa chuva
           G   D7
Se confundem no meu pranto
      G   Am7
Olho para mim mesmo e procuro e não encontro nada
D7   Am7   D7   G
Sou um pobre resto de esperança à beira dessa estrada.

D7   G
Carros, caminhões, poeira, estrada,
                       Am
tudo se confunde em minha mente
D7   Am   D7
Minha sombra me acompanha e vê

Sentado à beira do caminho (continuação)

                   G
que estou morrendo lentamente
D7   **G**   **D7**   **Am7**
Só você não vê que eu não posso mais ficar aqui sozinho
  Am   **Am7**   **D7**   **G**
Esperando a vida inteira por você sentado à beira do caminho.

Lá, lá, lá... etc.

Sete Marias

Som rural - Dó Maior   **Sá e Guarabyra**

       C7   F   F   C
Sete Marias tinha a vila dos meninos
       C7   F   C
Sete Marias dentro do sertão
      C7(9)   F   C
Sete destinos diferentes, sete sinais
      C7(9)   F   C
Sete caminhos para o coração
             Am
Maria do Rosário casou, foi pra roça
                      C
Viver da mandioca que tirar do chão.
              Am
Das Dores, mais artista, lá se foi com o circo
               C   G7
Nos braços do palhaço, louca de paixão.
     C7
O povo diz que Maria Bonita ainda espera
    F   F#°
A vinda de outro Lampião
      C   G/B   Am   F   Bb
Só não se sabe de Maria Aparecida, desaparecida
Bb
Dentro do meu coração.
C7 F C   D7 C
Eh, eh, eh, etc. ô ô ô.

          Am
Maria de Lourdes mora no estrangeiro
                 C
Pra longe foi levada por um alemão,
   Am
Das Graças, encantada moça feiticeira,
               C
Virou coruja e mora num grotão.
     C7
Dentro da igreja Maria da Glória
   F   F#°
Beata arrependida, reza uma oração,
 C   G/B   Am
Traz dentro dela o filho de um vaqueiro
  F   Bb   F
Que disse que era um anjo da anunciação, anunciação.
C7 F C   D7 C
Eh, eh, eh, etc. ô ô ô.

Copyright 1979 by Irmãos Vitale S.A. Ind. e Com.

Violão não se empresta a ninguém

Samba - Sol Maior *Benito di Paula*

Introdução: G7M   Am7   Bm7   G   D7

G7M   B7   Em C7M   G7   C7M G7(13)
Onde está você com o meu violão
C7M   A#°   Bm7
Se você chegar fora de hora
Em7   Am7   D7   G
Não deixo você desfilar no meu cordão
            D7
(Não deixo não)
       Em7   Am7
Cinco e meia, seis e meia
    D7   G6(9)
Esperei você não veio
             Dm7 G7   C7M
Eu bem disse outro dia
     B7   Em7
Violão não se empresta a ninguém
      C7M Bm7   Am7
Espero mais meia hora
       A#°   Bm7
E se você não chegar
        Em7   Am/C
Não aceito conversa mole
Am7   D7
Não aceito desculpa
                    G
E não vai desfilar.
       Am7   D7
(Não deixo não)

Vai passar

Sambão - Sol Maior   **Francis Hime e Chico Buarque de Hollanda**

Introdução: G   G7M   G6

G7M
Vai passar
       Bm7 Bb° Am
Nesta avenida um samba po - pu - lar
E7(5+) Am7 E7 Am
 Cada paralelepípedo

Da velha cidade
    D7
Esta noite vai
   G7M E7(9-) A7 D7(13)
Se arrepiar
G7M G7
Ao lembrar
         C G#m7(5-)
Que aqui passaram sambas imortais
     Bb°   Bm7 E7(9-)
Que aqui sangraram pelos nossos pés
          A7 D7
Que aqui sambaram nossos ancestrais.

    Gm
Num tempo,
        Cm7 F7
Página infeliz da nossa história
         Eb7
Passagem desbotada na memória
A7   Am7 D7
 Das nossas novas gerações
    Dm7
Dormia,
G7   Cm7
 A nossa pátria mãe tão distraída
         Em7(5)
Sem perceber que era subtraída
A7   Dm7
 Em tenebrosas transações

F7   Bb
 Seus filhos,
Bb7M
Erravam cegos pelo continente
   Bb6   Fm6
Levavam pedras feito penitente

Vai passar (continuação)

    G7   Cm
Erguendo estranhas catedrais.
  G7   Cm7   Ebm6
Um dia, afinal,
                       Bb7M   G7
Tinham direito a uma alegria fugaz
                 C7
Uma ofegante epidemia
Cm7   F7   Bb
Que se chamava carnaval
     D7   G
O carnaval, o carnaval,
    G   Bm7
Vai passar

Palmas para a ala dos barões famintos
G   F7M
O bloco dos napoleões retintos
E7   Am
E os pigmeus do boulevard
E7   Am   Cm6
Meu Deus, vem olhar,
               G   E7
Vem ver de perto uma cidade a cantar
       A7
A criação da liberdade
Am7   D7   G7
Até o dia clarear.

G7   Cm   Am7(5-)
Ai, que vida boa, oleré
D7   Gm
Ai, que vida boa, olará
Am7(5-)   D7   G7
O estandarte do sanatório geral

Vai passar.

    Cm   Am7(5-)
Ai, que vida boa, oleré
D7 G   Em7
Ai, que vida boa, olará
A7   D7   G
O estandarte do sanatório geral
D7
Vai passar...

Viola enluarada

Dó Maior   *Marcos Valle e Paulo Sérgio Valle*

C7M   **G/B**
A mão que toca o violão
   Gm/Bb   **F/A**
Se for preciso faz a guerra
Fm/Ab   **C7M**   **G7**
Mata o mundo, fere a terra
C7M   **G/B**
A voz que canta uma canção
   Gm/Bb
Se for preciso
       F/A   **Fm/Ab**   **G7(4) G7 C6**
Canta um hino, louva a mor - te
C7M   **G/B**
Viola em noite enluarada
   Gm/Bb   **F/A**
No sertão é como espada
Fm/Ab   **C7M**   **G7**
Esperança de vingança
  C   **G/B**
O mesmo pé que dança um samba
   Gm/Bb   **F/A**   **Fm/Ab**
Se preciso vai à luta
      G7(4) G7 C6
Capoei - ra
C7M   **D/C**   **Dm/C#**   **G7**
Quem tem de noite a companhei - ra
C7M   **D/C**   **Dm/C**   **G7**
Sabe que a paz é passagei - ra
C7M   **D/C**   **Dm/C G7**
Pra defendê-la se levanta
Dm7(5-)   **G7**
E grita "Eu vou!"
C7M   **G/B**
Mão, violão, canção, espada
   Gm/Bb   **F/A**
E viola enluarada
Fm/Ab   **C7M**   **G7**
Pelo campo e cidade
C7M   **G/B**   **Gm/Bb**
Porta-bandeira capoeira desfilando
     F/A
Vão cantando
Fm/Ab   **G7(4) G7 C6**
Liberda - de!

Serenata da chuva

Samba-canção - Sol menor   *Ewaldo Gouveia e Jair Amorim*

Introdução: Gm7   Cm   F7   Bb7M   Gm/Bb   A7(9)   D7

Gm   D7
Só... lá fora a chuva que cai
Fm/Ab   G7   Cm
Só...   eu pego o meu violão
F7(4)   F7   Bb7M
Ai,   tanjo o bordão
                Bb7M
E esta canção
                    Am7(5)   D7
Tão triste sai...
Gm   D7
Sou um seresteiro a sonhar
Fm/Ab   G7   Cm
Ai,   sem ter ninguém, sem luar
Am7(5-)   D7
Canto... e a chuva fria cai
Gm/Bb   A7
Canto nesta noite assim
    Ab   D7   Gm
Chove solidão dentro de mim
G7M   Em   E7(9-)
Onde andará, neste momento, o meu amor?
Am   G#°   Am7   D7
Em que pensará, longe de mim, sem meu calor?
Cm7   D/C
Tão sozinho agora estou...
   Gm/Bb   A7
Chove... e a chuva não tem fim...
              D7   Gm   Cm/Eb D7
Chove esta saudade sobre mim.

Feitinha pro poeta

Sol Maior   ***Baden Powell e Lula Freire***

```
              Am7(9)  D7(13)     G6(9)
Ah! Quem me dera ter  a  namo - rada
            Gm7(9)   C7(13)   F#7(9-)
Que fosse para mim a madru - gada
              B7(13-)      Em7(9)
De um dia que seria a minha vida
            C#m7(11) F#7(9+) Bm7
E a vida que se leva é  uma   parada
              Am7(9)   D7(13)   G6(9)
E quem não tem amor não tem é nada
                C7(13)        F6(9)
Vai ter que procurar sem descansar
              Dm7                E7/4
Tem tanta gente aí com amor pra dar
              E7         A7(9)
Tão cheia de paz no coração
            Am7(9) D7(13)   G6(9)
Que seja carioca    no  balanço
                Gm7(9)  C7(13)   F#7(9-)
E veja nos meus olhos   seu  descanso
              B7(13)        Em7(9)
Que saiba perdoar tudo o que faço
              C#m7(11)  F#7(9+)  Bm7
E querendo beijar  me dê um abraço
                Am7(9)  D7(13) G6(9)
Que fale de chegar  e de  sorrir
              C7(13)        F6(9)
E nunca de chorar e de partir
              Dm7                E7/4
Que tenha uma vozinha bem macia
            E7         A7(9)
E fale com carinho da poesia
              Am7(9)  D7(13)   G6(9)
Que seja toda feita  de   carinho
            Gm7(9)  C7(13)    F#7(9-)
E viva feliz no   meu cantinho
              B7(13-)        Em7(9)
Que saiba aproveitar toda a alegria
            C#m7(11)   F#7(9+)   Bm7
E faça da tristeza o que eu      faria
              Am7(9)  D7(13)  G6(9)
Que seja na medida e nada mais
```

Feitinha pro poeta (continuação)

       C7(13)   **F6(9)**
Feitinha pro Vinícius de Moraes
           Dm7   **E7(9)**
Enfim, que venha logo e ao chegar
       A7(9)   **Dm7 F7**
Vai logo me deixando descansar
  E7 Eb7   **Dm7 F7**   **E7 A7(9) D6(9)**
Descansar... descansar... descansar.

Serenata do adeus

Dó Maior   *Vinícius de Moraes*

   Cm(add9) Fm6(9)   **Cm(add9)**
Ai,   a lua que no céu surgiu
Fm6(9)   **Cm(add9)** **Ab°**
Não é a mesma que te viu
                Eb7M **Fm6(9)**
Nascer dos braços meus
Cm(add9) Fm6(9)   **Cm(add9)** **Fm6(9)**
Cai   a noite sobre o nosso amor
          Cm(add9) **Abm6**
E agora só restou do amor
           Cm
Uma palavra: adeus
Cm/Eb   **D7**
Ai, vontade de ficar
         Fm6 **G/F**
Mas tendo que ir embora
Cm/Eb   **D7**   **Db7(11+)**
Ai, amar é se ir morrendo pela vida afora
     Dm7(5-)
É refletir na lágrima
     Cm/Eb
Um momento breve
   Fm7   **Gm** **G7(9-) Cm(add9) Fm6(9) Cm(add9)**
De uma estrela pura, cuja luz morreu
Fm6(9) Cm(add9) Fm6(9)   **Cm(add9)**
Ah,   mulher, estrela a refulgir
Fm6(9)   **Cm(add9)** **Ab°**
Parte, mas antes de partir
       Eb7M **Fm6(9)**
Rasga o meu coração
  Cm(add9) Fm6(9)   **Cm(add9)**
Crava   as garras no meu peito em dor
Fm6(9)   **Cm(add9)** **Abm6**   **Cm**
E esvai em sangue todo o amor, toda desilusão
Cm/Eb   **D7**
Ai, vontade de ficar
         Fm6 **G/F**
Mas tendo que ir embora
Cm/Eb   **D7**   **Db7(11+)**
Ai, que amar é se ir morrendo pela vida afora
     Dm7(5-)   **Cm/Eb**
É refletir na lágrima o momento breve
    Fm7   **A$^7_4$** **Gm6/Bb**
De uma estrela pura cuja luz morreu
  A$^7_4$ **Abm6**   **Cm(add9) Em(add9) Cm7($^9_{11}$)**
Numa noite escura triste como eu.

Copyright 1958 by Editora Musical Arapuã Ltda.

Ave Maria dos namorados

Sol Maior   *Ewaldo Gouveia e Jair Amorim*

G
Ave Maria
   G7M
Rogai por nós
   Am7
Os namorados

E iluminai
   D7
Com vossa luz
   G6
Nossos amores

Se somos nós
   G7
Hoje ou depois
   C   **Cm**
Mais pecadores
   G6 **Em**
Por nós rogai
   Am7 **D7**
E o nosso amor
   G6
Perdoai

Bendita sois
   G7M
Por todo bem
   Am7
Que me fizestes

E abençoai
   D7
O amor que destes
   G7M
Para mim
   G7
Mas não deixeis

Que entre nós dois
   C   **Cm**
Exista mais ninguém
   G6   **Em7**
Que seja assim
   Am7 **D7** **G6**
Até o fim, Amém.

Cigano

Dó sustenido menor   ***Djavan***

C#m7(9)   **B7**
Te querer
        E7M(9)   **D#m7(5-)   G#7(13-)**
Viver mais pra ser e - xa - to
C#m7(9)   **B7**
Te seguir
    E7M(9)
E poder chegar
        D#m7(5-) G#7(13-)
Onde tudo é só meu
C#m7(9)   **B7**
Te encontrar
     E7M(9)   **D#m7(5-)   G#7(13-)**
Dar a cara pro teu bei - jo
  C#m7(9)   **B7**
Correr atrás de ti feito cigano
       E7M(9)
Cigano, cigano
   D#m7(5-)   **G#7(13-)**
Me jogar sem medir
C#m7(9)   **B7**
Viajar
     E7M(9)   **D#m7(5-)   G#7(13-)**
Entre pernas e deli - cias
C#m7(9) **B7**   **E7M(9)**
Conhecer   pra notícias dar
   D#m7(5-)   **G#7(13-)**
Devassar   sua vida
C#m7(9)   **B7**
Resistir
     E7M(9)   **D#m7(5-)   G#7(13-)**
Ao que pode o pensamen - to
 C#m7(9)   **B7**
Saber chegar no seu melhor momento
        E7M(9)
Momento, momento
  D#m7(5-)   **G#7(13-)**
Pra ficar   e ficar
C#7(9)   **F#7(13)**
Juntos, dentro, horas
C#7(9)   **F#7(13)**
Tudo ali às claras

Copyright 1989 by Luanda Edições Musicais Ltda.

Cigano (continuação)

B7/4(9)   **B7(9)**
Deixar crescer
E7M(9)   **G#7(13-)**
Até romper
C#m7(9)   **B7**
A manhã
       E7M(9)   **D#m7(5-)**   **G#7(13-)**
Como o mar está sere - no
C#m7(9)   **B7**
Olha lá
     E7M(9)
As gaivotas já
    D#m7(5-)   **G#7(13-)**
Vão deixar suas ilhas
C#m7(9)   **B7**
Veja o sol
    E7M(9)   **D#m7(5-)**   **G#7(13-)**
É demais esta cida - de!
C#m7(9)
A gente vai ter
    B7   **E7M(9)**   **D#m7(5-)**   **G#7(13-)**
Um dia de calor...

Bye bye Brasil

Ré Maior   ***Chico Buarque e Roberto Menescal***

Introdução: G#m7   C#7(13)   F#7M   B7(13-)

Em7(9)   **A$^7_4$(9)**
Oi, coração, não dá pra falar muito não
                D7M(9)
Espera passar o avião
                  F#m7(9)
Assim que o inverno passar
B7(13)   **Em7(9)**
Eu acho que vou te buscar
           A$^7_4$(9)
Aqui tá fazendo calor
                 Am7
Deu pane no ventilador
                D7M(9)
Já tem fliperama em Macau
D7(b9)   **G7M**   **F#7(13-)**
Tomei a costeira em Belém do Pará
B7M   **G#m7**
Puseram uma usina no mar
    Am7   **D$^7_4$(9)**   **F#m7(9) B7(13-)**
Talvez fique ruim pra pescar, meu amor.

Em7(9)   **A$^7_4$**
No Tocantins, o chefe dos Parintintins
              D7M(9)
Vidrou na minha calça Lee
              F#m7(9)
Eu vi uns patins pra você
B7(13-)   **Em7(9)**
Eu vi um Brasil na TV
           A$^7_4$(9)
Capaz de cair um toro
                Am7
Estou me sentindo tão só
D$^7_4$(9)   **Ab7M**
Oh! Tenha dó de mim
Ab7(13-) **G7M**   **C7(9)**
Pin - tou uma chance legal
         F#m7(9)   **Bm7**
Um lance lá na capital
Bm/A **G#m7(11)**   **C#$^7_4$(9) C#7(9-)**   **F#m7 B7(9-)**
Nem tem que ter ginasial,   meu amor.

Bye bye Brasil (continuação)

Em7(9)   A$^7_4$(9)
No Tabariz o som é que nem dos Bee Gees
           D7M(9)
Dancei com uma dona infeliz
        F#m7(9)
Que tem um tufão nos quadris
B7(13-)   Em7(9)
Tem um japonês "trás" de mim
    A$^7_4$(9)
Eu vou dar um pulo em Manaus
          Am7
Aqui tá quarenta e dois graus
       D$^7_4$(9)
O sol nunca mais vai se pôr
      G7M   F#7(13-)
Eu tenho saudade da nossa canção
   B7M   G#m7
Saudades de roça e sertão
     Am7   D$^7_4$(9)   F#m7(9) B7(13-)
Bom mesmo é ter um caminhão, meu amor.

Em7(9)   A$^7_4$(9)
Baby bye bye, abraços na mãe e no pai
        D7M(9)
Eu acho que vou desligar
     F#m7(9)
As fichas já vão terminar
B7(13-)   Em7(9)
Eu vou me mandar de trenó
    A$^7_4$(9)
Pra rua do sol, Maceió
         Am7
Peguei uma doença em Ilhéus
D$^7_4$(9)   Ab7M
Mas já tou quase bom
Ab7(13-) G7M   C7(9)
Em   março vou pro Ceará
   F#m7(9)   Bm7
Com a bênção do meu orixá
Bm/A G#m7(11)   C#$^7_4$(9) C#7(9-)   F#7M B7(9-)
Eu acho bauxita por lá,   meu amor.

Em7(9)   A$^7_4$(9)
Bye, bye Brasil, a última ficha caiu
        D7M(9)
Eu penso em vocês night and day

Bye bye Brasil (continuação)

          F#m7(9)
Explica que tá tudo ok
B7(13-)   Em7(9)
Eu só ando dentro da lei
       $A^7_4(9)$
Eu quero voltar, podes crer
       D7M(9)
Eu vi um Brasil na TV
         F#m7(9)
Peguei uma doença em Belém
B7(13)   Em7(9)
Agora já tá tudo bem.

      $A^7_4(9)$
Mas a ligação tá no fim
      D7M(9)
Tem um japonês "trás" de mim
      F#m7(9)
Aquela aquarela mudou
B7(13-)   Em7(9)
Na estrada peguei uma cor
     $A^7_4(9)$
Capaz de cair um toro
     D7M(9)
Estou me sentindo um jiló
     F#m7(9)
Eu tenho tesão é no mar
B7(13-)   Em7(9)
Assim que o inverno passar
    $A^7_4(9)$
Bateu uma saudade de ti
     D7M(9)
Tô a fim de encarar um siri
     F#m7(9)
Com a bênção do Nosso Senhor
B7(13-)   Em7(9)
O sol nunca mais vai se pôr.

Se...

Lá Maior   *Djavan*

Introdução: A   D   F#m7(11)   E   A   D   F#m7(11)   E   A   D   F#m7(11)   E   A   D   F#7(11)   E

     A   D   F#m7
Você disse que não sabe se não
    A   D   C#m7 D7M(9)
Mas também não tem certeza que sim
     G#m7 F#m7   B7
Quer saber? Quando é assim
       D C#m7 Bm7   E$\frac{7}{4}$(9)
Deixa vir do coração
GM7($^6_9$) A   D   F#m7
Você sabe que eu só penso em você
    A   D   C#m7 D7M(9)
Você diz que vive pensando em mim
    G#m7
Pode ser
 F#m7   B7
Se   é assim
    D   C#m7
Você tem que largar a mão do não
D   C#m7
Soltar essa louca,   arder de paixão
    D   C#m7
Não há como doer pra decidir
  Bm7
Só dizer sim ou não
      D C#m7 Bm7 E$\frac{7}{4}$(9)   A   D F#m7(11) E
Mas você a - do - ra um se...

A   D   F#m7(11)   E
Eu levo a sério mas você disfarça
A   D   F#m7(11)   E
Você me diz à beça e eu nessa de horror
A   D   F#m7(11)   E
E me remete ao frio que vem lá do Sul
A   D   F#m7(11)   E
Insiste em zero a zero e eu quero uma a um
A   D   F#m7(11)   E
Sei lá o que te dá, não   quer meu calor
A   D   F#m7(11)   E
São Jorge, por favor, me empresta o dragão
A   D   F#m7(11)   E
Mais fácil aprender japonês em braille
A   D   F#m7(11)   E A D F#m7(11) E A D F#m7(11) E
Do que você decidir se dá ou não.

Cirandeiro

Sol menor   *Edu Lobo e Capinan*

Refrão:
Gm
Oh! Cirandeiro
  Cm   **Gm**
Oh! Cirandeiro oh   **BIS**
  Cm   **Gm**
A pedra do teu anel
     D7   **Gm**
Brilha mais do que o sol.

        D7
A Ciranda de estrelas
           Gm
Caminhando pelo céu
  Cm   **Gm**
É o luar da lua cheia
 Cm
É o farol de Santarém
    Gm Cm **Gm**
Não é lua nem estrela
  Cm   **Gm**
É saudade clareando
  Ab   **D7**   **Gm**   **BIS**
Nos olhinhos de meu bem.

Refrão: Oh! Cirandeiro, etc.

  Gm   **D7**
A ciranda de sereno
          Gm
Visitando a madrugada
  Cm   **Gm**
No espanto achei dormindo
  Cm   **Gm**
Nos sonhos da namorada
  D7   **Gm**
Que serena dorme e sonha
  Cm   **Gm**
Carregada pelo vento   **BIS**
  Ab   **D7**   **Gm**
No andor de nuvem clara.

Copyright 1972 by Irmãos Vitale S.A. Ind. e Com.

Cirandeiro (continuação)

Refrão: Oh! Cirandeiro, etc.

Gm   **D7**
São sete estrelas correndo
               Gm
Sete juras a jurar
       Cm   **Gm**
Três Marias, três Marias
   Cm   **Gm**
Se cuidem de bom cuidar
   D7   **Gm**
Do amor e o juramento
         Cm   **Gm**
Que a estrela-d'alva chora   **BIS**
      Ab   **D7**   **Gm**
De nos sete acreditar.

A mulher que ficou na taça

Valsa-canção - Ré menor   **Francisco Alves e Orestes Barbosa**

Introdução: Dm A7 Dm Bb E7/B A7

Dm
              C7
Fugindo da nostalgia
         Bb7
Vou procurar alegria
       A7   D7(9-) Gm7
Na ilusão dos cabarés.
              Dm
Sinto beijos no meu rosto
          E7
E bebo por meu desgosto
             A7
Relembrando o que tu és.
            C7
E quando bebendo espio
         Bb7
Uma taça que esvazio
        A7   D7(9-) Gm7
Vejo uma visão qualquer
              Dm
Não distingo bem o vulto
          E7
Mas deve ser do meu culto
   A7   Dm
O vulto dessa mulher.

Bb   B°   F/C
Quanto mais ponho bebida
   F/A   Gm
Mais a sombra colorida
  C7   Dm D7 Gm
Aparece ao meu olhar,
         Dm
Aumentando o sofrimento
         E7
No cristal em que sedento,
       A7 Bb
Quero a paixão sufocar.
   B°   F/C
E no anseio da desgraça
  F/A   Gm
Encho mais a minha taça

A mulher que ficou na taça (continuação)

  C7   Dm   D7 Gm
Para afogar a visão
                      Dm
Quanto mais bebida eu ponho
                    E7
Mais cresce a mulher no sonho
    A7   Dm
Na taça e no coração.

Bom dia

Lá bemol Maior   ***Herivelto Martins e Aldo Cabral***

Introdução: Ab Fm Bbm Eb7 Ab Bbm Eb7 Ab Bbm Eb7 Ab Bbm Eb7

[Ab] Amanheceu, que [Ab7M] surpresa [Ab6]
[Bbm] Me reservava a [Eb7] tristeza [Ab]
[Bbm] Nessa manha muito [Eb7] fria [Ab] [C7]
[Fm] Houve algo [C7] de anormal [Fm]
[F7] Tua voz habitual [Bbm]
[Eb7] Não ouvi dizer
[Ab] Bom-dia!

[Ab] Teu travesseiro [Ab7M] vazio [Ab6]
[Bbm] Provocou-me um [Eb7] arrepio [Ab]
[Ab7] Levantei-me sem [Db] demora
[Dbm] E a ausência dos teus [Ab] pertences
[F7] Me disse, não te [Bbm] convences
[Eb7] Paciência, ela foi [Ab] embora.

[C7] Nem sequer [Fm] no [C7] apartamento [Fm]
[C7] Deixaste um eco, um [Fm] alento
[Bbm] Da tua [Eb7] voz tão [Ab] querida
[Eb7] E eu concluí num [Ab6] repente
Que o amor é [G7] simplesmente
[G7(9-)/B] O ridículo [C7] da vida.

Copyright 1942 by Irmãos Vitale S.A. Ind. e Com.

Bom dia (continuação)

   Fm   **C7**   **Fm**
Num recurso derradeiro
  C7   **Fm**
Corri até o banheiro
Bbm   **Eb7**   **Ab**
Pra te encontrar, que ironia
 Eb7   **Ab6**
Que erro tu cometeste
   G7
Na toalha que esqueceste
 Cm   **F7**   **Bbm** **Eb7**
Estava escrito bom-dia.

Amar é tudo

Dó Maior *Djavan*

Introdução: C7M(9)   G#7   C#7(9+)   G7(13)   G7(5+)

  C7M(9)
Meu amor,

Eu nem sei te dizer quanta dor
       C#7   C#7(9+)
Mesmo a noite não sabia
            Dm7(5-) G7(13) G7(5+)
O que o amor escondi -   a
  C7M(9)
Minha vida,

Que fazer com a minha alma perdida
     G#7   C#7(9+)
Foi um raio de ilusão
         Dm7(5-) G7(13) G7(5+)
Bem no meu coração
  C7M(9)
E veio com tudo
Bb/C C7   F7M   Bb7(9)
Dissabor e tudo
Cm7(9)
Eu sei,
Fm/Bb   G#7M Dm7(5-) G7(5+)
Que eu não sei viver   sem ela
Cm7(9)
Assim
Fm/Bb   G#7M   Dm7(5) G7(5+)
Um simples talvez me desespe -   ra
Cm7(9)
Ninguém
Fm/Bb   G#7M   Dm7(5)   G7(5+)
Pode querer bem   sem ralar
Cm7(9)   Fm/Bb   G#7M
Não há   nada o que fazer
   Dm7(5-) G7(5+)
Amar é tudo.

Calúnia

Samba-canção - Ré Maior   ***Marino Pinto e Paulo Soledade***

Introdução: Gm   D   F°   Em7   A7   D   A7

    D   F°   Em7
Quiseste ofuscar minha fama
A7(13)   D6
Até jogar-me na lama
         A7   D
Porque eu vivo a brilhar
Gm   D
Sim, mostraste ser invejoso
  F°   Em7
Viraste até mentiroso
A7   D   Gm C7
Só para caluniar.

F   F#°   Gm7
Deixa a calúnia de lado se de fato és poeta
C7   F
Deixa a calúnia de lado que ela a mim não afeta
               A7
Se me ofendes tu serás ofendido
        Dm   A7   Dm
Pois quem com ferro fere, com ferro será ferido.

Caso sério

Si menor   *Rita Lee e Roberto de Carvalho*

Introdução: Bm7   C#m7   Bm7   C#m7   F#m7

Bm7   F#m7
Eu fico pensando em nós dois

B7(9-)   Em7
Cada um na sua

               G#m7(5-) C#7(9+) F#/E
Perdidos na ci - dade   nua

F#7(5+)   Bm7
Empapuçados de amor

                    F#m7
Numa noite de verão

B7(9-)   Em7
Ai! Que coisa boa!

              G#m7(5-) C#7(9+) F#/E
A meia-luz, à   sós, à-toa

F#7(5+)   B7M A/B B7
Você e eu somos um

        Em7   A7
Caso sério

               Em7   A7
Ao som de um bolero

      Em7   A7
Dose dupla

               Em7   A7
Românticos de Cuba Libre

      Em7   A7
Misto-quente

               C#m7(4) F#7(5 +)
Sanduíche de gente.

Latin Lover

Dó menor   *João Bosco e Aldir Blanc*

Introdução: Cm7   Cm6   Cm7   Cm6

Cm7
Nos dissemos
    Cm6   **Bbm7**
Que o começo é sempre sempre inesquecível
    Eb7(9)   **Dm7(5-)**
E no entanto, meu amor, que coisa incrível
  G#7(5-)   **G7**   **Cm7** **Fm7(9) G7(9+)**
Esqueci nosso começo inesquecível.
     Cm7   **Cm6**
Mas me lembro de uma noite
          Bbm7
Sua mãe tinha saído
   Eb7(9)   **Dm7(5-)**
Me falaste de um sinal adquirido
  G#7(5)   **G7**   **C7M**
Numa queda de patins em Paquetá
 Gm7   **C7(9-)**
Mostra... doeu?

Ainda dói?
       Bm7(5-) **E7/(9-)**
A voz mais rouca
  Am7   **D6**   **Fm6**   **G7**
E os beijos, cometas percorrendo o céu da boca
 C7M   **Bbm7**   **Eb7(9)**
As lembranças acompanham até o fim o latin lover
       Ab   **Ab5+**
Que hoje morre
  Ab6   **Ab5+**   **G7(5+)**
Sem revólver, sem ciúmes, sem remédio
 Cm7
De tédio.

Sorriso de criança

Sol Maior   **Dona Ivone Lara e Délcio Carvalho**

G   Am   D7   G E7
Sorria mais criança pra não sofrer
       Am   D7   G
Eu vi você, criança, no alvorecer
        D   C   Bm E7
O sol se abrindo aos encantos de uma flor
     A7   D7   G E7
Realizado o sonho... de um grande amor
     Am D7   Bm E7
Eu embalei... eu embalei
        Am   D7   G E7
Nos braços meus criança... eu embalei
     Am D7   G E7
Eu embalei... eu embalei
        Am   D7   G D7
Nos braços meus criança... eu embalei
   G   C7   G B7
E aprenda lutar pela vida pra se prevenir
   Em   B7   Em G7(9)
Conheça todas as maldades pra não se iludir
   C   Cm
Espalhe amor por onde for
   Bm   E7
Quem sabe amar destrói a dor
A7   D7
Seja todo seu viver
   Dm   G7
Um mundo cheio de prazer
   C   Cm
Espalhe amor por onde for
   Bm   E7
Quem sabe amar destrói a dor
A7   D7
Seja todo seu viver
   G   E7
Um mundo cheio de prazer
   Am
Eu embalei...

Copyright 1979 by Warner Chappell Edições Musicais Ltda.

Canção do sal

Ré Maior *Milton Nascimento*

D6
Trabalhando o sal
     Am7
É amor, o suor que me sai
Bm7 **Am7**
Vou viver cantando
Cm7 **D7(9+)** **G6**
O dia tão quente que faz
G/A **D/A**
Homem ver criança
   G/A **D/A**
Buscando conchinhas no mar
   Am7 **D7** **G7M**
Trabalho o dia intei - ro
   E7 **A7** **D**
Pra vida de gente levar
Dm7   **E/D** **Eb/D**
Água vira sal lá na sali - na
Dm7   **E/D** **Eb/D**
Quem diminuiu água do mar
Dm7   **E/D** **Eb/D**
Água enfrenta o sol lá na sali - na
Dm7   **E/D** **Eb/D**
Sol que vai queimando até queimar
D6
Trabalhando o sal
     Am7
Pra ver a mulher se vestir
Bm7 **Am7**
E ao chegar em casa
Cm7 **D7(9+)** **G6**
Encontrar a família a sorrir
F/A **D/A**
Filho vir da escola
G/A **D/A**
Problema maior, estudar
   Am7 D7 **G7M**
Que é pra não ter meu trabalho
  E7 **A7** **D**
E vida de gente levar.

Cor de rosa choque

Dó Maior   *Rita Lee e Roberto de Carvalho*

```
   C                F
Nas duas faces de Eva
 G7         F   C
A bela e a fe - ra
Bb           F              G7
Um certo sorriso de quem nada quer
  C    F    G7
Sexo frágil
             F    C
Não foge à lu - ta
Bb           F              G7
E nem só de cama vive a mulher.

                 Gm     C7
Por isso nao provoque
                 F
É cor de rosa-choque
Dm       Gm
Não provoque
C7             F
É cor de rosa-choque
             Gm
Não provoque
C7             F     Dm
É cor de rosa-choque
                 Gm    C7
Por isso nao provoque
                 F    G7
É cor de rosa-choque

    C                 F
Mulher é bicho esquisito
 G7        F    C
Todo mês san - gra
Bb           F              G7
Um sexto sentido maior que a razão
    C           F
Gata Borralheira
 G7        F   C
Você é prince - sa
Bb           F              G7
Dondoca é uma espécie em extinção.
```

Cor de rosa choque (continuação)

        Gm   **C7**
Por isso não provoque
       F   **Dm**
É cor de rosa-choque
    Gm
Não provoque
C7   **F**
É cor de rosa-choque
    Gm
Não provoque
C7   **F**   **Dm**
É cor de rosa-choque
        Gm **C7**
Por isso não provoque
       F
É cor de rosa-choque
    Gm   **C7**
Não provoque
       F
É cor de rosa-choque

Blues da piedade

Mi Maior   *Frejat e Cazuza*

Introdução: B7   E   G   A   E

E
Agora eu vou cantar pros miseráveis
G
Que vagam pelo mundo derrotados
A
Dessas sementes malplantadas
      B7
Que já nascem com cara de abortadas
E
Pra pessoas de alma bem pequena
   C
Remoendo pequenos problemas
A
Querendo sempre aquilo
            E
Que não têm

Pra quem vê a luz
        C
Mas não ilumina suas mini-certezas
A
Vive contando dinheiro
      E
E não muda quando é lua cheia
A   E
Pra quem não sabe amar
A
Fica esperando
                  E
Alguém que caiba no seu sonho
            A
Como varizes que vão aumentando
      B7
Como insetos em volta da lâmpada
G   F#
Vamos pedir piedade
A   E
Senhor, piedade
G   F#   E
Pra essa gente careta e covarde
G   F#
Vamos pedir piedade

Copyright 1988 by Warner Chappell Edições Musicais Ltda.

Blues da piedade (continuação)

A   E
Senhor, piedade
 A   E
Lhes dê grandeza e um pouco de coragem.
E
Quero cantar só para as pessoas fracas
C
Que estão no mundo e perderam a viagem
A
Quero cantar o blues
            E
Com o pastor e o bumbo na praça

Vamos pedir piedade
                C
Pois há um incêndio sob a chuva rala
A
Somos iguais em desgraça
     B7   E
Vamos cantar o blues da piedade.

A terceira lâmina

Sol menor *Zé Ramalho*

Introdução: Bm   C#°   D7+   Em   Bm   F#7   Bm

    C#°   D7M
É aquela que fere, que virá mais tranqüila
    Em   Bm
Com a fome do fogo, com pedaços da vida
     A
Com a dura semente,
  C#°   F#7
Que se prende no fogo de toda multidão
                   Bm
Acho bem mais do que pedras na mão
   C#°   D7M
Dos que vivem calados, pendurados no tempo
    Em   Bm
Esquecendo os momentos, na fundura do poço,
  F#7   Bm
Na garganta do fosso, na voz de um cantador
Bm   C#°   D7M
E virá como guerra, a terceira mensagem,
  Em   Bm
Na cabeça do homem, aflição e coragem
  A   C#°
Afastado da terra, ele pensa na fera,
  F#7
Que eu começo a devorar
          Bm
Acho que os anos irão se passar
   C#°   D7M
Com aquela certeza, que teremos no olho
Em
Novamente a idéia,
 Bm   F#7
De sairmos do poço da garganta do fosso
   Bm
Na voz de um cantor.

À primeira vista

Si Maior   *Chico César*

```
B7M              G°      G#m
Quando não tinha nada, eu quis
              A/B      E
Quando tudo era ausência, esperei
            F°
Quando tive frio, tremi
             F#7
Quando tive coragem, liguei.
B7M              G°      G#m
Quando chegou carta, abri,
              A/B      E
Quando ouvi Prince, dancei,
                F°
Quando o olho brilhou, entendi
             F#7
Quando criei asas, voei.
B7M              G°      G#m
Quando me chamou, eu vim.
              A/B      E
Quando dei por mim, tava aqui
            F°
Quando lhe achei, me perdi
G°           F#7         B7M
Quando vi você, me apaixonei.
```

Acelerou

Lá menor *Djavan*

Introdução: Am7　F7M　Bm7(5-)　E7(9-)

Am7　　　　　　　　F7M
Ando tão perdido em meus pensamentos
Am7　　　　　　　　Bm7(5-)　E7(9-)
Longe já se vão os meus dias de paz
Am7　　　　　F7M
Hoje com a lua clara brilhando
Am7　　　　　　　　Bm7(5-)　E7(9-)
Vejo que o que sinto por ti é mais
Am7　　　　　　　　F7M
Quando te vi, aquilo era quase o amor
　　　　　　Dm7　　　　　　　　Bm7(5-)　E7(9-)
Você me acelerou, acelerou, me deixou desigual
Am7　　　　　　　　F7M
Chegou pra mim, me deu um daqueles sinais
Dm7　　　　　　　　Bm7(5-)　E7(9-)
Depois desacelerou e eu fiquei muito mais
Am7　　　　　　　F7M
Sempre esperarei por ti, chegue quando
Am7　　　　　　　Bm7(5-)　E7(9-)
Sonho em teus braços dormir, descansar
Am7　　　　　　　F7M
Venha e a vida pra você será boa
Am7　　　　　Bm7(5-)　E7(9-)
Cedo é pra gente se amar a mais
　F7(9)
Muito mais perdido, quase um cara vencido

A mercê de amigo ou coisa que o valha

Você me enlouquece, você bem que merece

'Inda me aparece de minissaia
Am7　　　　　　　　F7M
Sério, o que eu vou fazer, eu te amo
Am7　　　　　　　Bm7(5-)　E7(9-)
Nada do que é você em mim se desfaz
Am7　　　　　F7M
Mesmo sem saber o teu sobrenome
Am7　　　　　　　Bm7(5-)　E7(9-)
Creio que te amar é pra sempre mais.

Minhas madrugadas

Samba - Dó Maior　　　　　　　　　　*Paulinho da Viola e Candeia*

Introdução: Dm7　D#°　C7M　Bb7　A7　Dm　Fm　G7　C　G7

C　　　　　　　　**B7**
Vou pelas minhas madrugadas
G7　　**C6**
A cantar
　　　　Ab　　　**C**　　**E7**
Esquecer o que passou
　　　　　　　　　　Am
Trago a face marcada
　　　　　　　　D7
Cada ruga no meu rosto
　　G7(9)　　　**C**
Simboliza um desgosto
　　　　　　C7　　**F**　　　　**E7**
Quero encontrar em vão o que perdi
Am
Só resta a saudade
　　D7　　**G7(9)**
Não tenho paz
　　　　　　　　　　C　　**G7**
E a mocidade que não volta mais
　　　　　　　　　C
Quantos lábios beijei

Quantas mãos afaguei
B7　　　　　　　　　　　**Em**
Só restou saudade no meu coração
Dm　　　　　　　**D#°**
Hoje fitando o espelho
C　　　　　　　　　**Bb7**　　**A7**
Hoje vi meus olhos vermelhos
Dm　　　　　　**Fm**　　**G7**　　　**C**
Compreendi que a vida que eu vivi foi ilusão.

Por causa desta cabocla

Samba - Lá bemol Maior   *Ary Barroso e Luiz Peixoto*

Introdução: Db   Dbm   Ab   F7   Bbm   Eb7

   Eb
À tarde
        C7   **Fm**
Quando de volta da serra
    Bb7(5+)   **Eb**
Com os pés sujinhos de terra
     C7   **Fm**
Vem a cabocla passar
  Cm
As flores
      Gm   **Ab**
Vêm pra beira do caminho
  Eb   **Fm**
Pra ver aquele jeitinho
    F7   **Bb7**
Que ela tem de caminhar
  Eb
E quando
    C7   **Fm**
Ela na rede adormece
  Bb7(5+)   **Eb**
E o seio moreno esquece
    C7   **Bb7** **Eb7**
De na camisa ocultar
  Ab
As rolas
  Abm   **Eb7** **Bbm**
As rolas também morenas
 C7   **Fm**
Cobrem-lhe o colo de penas
   Bb7 **Eb** **Eb7**
Pra ela se agasalhar

Ab
Noite,
    C7   **Fm**
Dos seus cabelos, os grampos
  Ab   **Bb7**
São feitos de pirilampos
    F7   **Bbm** **F7** **Bbm**
Que às estrelas querem chegar

Por causa desta cabocla (continuação)

C7
E as águas
    Fm
Dos rios que vão passando
     Bb7
Fitam seus olhos, pensando
    Eb7
Que já chegaram ao mar
 Ab
Com ela
  C7   **Fm**
Dorme toda a natureza,
F7   **Db**
Emudece a correnteza,
  Eb   **Ab** **Ebm** **F7**
Dorme o céu todo apagado
 Bbm
Somente
Dbm   **Ab**
Com o nome dela na boca
F7   **Bbm**
Pensando nesta cabocla
Eb7   **Ab**
Fica um caboclo acordado.

Eu velejava em você

Canção - Dó Maior   *Eduardo Dusek e Luiz Carlos Goes*

C
Eu velejava em você
Dm
Não finja!

Como coisa que não me vê
G7
E foge de mim...
C
A boca tremia,
F
Os olhos ardiam

Oh! Doce agonia
C
Oh! De viver
G7
De ver sua imagem

Que eu nunca via.
F   **G7**
Sua boca molhada
C
Seu olhar assanhado

Convite pra se perder

Minha alma cansada

Não faz cerimônia
F
Você pode entrar sem bater.

Pois eu já velejei em você

E foi bom de doer

Mas foi, como sempre, um sonho
C
Tão longe, risonho
G7
Sinto falta,
C
Queria lhe ver...

Juízo final

Sol menor

Nelson Cavaquinho e Élcio Soares

| Gm Ab7   D7
O sol... há de brilhar mais uma vez
| Cm Eb7   D7
A luz... há de chegar nos corações
| Gm Ab7   D7
O mal... será queimada a semente
| Cm   D7   Gm
O amor... será eterno novamente
| Cm   D7   Eb7   D7
É o juízo final, a história do bem e do mal
| Cm   D7   Eb7   D7
Quero ter olhos pra ver, a maldade desaparecer.

Repete a música 2 vezes: Gm   G7

| Cm   D7   Gm   G7
O amor... será eterno novamente
| Cm   D7   Gm
O amor... será eterno novamente.

Copyright 1967 by Editora Musical Arlequim Ltda.

Partido alto

Samba - Sol Maior *Chico Buarque de Hollanda*

G7
Diz que Deus, diz que dá
C
Diz que Deus dará
G7
Não vou duvidar, ó nega
C
E se Deus não dá
B7 **C**
Como é que vai ficar, ó nega?   **Refrão**
G7
Diz que Deus, diz que dá,
C
E se Deus negar, ó nega
B7 **C** **G7**
Eu vou me indignar e chega,

Deus dará, Deus dará.

Deus é um cara gozador,

Adora brincadeira

Pois pra me jogar no mundo
C
Tinha o mundo inteiro
C7
Mas achou muito engraçado
G7
Me botar cabreiro
Em **Am** **D7** **G**
Na barriga da miséria nasci batuqueiro.

(Eu sou do Rio de Janeiro)

Refrão: Diz que Deus, diz que dá, etc.

G7
Jesus Cristo ainda me paga,

Um dia ainda me explica

Partido alto (continuação)

Como é que pôs no mundo
       C
Essa pobre coisica

Vou correr o mundo afora,
     G7
Dar uma canjica
    Em   **Am**
Que é pra ver se alguém se embala
  D7   **G7**
Ao ronco da cuíca.

(E aquele abraço pra quem fica)

Refrão: Diz que Deus, diz que dá, etc.

G7
Deus me fez um cara fraco,

Desdentado e feio

Pele e osso simplesmente,
      C
Quase sem recheio
           C7
Mas se alguém me desafia
          G7
E bota a mãe no meio
  G7   **Am7**
Dou pernada a três por quatro
 D7   **G**
E nem me despenteio.

(Que eu já tou de saco cheio)

Refrão: Diz que Deus, diz que dá, etc.

G7
Deus me deu mão de veludo

Pra fazer carícia,

Partido alto (continuação)

Deus me deu muita saudade
        C
E muita preguiça
                    C7
Deus me deu perna comprida
        G7
E muita malícia
    E7   **Am**
Pra correr atrás de bola
   D7   **G**
E fugir da polícia.

(Um dia ainda sou notícia)

Refrão: Diz que Deus, diz que dá, etc.

Devolva-me

Fá Maior   **Renato Barros e Lilian Knapp**

Introdução: Gm Gb F

[Gm] Rasgue as minhas [C7] cartas
[Gm] E não me [C7] procure [Gm] mais
[C7] Assim será melhor, meu [F] bem
[Gm] O retrato [C7] que eu te [Gm] dei
[C7] Se ainda tens não [Gm] sei
[C7] Mas se tiver devolva-[F] me.

[A7] Deixe-me so[Dm] zinho
Porque assim eu viverei em [Gm] paz
Quero que sejas bem fe[C7] liz
Junto do seu novo ra[F] paz
[Gm] O retrato [C7] que eu te [Gm] dei
[C7] Se ainda tens não [Gm] sei
[C7] Mas se tiver devolva-[F] me.

repete parte dois

[Gm] O retrato [C7] que eu te [Gm] dei
[C7] Se ainda tens não [Gm] sei
[C7] Mas se tiver devolva-[F] me
[Dm] Devolva-me, de[Bb] volva-[F] me.

Número um

Dó menor   **Benedito Lacerda e Mário Lago**

Cm   **Fm6**
Passaste hoje ao meu lado
    G7   **Cm**
Vaidosa, de braço dado
                    G7
Com outro que te encontrou
    Cm   **D7(9)**   **G7**
E eu relembrei comovido
                  D7(9-)
O velho amor esquecido
              G7
Que o destino arruinou.

Cm   **Fm6**
Chegaste na minha vida
    G7   **Cm**
Cansada, desiludida
               G7
Triste, mendiga de amor
  C7   **Fm6**
E eu, pobre, com sacrifício
                 Cm
Fiz um céu do teu suplício
    G7   **C** **G7**
Pus risos na tua dor.

C
Mostrei-te um novo caminho
     C7M **C**
Onde com muito carinho
           G7 **C#°**
Levei-te numa ilusão
G7/D   **G7**
Tudo porém foi inútil

Eras no fundo uma fútil
     G7(5+) **C**
E foste de mão em mão.

C   **C6**
Satisfaz tua vaidade
         C
Muda de dono à vontade

Copyright 1939 by Mangione, Filhos & Cia. Ltda.

Número um (continuação)

C7   **F**
Isso em mulher é comum
Dm7   **G7(9-)**   **C**
Não guardo frios rancores
                          Fm
Pois entre os teus mil amores
       G7   **C6**
Eu sou o número um.

Poder da criação

Lá menor   **João Nogueira e Paulo César Pinheiros**

   Am   G
Não, ninguém faz samba só porque prefere
                            Am F
Força nenhuma no mundo interfere
   F#°   E7
Sobre o poder da criação
Dm   Am
Não, não precisa se estar nem feliz nem aflito
                         Dm E7
Nem se refugiar em lugar mais bonito
            Am F7 E7
Em busca da inspiração.

  Am   G
Não, ela é uma luz que chega de repente
                    F   F#°
Com a rapidez de uma estrela cadente
             E7
E acende a mente e o coração.

Dm
É, faz pensar
E7   Am
Que existe uma força maior que nos guia
   A7
Que está no ar
                      Dm
Vem no meio da noite ou no claro do dia
E7   Am A7
Chega a nos angustiar
Dm6 E7   Am   C
E   o poeta se deixa levar por essa magia
                         F E7
E um verso vem vindo e vem vindo uma melodia
                 A7(9)
E o povo começa a cantar lá laia!
F7   E7   Am7(9)
Lá lalaiá   laia, lalaiá
F7   E7   Am7(9)
Lá lalaiá   laiá.

Assim caminha a humanidade

Ré Maior *Lulu Santos*

Introdução: D

D7M
Ainda vai levar um tempo
           B7   Em7
Pra fechar o que feriu por dentro

Natural que seja assim
Gm7   D7M
Tanto pra você quanto pra mim

Ainda leva uma "cara"
D7M   B7
Pra gente poder dar risada
Em7
Assim caminha a humanidade
Gm7   D7M
Com passos de formiga e sem vontade
     B7   Em7
Não vou dizer que foi ruim
       Eb7M   D7M
Também não foi tão bom assim
     B7   Em7
Não imagine que te quero mal
     Eb7M   D7M
Apenas não te quero mais.

repete toda a primeira parte

     B7   Em7
Não vou dizer que foi ruim
       Eb7M   D7M
Também não foi tão bom assim
     B7   Em7
Não imagine que te quero mal
     Eb7M   D
Apenas não te quero mais
        E7
Não te quero mais
      G D
Não mais

Não te quero mais
     E7   G   D7M
Não mais... não mais.

A lua q eu t dei

Choro-canção Si Bemol *Herbert Vianna*

Introdução: Bb   Bb7   Gm7   Gb7M

Bb   **Bb7**
Posso te falar dos sonhos

Das flores
Gm7   **Eb**
De como a cidade mudou
Bb   **Bb7**
Posso te falar do medo
   Gm7
Do meu desejo
   Eb
Do meu amor
Bb   **Eb**
Posso falar da tarde que cai
C/E   **Bb**
E aos poucos deixa ver
D7   **Gm7**
No céu, a lua
        Gb7M   **B   Bb7   Gm7   Gb7M   (2 vezes)**
Que um dia eu te dei
Bb   **Bb7**
Gosto de fechar os olhos
   Gm7
Fugir do tempo
     Eb
De me perder
 Bb   **Bb7**
Posso até perder a hora
 Gm7   **Eb**
Mas sei que já passou das seis
Bb   **Eb**
Sei que não há no mundo
 C/E   **Bb**
Quem possa te dizer que não é tua
      Gb7M   **Gm7**
A lua que te dei
   D/F#   **Bb**   **Em7(5-)**
Pra brilhar por onde você for
Eb
Me queira bem
Ebm
Durma bem, meu amor
Bb   **Eb**
Eu posso falar da tarde que cai

A lua q eu t dei (continuação)

C/E **Bb**
E aos poucos deixa ver
D7 **Gm7**
No céu, a lua
Gb7M **Gm7**
Que um dia eu te dei
D/F# **Bb** **Em7(5-)**
Pra brilhar por onde você for
Eb
Me queira bem
Ebm
Durma bem
Gm7 D/F# Bb Em7(5-)
Meu amor
Eb
Durma bem
Ebm
Me queira bem

Meu amor
Ebm
A lua que eu te dei...

Praça Onze

Ré Maior   *Grande Otelo e Herivelto Martins*

  D   A7   D
Vão acabar com a Praça Onze
                        D7   G
Não vai haver mais escola de samba não vai
 Gm   D   Gm   D
Chora o tamborim, chora o morro inteiro
 Gm   D   Gm   D
Favela, Salgueiro, Mangueira, Estação Primeira
               A7   D
Guardai vossos pandeiros, guardai | **BIS**
  Gm   Bb7 A7
Porque a escola de samba não sai
 A7   D
Adeus minha Praça Onze, adeus
 D7   G
Já sabemos que vai desaparecer
               A7   D
Leva contigo a nossa recordação
 E7   A7
Mas ficarás eternamente em nosso coração
   G   Gm   D
E algum dia nova praça nós teremos
 E7 A7 D
E o teu passado cantaremos.

Estrada da vida

Dó Maior *José Rico*

  C   G7   C
Nesta longa estrada da vida,
                         G7
Vou correndo não posso parar.   **BIS**
F   C
Na esperança de ser campeão,
         G7   C
Alcançando o primeiro lugar.
F   C
Mas o tempo secou minha estrada
F   G7   C
E o cansaço me dominou,
                       G7
Minhas vistas se escureceram
F   G7   C
E o final da corrida chegou.
          G7   C
Este é o exemplo da vida,
                     G7
Pra quem não quer compreender:
F   C
Nós devemos ser o que somos,
G   G7   C
Ter aquilo que bem merecer.

Refrão

Leão ferido

Mi Maior *Biafra e Dalto*

Introdução: E/B   A/B   E/B   Am/B

  E   E5+   E6
Feche os olhos, não te quero mais
            E/D   C#7(9,11+) C#7(9-) A7M
Dentro do coração
           D7(9)   C#m7 C7(9,11+) A/B B7(9-)
Quantas vezes eu tentei falar com você
 E   E5+   E6
Eu não gosto de me ver assim
           D7(9,11+) C#7(9,11+) C#7(9-) A7M
Mas não tem solução
                D7(9)
A verdade dói demais em mim
   C#m7 C7(9,11+) A/B B7(9-)
Solidão
 E   Eb5+
Tenho que ser bandido
E   D7(9)   B/C#   C#7(9) Bb7(9,11+) A7M
Tenho que ser cruel
          D7(9)   C#m7 C7(9,11+) A/B B7(9-)
Um leão ferido, feroz
 E   Eb5+
Sou um herói vencido
 E   D7(9)   B/C#   C#7(9) Bb7(9,11+) A7M
Anjo que fere o céu
               D7(9)
Grito de amor sumido
C#m7   C7(9,11+) A/B   B7(9-)
Na voz,   e nós, onde.

Minha vida

Lá Maior   **Lulu Santos**

      A7M   F#m
Quando eu era pequeno eu achava a vida chata
  E7(4)   E7
Como não devia ser
   Bm   G6   Bm   G6
Os garotos da escola só a fim de jogar bola
  Bm   E7   D   D/E
E eu queria ir tocar guitarra na TV
  A7M   F#m
Aí veio a adolescência e pintou a diferença
  E7(4)   E7
Foi difícil esquecer
  Bm   G6   Bm   G6
A garota mais bonita também era a mais rica
  Bm   E7   D   D/E
Me fazia de escravo do seu bel-prazer
  A7M   F#m
Quando eu saí de casa minha mãe me disse:
  E7(4)   E7
Baby, você vai se arrepender
  Bm   G6   Bm   G6
Pois o mundo lá fora num segundo te devora
  Bm   E7   D   D/E
Dito e feito, mas eu não dei o braço a torcer
 D   E/D   D7M   E/D
Hoje eu vendo sonhos, ilusões de romance
  C#m   F#7(9-) Bm   C#m   Dm6
Te toco minha vida   por um troco qualquer
       A7M
É o que chamam de destino
  C#m   F#7
E eu não vou lutar com isso
  Bm   C#m   Dm6   A7M
Que seja assim enquanto é
  Bm   C#m   Dm6
Que seja assim enquanto
  Bm   C#m   Dm6
Que seja assim enquanto
  Bm   C#m   Dm6   A7M
Que seja assim enquanto é.

Metade

Sol Maior *Adriana Calcanhotto*

        Bm   Em
Eu perco o chão, eu não acho as palavras
        Bm   Em
Eu ando tão triste, eu ando pela sala
      Bm   Am
Eu perco a hora, eu chego no fim
       Bm   Am
Eu deixo a porta aberta
     D   Em   G7
Eu não moro mais em mim.

    C   C7+
Eu perco a chave de casa
D
Eu perco o freio
Bm   Em
Estou em milhares de cacos, eu estou ao meio
Am   D7   G
Onde será que você está agora?

Esperando na janela

Mi Maior

*Targino Gondim, Manuca Almeida
e Raimundinho do Acordeon*

Introdução: E   B

E		B

Ainda me lembro do seu caminhar
                          G#m
Seu jeito de olhar, eu me lembro bem
         E   B
Fiquei querendo sentir o seu cheiro
              G#m
É daquele jeito que ela tem
    E   B
O tempo todo eu fico feito tonto
                   G#m
Sempre procurando, mas ela não vem
    E   B
E esse aperto no fundo do peito
                      G#m
Desses que o sujeito não pode agüentar
       E   B
Esse aperto aumenta o meu desejo
                       E
E eu não vejo a hora de poder lhe falar.

                F#m
Por isso eu vou na casa dela ai
                G#m
Falar do meu amor pra ela vai
              F#m
Tá me esperando na janela ai ai   **BIS** (2 vezes)
    B7   E
Não sei se vou me segurar.

Pau-de-arara

Fá menor   *Guio de Morais e Luiz Gonzaga*

Introdução: Fm   C7   Fm   Bbm   F7   Bbm   Db7   C7   Db7   C7

      Fm   **F7**
Quando eu vim do sertão, seu moço, do meu bodocó,
    Bbm   **F7**   **Bbm**
A malota era um saco e o cadeado era um nó,
                  C7
Só trazia a coragem e a cara,
    Fm
Viajando no pau-de-arara,
Db7 C7   **Fm**
Eu penei,   mas aqui cheguei, **(na 3ª vez pular para o final)**
Db7 C7   **Fm**
Eu penei,   mas aqui cheguei,
Eb7
Trouxe um triângulo no matulão,
Ab
Trouxe um conguê no matulão,
G7   **C7 Fm**
Trouxe um zabumba dentro do matulão,
          F7   **Bbm**
Xote, maracatu e baião,
        Fm   **C7 Fm**
Tudo isso eu trouxe no meu matulão,

Quando eu vim do Sertão... **(repetir 3 vezes)**

Final:
    Db7 C7   **Fm C7**
Eu penei,   mas aqui cheguei,
                Fm
Mas aqui cheguei.

Divina comédia humana

Mi Maior **Belchior**

    F#m   G#m
Estava mais angustiado que um goleiro na hora do gol
   F#m   A   E
Quando você entrou em mim como um sol no quintal
F#m   G#m
Aí um analista amigo meu disse que desse jeito

Não vou ser feliz direito
      F#m   A   E
Porque o amor é uma coisa mais profunda

Que um encontro casual
F#m   G#m
Aí um analista amigo meu disse que desse jeito

Não vou viver satisfeito
      F#m   A
Porque o amor é uma coisa mais profunda
E
Que uma transa sensual
      F#m
Deixando a profundidade de lado
                G#m
Eu quero é ficar colado à pele dela noite e dia
     F#m   A
Fazendo tudo de novo e dizendo
        E
Sim à paixão morando na filosofia
   F#m   G#m
Eu quero gozar no seu céu, pode ser no seu inferno
 F#m   A   E
Viver a divina comédia humana onde nada é eterno
F#m   G#m
Ora direis, ouvir estrelas, certo perdeste o senso

Eu vos direi no entanto:
  F#m   A
Enquanto houver espaço, corpo e tempo

E algum modo de dizer não
E
Eu canto.

Infinito desejo

Ré Maior   *Gonzaga Júnior*

Introdução: D7M   G6

D7M   G6   D7M
Ah! infinito delírio chamado desejo
         G6   D7M
Essa fome de afagos e beijos
         F#m7   F°   Em   B7
Essa sede incessante de amor
Em   A7   Em
Ah! essa luta de corpos suados
         A7   Em
Ardentes e apaixonados
                  A7   D7   A7(4)
Gemendo na ânsia de tanto se dar
D7M   G6   D7M
Ah, de repente o tempo estanca
                              Am
Na dor do prazer que explode
                  D7   G7M
É a vida, é a vida, é a vida, e é bem mais
Gm7   C7(9)
Esse teu rosto sorrindo
           F#m7   B7(9)
Espelho do meu no vulcão da alegria
     Em   A7   D7M
Te amo, te quero, meu bem não me deixe jamais
         Em   A7   D7M
E eu sinto a menina brotando da coisa linda
                  B7
Que é ser tão mulher
     Em   A7
Oh! santa madura inocência
         Am   B7
O quanto foi bom e pra sempre será
         Em   A7
E o que mais importa é manter essa chama
         F#m   B7
Até quando eu não mais puder
         Em   A7   D7M G6 D7M G6
E a mim não me importa nem mesmo se Deus não quiser.

Mais uma valsa... mais uma saudade...

Sol Maior   *José Maria de Abreu e Lamartine Babo*

Introdução: G G7 E7 Am D7(9) G Am7 D7 Bb° Am7 D7 Am7
B7 Em6 C#° D7 A7 D7

G
Mais uma valsa...
    D7
Mais uma saudade...
   G6 G#° D7/A D7
De alguém que não me quis...
Am7   D7
Vivo cantando, a sós, pela cidade,
    D7(5+) G
Fingindo ser feliz...
G7 D7 G7   C
Fiz das lembrança uma coleção

Nem sei...
A7   D7
Quantas palavras no meu coração

Gravei!
G
Mais uma valsa...
      G7 E7
Mais uma saudade...
  Am7   D7   G
Saudade que nos vem de alguém!

Fez bobagem

Samba -Dó Maior   *Assis Valente*

Introdução: Fm   C   Am   G   C   Ab   C   Am   G   C

   G7   C
Meu moreno fez bobagem
                 F
Maltratou meu pobre coração
Fm   C
Aproveitou a minha ausência
                D
E botou mulher sambando
 G7   C
No meu barracão.
      G7   C
Quando penso que outra mulher
                 F
Requebrou pra meu moreno ver
Fm   C
Nem dá jeito de cantar
            D   G7
Dá vontade de chorar
    C
E de morrer.

        G7
Deixou que ela passeasse
              C
Na favela com meu penhoar

Minha sandália de veludo

Deu pra ela sapatear
 C7
E eu bem longe me acabando
          C
Trabalhando pra viver
              G7
Por causa dele cantei rumba
          C
E foxtrote para inglês ver.

Não me culpe

Samba-canção - Mib Maior *Dolores Duran*

Introdução: **Fm6 Bb7 Eb Fm Bb7 Eb Bb7**

   Fm   **C7**   **Fm**   **Bb7**
Não me culpes se eu ficar meio sem graça
  Eb   **Bb7**   **Eb**
Toda vez que você passar por mim
     G7   **D7**   **G7**   **C7**
Não me culpes se os meus olhos o seguirem
     Fm   **Bb7**
Mesmo quando você não olhar pra mim
   Fm   **C7**   **Fm** **Bb7**
É que eu tenho muito amor, muita saudade
  Eb   **Ab**   **D7/A** **G7** **C7**
E essas coisas custam muito pra passar
  Fm7   **Bb7**   **Eb**
Não me culpes, não, pois vai ser assim
   Fm   **Bb7**   **Eb** **Abm** **Eb**
Toda vez que você passar por mim.

Viagem

Mi Maior   *Taiguara*

E   G#m/D#   C#m   Eb7   Bm/D
Vai,   abandona a morte em vida em que hoje estás
        C#7(4)   C#7 Am/C
Ao lugar onde essa angústia se desfaz
       B7(4)   D7   G
E o veneno e a solidão mudam de cor
      Bm/F#   E7(4)
Vai indo   amor
E   G#m/D#   C#m   Eb7   Bm/D
Vai,   recupera a paz perdida e as ilusões,
       C#7(4)   C#7   Am/C
Não espera vir a vida às tuas mãos
       B7(4)   D7 G
Faz em fera a flor ferida e vai lutar
      Bm/F#   E7(4)
Pro amor voltar
Am Am/G   C/D   D7(9)   F6(11+)
Vai,   faz de um corpo de mulher estrada   e sol
       E7(4) E7   A7   D7
Te faz amante, faz meu peito errante

Acreditar que amanheceu
Am Am/G   C/D   D7(9)   F6(11+)
Vai,   corpo inteiro mergulhar no teu amor
       E7(4) E7   A7   C/D D7
Nesse momento   vai ser teu momento
                  G4   G   B7(4)
O mundo inteiro vai ser teu, teu, teu
E   G#m/D#
Vai,   vai...

Por quem sonha Ana Maria

Sol Maior　　　　　　　　　　　　　　　　　　　　*Juca Chaves*

 G　　　　　　D7　　　　G
Na alameda da poesia chora rimas o luar
　　　　　　　　　　　D7　　　　　　　　　G
Madrugada... e Ana Maria sonha sonhos cor do mar
　　　　G7　　　　　　　　C
Por quem sonha Ana Maria,
　　　D7　　　G
Nesta noite de luar.
　　　　　　　　　　　D7　　　　　　　　G
Já se escuta a nostalgia de uma lira a soluçar
　　　　　　　　　　D7　　　　　　　G
Dorme e sonha Ana Maria no seu leito de luar...
　　　　G7　　　　　　　　C
Por quem sonha Ana Maria,
　　　D7　　　　　G
Quem lhe está triste a cantar?

　　　　　　　　　　　D7　　　　　　　　　　G
No salão da noite fria vêem-se estrelas a cantar,
　　　　　　　　　　D7　　　　　　　　　　G
Madrugada e Ana Maria sonha sonhos cor do mar,
　　　　G7　　　　　　　C
Por quem　 sonha Ana Maria,
　　　D7　　　　　G
Quem lhe faz assim sonhar?

　　　　　　　　　　　D7　　　　　　　　　G
Raia o sol e rompe o dia, desmaia ao longe o luar,
　　　　　　　　　　D7　　　　　　　G
Não abriu de Ana Maria inda a flor do seu olhar.
　　　　G7　　　　　　　　C
Por quem sonha Ana Maria,
　　　D7　　　　　　G
Eu não sei... nem o luar.

Preciso me encontrar

Mi menor *Candeia*

    Em   C
Deixe-me ir, preciso andar,
              G° B7
Vou por aí a procurar
        Em F#m7(5-) B7 Em
Rir pra não chorar

                C
Deixe-me ir, preciso andar,
              G° B7
Vou por aí a procurar
        Em F°
Rir pra não chorar

     E7   Am
Quero assistir ao sol nascer
              D7
Ver as águas dos rios correr
                 G
Ouvir os pássaros cantar
   B7   Em
Eu quero nascer, quero viver
              C
Deixe-me ir, preciso andar,
           G° B7
Vou por aí a procurar
      Em F#m7(5-) B7 Em
Rir pra não chorar
               C
Se alguém por mim perguntar
            G°
Diga que eu só vou voltar
  B7   Em F°
Depois que me encontrar.

Quero assistir... etc.

Quantas lágrimas

Ré Maior   *Manace*

Introdução:

D   **B7**
Ah, quantas lágrimas eu tenho derramado
          Em   **A7**
Só em saber que não posso mais
            D
Reviver o meu passado
B7   **Em**
Eu vivia cheio de esperança
          D   **A7**   **D**
E de alegria eu cantava, eu sorria
                        G/B
Mas hoje em dia eu não tenho mais
   A7   **D**
A alegria dos tempos atrás.

         Em   **A7**   **D**
Só melancolia os meus olhos trazem
             Em   **G7**   **Gb7**
Ai, quanta saudade a lembrança traz
   B7   **Em**
Se houvesse retrocesso na idade
            Em   **A7**
Eu não teria saudade da minha mocidade..

Porta-estandarte

Mi menor   *Geraldo Vandré e Fernando Lona*

```
   Em                             Am     D
```
Olha que a vida tão linda se perde em tristezas assim
```
Am                              F         Em
```
Desce o teu rancho cantando essa tua esperança sem fim
```
                                Am     D
```
Deixa que a tua certeza se faça do povo a canção
```
Am
```
Pra que teu povo cantando teu canto
```
   F     Em
```
Ele não seja em vão
```
                      C    B7   E7
```
Eu vou levando a minha vida enfim
```
     Am    D G    B7
```
Cantando e canto sim
```
     Em           C    B7   E7
```
E não cantava se não fosse assim
```
     Am    D  G     E7
```
Levando pra quem me ouvir.
```
     Am         B7        Em
```
Certezas e esperanças pra trocar
```
     Bm7(5-)  E7         Am
```
Por dores e tristezas que bem sei
```
     Bm7(5-) E7  Am
```
Um dia vão findar
```
                A#°
```
Um dia que vem vindo
```
         Em
```
E que eu vivo pra cantar
```
             C           B7
```
Na avenida girando, estandarte na mão
```
         Em
```
Pra anunciar.

Este seu olhar

Fá Maior   *Antonio Carlos Jobim*

   F7M   F#°
Este seu olhar
  Gm7   G#°
Quando encontra o meu
 Am7   A7(13-)
Fala de umas coisas
              Bb7M   Bbm6
Que eu não posso acreditar
 Am7   G#°
Doce é sonhar
   Gm7   C7(9)
É pensar que você
 Am7   D7(9)
Gosta de mim
   Gm7   C7(9)
Como eu de você
 F7M   F#°
Mas a ilusão
  Gm7   G#°
Quando se desfaz
 Am7   A7(13-)
Dói no coração
         Bb7M
De quem sonhou
        Bbm6
Sonhou demais
Am7   G#°   Am7 D7(9)
Ah!, se eu pudesse entender
      G7(13) G7(13) Gm7 C7(9) F7M
O que di - zem   os seus olhos.

Oba-lá-lá

Ré Maior *João Gilberto*

Introdução: Em7　A7　Em7　A7　Em7　A7　Em7　A7

Em7　　A7
É amor,
A#°　Bm7　　F°
O-ba-lá-lá,
Em7
O-ba-lá-lá,
A7　　　　　D6/F#　F°　Em7　B7
Numa canção
Em7　　　　　A7
Quem ouvir,
A#°　Bm7　　F°
O-ba-lá-lá,
Em7　　　　A7　　Am7　D7(9)
Terá feliz, o coração
　　　　　　　Gm7　Gm7(9)　　C7(5+)　F7M
O amor encontrará　　　ouvindo esta canção
Ab°　　　　　　Gm7　　Gm6　　F#m7　B7(9-)
Alguém compreenderá seu coração
Em7　　　　A7
Vem ouvir,
A#°　Bm7　　　F°
O-ba-lá-lá,
Em7　　　　A7　　　　D6/9
O-ba-lá-lá, esta canção.

Estrada ao sol

Fá Maior   *Antonio Carlos Jobim e Dolores Duran*

| Gm7   C7(9)   Gm7
É de manhã, vem o sol
                   C7(9)
Mas os pingos da chuva
        Gm7   C7(9)
Que ontem caiu
           Gm7   C7(9)
Ainda estão a brilhar
          F7M   Gm7
Ainda estão a dançar
        Am7
Ao vento alegre
      Gm7   F7M
Que me traz esta canção
Bbm7   Eb7(9)   Am7   D7(9)   Abm7
Quero que você me dê a mão
Db7(9)   Gm7   C7(9)
Vamos sair por aí
      Gm7
Sem pensar no que foi
    C7(9)   Gm7   C7(9)
Que sonhei, que chorei, que sofri
           Gm7   C7(9)
Pois a nossa manhã
          F7M   Gm7
Já me fez esquecer
     Am7
Me dê a mão
    Gm7   F7M
Vamos sair pra ver o sol.

Copyright 1958 by Editora Musical Arapuã Ltda.

Good-bye boy

Marchinha - Dó Maior *Assis Valente*

     C
Good-bye, good-bye boy,
          Dm
Deixa a mania do inglês,
              G7
É tão feio pra você, moreno frajola,
                C
Que nunca frequentou as aulas da escola,

Goodbye, goodbye boy,
C7   **F**
Antes que a vida se vá,
                     C
Ensinaremos cantando a todo mundo
F   **G7**   **C**
Be e be be i i bi be a bá,
                   C7M
Não é mais boa-noite nem bom-dia,
   C6   **Dm**
Só se fala good morning, good night,
F   **C/G**
Já se desprezou o lampião de querosene,
   D   **G**
Lá no morro só se usa luz da Light,
F   **C/G**
Já se desprezou o lampião de querosene
   G7   **C**
Lá no morro só se usa luz da Light.

Triste

Sol Maior   *Antonio Carlos Jobim*

Introdução:

  G6   G7M   Eb7M/G Eb6/G G6
Triste é viver na solidão
         G7M   Bm7 E7(9-) Am7
Na dor cruel de uma paixão
      B7(13-)
Triste é saber que ninguém
Em7   Em(7M)   F#7(5+)
Pode viver de ilusão
    B7M   F#7(13)
Que nunca vai ser, nunca vai dar
B7M   E7(9) Am7   D7(5+)
O sonhador   tem que acordar
G6   G7M   Eb7M/G Eb6/G G6
Tua beleza é um avião
        G7M   Dm7 G7(13) C°
Demais prum pobre coração
           Cm6
Que pára pra te ver passar
Bm7   Bb° Am7
Só pra me maltratar
    D7(9-)   G6 G7M
Triste é viver na solidão.

Sei lá (A vida tem sempre razão)

Dó maior *Toquinho e Vinícius de Morais*

Introdução:

[C6/9] Tem dias que eu fico [Am7]
[D7(9)] Pensando na vida
[Dm7] E sinceramente
[G7] Não vejo saída [C$]
[Am7] Como é, por exemplo
[D7(9)] Que dá pra entender [G7M]
[Em7] A gente mal nasce [Am7]
[Dm7] Começa a morrer [G7/9(9)]
[G7(9)] Depois da chegada [C6/9]
[Am7] Vem sempre a partida [D7(9)]
[Dm7] Porque não há nada
[G7] Sem [Gm7] separação [C7(9)]
[F#m7(5-)] Sei [Fm6] lá, sei [Em7] lá [A7]
[D7(9)] A vida é uma grande [G7(13)] ilusão [C7]
[F#m7(5-)] Eu sei [Fm6] lá, sei [Em7] lá [A7]
[D7(9)] Só sei que ela está [G7(13)] com a razão [C7]
[F#m7(5-)] Sei [Fm6] lá, sei [Em7] lá [A7]
[D7(9)] A vida é uma grande [G7(13)] ilusão [C7]
[F#m7(5-)] Sei [Fm6] lá, sei [Em7] lá [A7]
[D7(9)] Só sei que ela está [G7(13)] com a razão [C$] [G7/4(9)] [G7(9)] [C6/9]
[Am7] A gente nem sabe
[D7(9)] Que males apronta

Copyright 1977 by BMG Music Publishing Brasil Ltda.

Sei lá (continuação)

Dm7
Fazendo de conta
G7   **C⁶₉**
Fingindo esquecer
Am7
Que nada renasce
D7(9)   **G7M**
Antes que se acabe
Em7   **Am7**
E o sol que desponta
Dm7   **G⁷₄(9)**
Tem que anoitecer
G7(9)   **C⁶₉**
De nada adianta
Am7   **D7(9)**
Ficar-se de fora
Dm7
A hora do sim
G7   **Gm7**   **C7(9)**
É o descuido do não
F#m7(5-)   **Fm6**   **Em7**   **A7**
Sei   lá, sei   lá
D7(9)   **G7(13)**   **C7**
Só sei que é preciso paixão
F#m7(5-)   **Fm6**   **Em7**   **A7**
Eu sei   lá,   sei   lá
D7(9)   **G7(13)**   **C7**
A vida tem sempre razão
F#m7(5-)   **Fm6**   **Em7**   **A7**
Sei   lá, sei   lá
D7(9)   **G7(13)**   **C7**
Só sei que é preciso paixão
F#m7(5-)   **Fm6**   **Em7**   **A7**
Sei   lá, sei   lá
D7(9)   **G7(13)**   **C⁶₉**
A vida tem sempre razão.

Suave veneno

Mi Maior   *Aldir Blanc e Cristóvão Bastos*

Introdução: D#7(9+)

E$^6_9$
Vivo encantado de amor
D#7(9+)
Inebriado em você
E$^6_9$ Am6/C
Suave veneno que pode curar ou matar
                      Am6
Sem querer por querer
Am7
Essa paixão tão intensa
D7(13)   D7(13-)
Também é meio doença
Gm7   F#7(13-)
Sinto no ar que respiro
                 B$^7_4$(9)   G7(9,11+)
Os suspiros de amor por você
E$^6_9$
Suave veneno você
D#7(9+)
Que soube impregnar
Am6/C   Am6
Até a luz de outros olhos
              D6/F#   E7(9)
Que busquem nas noites pra me consolar
Am7   Bb°
Se eu me curar desse amor
E/B   C#7(9) C#7(9-)
Não volto a te procurar
F#m7   B7/4(9) B/A
Minto que tudo mudou
G#m7(5-)   G#7(9-)
Que eu pude me libertar
   Am7   G#7(13)
Apenas te peço um favor
            C#m7(9)   F#7(13) F#7(13-)
Não lance nos meus, esses olhos de mar
B$^7_4$(9)   B7(9,11+)   E$^6_9$
Que eu desisto do adeus pra me envenenar.

Suave veneno você, etc.
      B$^7_4$(9)   B7(9,11+)
... Que eu desisto do adeus
             E$^6_9$ D#7(9+) E$^6_9$ D#7(9+) E$^6_9$
Pra me envenenar.

Sozinho

Ré Maior   *Peninha*

`D          A/C#      Bm7`
Às vezes no silêncio da noite
`Em         Em/D      A7/C#   A7`
Eu fico imaginando nós dois
`D          A/C#      Bm7`
Eu fico ali sonhando acordado juntando
`Em         Em/D      A7      A#°`
O antes, o agora e o depois
`Bm7        F#m7      G7M`
Por que você me deixa tão solto?
`Bm7        F#m7      G7M`
Por que você não cola em mim?
`Bm7        F#m7      G7M`
Tô me sentindo muito sozinho
`D          A/C#      Bm7`
Não sou nem quero ser o seu dono
`Em         Em/D      A7/C#   A7`
É que um carinho às vezes cai bem
`D          A/C#      Bm7`
Eu tenho os meus segredos e planos secretos
`Em         Em/D      A7      A#°`
Só abro pra você mais ninguém
`Bm7        F#m7      G7M`
Por que você me esquece e some?
`Bm7        F#m7      G7M`
E se eu me interessar por alguém?
`Bm7        F#m7      G7M`
E se ela de repente me ganha
`D          A/C#            Bm7`
Quando a gente gosta é claro que a gente cuida
`Em         Em/D            C`
Fala que me ama só que é da boca pra fora
`D          A/C#      Bm7`
Ou você me engana ou não está madura
`Em    A7   D`
Onde está você agora?

Só pra te mostrar

Ré Maior   *Herbert Vianna*

Introdução: D   E7   Gm   D

      D   E7
Não quero nada que não tenha de nós dois
           Gm   D
Não creio em nada do que eu conheci antes de conhecer
  Bm   E7   Gm
Queria tanto te trazer aqui, pra te mostrar,
           D
Pra te mostrar porque
  Gm   D
Não há nada que ponha tudo em seu lugar
  Gm   Bm E7 Gm D
Eu sei, o meu lugar está aí
    Bm   E7
Não vejo nada mesmo quando acendo a luz
            Gm
Não creio em nada mesmo
 D   Bm
Que me provem certo como dois e dois
                    E7
As plantas crescem em nosso jardim,
  Gm   D
Pra te mostrar, pra te mostrar, porque
  Gm   D
Não há nada que ponha tudo em seu lugar
  Gm   D
Eu sei, o meu lugar está aí
  Gm   D   E7
Não há nada que ponha tudo em seu lugar
  Gm   D
O meu lugar está aí
  Gm   D
Não há nada que ponha tudo em seu lugar
  Gm   D
Eu sei, o meu lugar está aí
  Bm   E7
Não vejo nada mesmo quando acendo a luz
           Gm
Não creio em nada mesmo
 D   Bm
Que me provem certo como dois e dois
                  E7
As plantas crescem em nosso jardim
  Gm   D
Pra te mostrar, pra te mostrar porque

Só pra te mostrar (continuação)

    Gm   D
Não há nada que ponha tudo em seu lugar
      Gm   D
Eu sei o meu lugar está aí
    Gm   D   E7
Não há nada que ponha tudo em seu lugar,
 Gm   D
O meu lugar está aí.

Sinal fechado

Mi menor   *Paulinho da Viola*

Introdução: Em   F#7   Am   B7   Em   Em/D   F#7   F7M

Em
Olá, como vai?
F#7
Eu vou indo, e você, tudo bem?
Em
Tudo bem eu vou indo, correndo
              F#7
Pegar meu lugar no futuro, e você?
                         Am
Tudo bem, eu vou indo em busca
      B7   **Em**   **Em/D**
De um sono tranquilo, quem sabe...
F#7
Quanto tempo... pois é...
                F7M
Pois é, quanto tempo...
Em
Me perdoe a pressa
Em/D Am   **Am/G**   **D7(9)/F#**
É a alma dos nossos negócios
              G6
Oh! Não tem de quê
  C   **C#°**   **C°**
Eu também só ando a cem
Am   **Am/G**   **D7(9)/F#**
Quando é que você telefona?
G6   **G7(13)**
Precisamos nos ver por aí
         C
Pra semana prometo talvez nos vejamos
C#°   **C°**
Quem sabe?
C#°   **C°**
Quanto tempo... pois é... (pois é... quanto tempo)
Instrumental: Em   Em/D   C   B7   Em   Em/D   C   B7
Em   **Em/D**
Tanta coisa que eu tinha a dizer
              C   **B7**
Mas eu sumi na poeira das ruas
Em   **Em/D**
Eu também tenho algo a dizer,

Sinal fechado (continuação)

                  C   E7
Mas me foge a lembrança
Am   Am/G   D7(9)/F#
Por favor,   telefone, eu preciso
              G6   C
Beber alguma coisa, rapidamente
C#°
Pra semana
      C°
O sinal...
C#°   C°
Eu espero você

Vai abrir...

Por favor, não esqueça,

Adeus...

Você

Mi menor *Tim Maia*

     Em
De repente a dor
     Em/D
De esperar terminou
   Am   **Am/G**
E o amor veio enfim
    Am/F#   **Am**
Eu que sempre sonhei
    Am/F# **B7**
Mas não acreditei
       Em **F#m B7**
Muito em mim
   Em
Vi o tempo passar
   Em/D
O inverno chegar
   Am   **Am/G**
Outra vez mas desta vez
   Am/F#   **Am**
Todo pranto sumiu
   F
Um encanto surgiu
   B7
Meu amor
 E
Você
       F#m7
É mais do que sei
       G#m7
É mais que pensei
       F#m7 B7
É mais que esperava, baby
 E
Você
    F#m7
É algo assim
    G#m7
É tudo pra mim
     F#m7 B7
É como eu sonhava, baby
 E   **A**
Sou feliz   agora

Você (continuação)

   E   A   G#m7
Não não vá   embora não
F#m7   G#m7 F#m7 B7
Não, não, não, não, não
A   E A
Não, não vá embora
                 E A
Não, não vá embora
                 E A
Não, não vá embora
                 E A E
Não, não vá embora
              A
Vou morrer de saudade
              E
Vou morrer de saudade
       A
Não vá embora
       E
Não vá embora
              A
Vou morrer de saudade
              E
Vou morrer de saudade
       A
Não vá embora
       E
Não vá não vá
              A
Vou morrer de saudade
              E
Vou morrer de saudade

Vou morrer...

Coração vagabundo

Sol menor *Caetano Veloso*

Gm7 **A7**
Meu coração não se cansa
     Am7(5-)
De ter esperança
  D7(9-)
De um dia ser tudo o que quer
G7(9-) **Cm7(9)**
Meu coração de criança
    A7(13)
Não é só a lembrança
  A7(13-) **Am7** **D7(9-)**
De um vulto feliz de mulher
 Gm7 **A7**
Que passou por meu sonho

Sem dizer adeus
  Am7(5-) **D7(9-)**
E fez dos olhos meus
  G7 **G7(9)**
Um chorar mais sem fim
Cm7 **F7** **Bb7**
Meu coração vagabundo
Eb7(9) **E°** **Eb°** **Gm7**
Quer guardar o mundo em mim.

Tudo se transformou

Mi menor   *Paulinho da Viola*

F#m7(5-)   B7   Em
Ai meu samba
E7   Am   D7
Tudo se transformou
                    G
Nem as cordas do meu pinho
              C   B7
Podem mais amenizar a dor
                  Em   D7
Onde havia a luz do sol
              G
Uma nuvem se formou
E7   Am   C
Onde havia uma alegria para mim
                B7
Outra nuvem carregou
E7   Am
A razão dessa tristeza
              F#m7(5-) B7   Em
É saber que o nosso amor passou
E   C#7
Violão
           F#
Até um dia
              F#m
Quando houver mais alegria
B7   E   B7
Eu procuro por você
C#/E#   F#   F#m
Cansei de derramar inutilmente
              F#7
Em tuas cordas as desilusões
      B7
Desse meu viver
Em   Am
Ela declarou recentemente
              F#m7(5-) B7 Em
Que ao meu lado não tem mais prazer.

Dom de iludir

Si bemol Maior   *Caetano Veloso*

Introdução:

      Bb7M
Não me venha falar
   Abm7   **Db7(9)**   **Gb7M** **Bbm7(11)**
Na malícia de toda mulher
Eb7   **Abm(7M)**   **Abm7**
Cada um sabe a dor
    Bm7(9)   **E7**   **Em7** **A7**
E a delícia de ser o que é
Eb7   **D7M**
Não me olhe
        Cm7   **F7**   **Bb7M** **G⁷₄** **G7**
Como se a polícia andasse atrás de mim
    C7(9)
Cale a boca
     F⁷₄   **Bb7M**   **Ab7M**
E não cale na boca notícia ruim
   Bb7M
Você sabe explicar,
   Abm7   **Db7(9)**   **Gb7M** **Bbm7(11)**
Você sabe entender tudo bem
Eb7   **Abm(7M)**   **Abm7**
Você está, você é
    Bm7(9)   **E7**   **Em7** **A7**
Você faz, você quer, você tem
Eb7   **D7M**
Você diz a verdade
    Cm7   **F7**   **Bb7M** **G⁷₄** **G7**
A verdade é seu dom de iludir
    C7(9)   **F7/4**
Como pode querer que a mulher
  F7   **Bb6**
Vá viver sem mentir.

Formosa

Sol Maior   **Baden Powell e Vinícius de Moraes**

    G6 G7   C7M
Formo - sa, não faz assim
 Bm7(5-) E7(9-)   Am7   D7(9-)
Cari——————— nho não é ruim
               G6   Em7
Mulher que nega
          Am7 F#m7(5-) B7(9-)
Não sabe não
    Em7   F#m7(5-)
Tem uma coisa de menos
 B7(9-) Em7   A7 Am7 D7(5+)
No seu coração
    G6 G7   C7M
Formosa, não faz assim
 Bm7(5-) E7(9-)   Am7   D7(9-)
Carinho não é ruim
               G6   Em7
Mulher que nega
          Am7 F#m7(5-) B7(9-)
Não sabe não
    Em7   F#m7
Tem uma coisa de menos
 B7(9-) Em7 A7 Am7 Dm7
No seu coração
    G7(13)   C7M   C#°
A gente nasce, a gente cresce
        G6   G$^{7}_{4}$(9)
A gente quer amar
    G7(9)   C7M
Mulher que nega
        C#°   G6   G$^{7}_{4}$(9)
Nega o que não é para negar
   G7(9) C7M   C#°
A gente pega, a gente entrega
     G7 Gb7 F7   E7
A gente quer   morrer
  Am7   D7(9-)
Ninguém tem nada de bom
   G6 D7(5+)
Sem sofrer.

Lança perfume

Ré Maior **Rita Lee e Roberto de Carvalho**

    D   Bm7
Lança menina,
    Em7   A7   D   Bm7
Lança todo esse perfume, desbaratina
    Em7   A7
Não dá pra ficar imune
F   Dm7   Gm7   C7 $A_4^7(9)$ A7(9)
Ao teu amor que tem cheiro de coisa maluca
    D   Bm7
Vem cá, meu bem
    Em7   A7
Me descola um carinho
    D   Bm7
Eu sou neném
    Em7   A7
Só sossego com beijinho
F   Dm7   Gm7   C7 $A_4^7(9)$
Vê se me dá o prazer de ter prazer comigo
    Ab7(11+)
Me aqueça
G7M   D7M
Me vira de ponta-cabeça
G7M   D7M   D7
Me faz de gato e sapato
  Gm7 C7   F   Dm7
E me deixa de quatro no ato
Gm7 C7   F   Em7
Me enche de amor, de amor
A7 Em7 A7 Em7 A7   D
Lança,   lança-perfume
    Em7 A7 Em7 A7   D
Oh, oh, oh, oh, lança,   lança-perfume
    Em7 A7 Em7 A7   D
Oh, oh, oh, oh, lança,   lança, lança-perfume
Em7 A7 Em7 A7 $B_4^7(9)$
Lan-ça - per-fu-me

Pedacinhos

Ré Maior   *Guilherme Arantes*

Introdução: D Bm7 G7M Gm6 A Bm7 Bb7M

Eb7   **DM7(9)**   **Bm**   **G7M**
Pra que ficar juntando os pedacinhos
    Gm6   **D7M/A**
Do amor que se acabou
Bm7   **E7 Esus4 Em7(5-)**
Nada vai colar
E7   **Gm/A**   **A7(9)**
Nada vai trazer de volta
   D7M   **Bm7**   **G7M**
A beleza cristalina do começo
    Gm6   **D7M/A**
E os remendos pregam mal
Bm7   **Esus4**
Logo vão quebrar
 E   **Am**   **B7**   **Esus7**
Afinal, a gente sofre de teimoso
E7   **Gm6**   **D7M/A**
Quando esquece do prazer.

   Bm7   **E7**
Adeus também foi feito pra se dizer
G/A   **F#m**
Bye bye, so long,   farewell
   Bm7   **Esus4**   **E G° Dsus4 D**
Adeus também foi feito pra se dizer.

Mais feliz

Lá menor **Dé, Bebel Gilberto e Cazuza**

Am7(9)   **F7M(9)**
O nosso amor não vai parar de rolar
Bb7(9)   **E7**
De fugir e seguir como um rio
Am7(9)   **F7M(9)**
Como uma pedra que divide o rio
Bb7(9)   **E7**
Me diga coisas bonitas
Am7(9)   **F7M(9)**
O nosso amor não vai olhar para trás
Bb7(9)   **E7**
Desencantar nem ser tema de livro
Am7(9)   **F7M(9)**
A vida inteira eu quis um verso simples
Bb7(9)   **E7**
Pra transformar o que eu digo
Dm7(9)
Rimas fáceis, calafrios
E7
Fura o dedo, faz um pacto comigo
Dm7(9)
Num segundo teu no meu
E7   **Am7(9)**
Por um segundo mais feliz.

      Repete tudo e

Dm7(9)
Rimas fáceis, calafrios
E7
Fura o dedo, faz um pacto comigo
Dm7(9)
Num segundo teu no meu
            Am7(9)
Por um segundo mais feliz.

Lua de São Jorge

Lá Maior   **Caetano Veloso**

A   F#7(5+) B7(9)
Lua de São Jorge, lua deslumbrante
E7(9)   A   E7(9)
Azul verdejante, cauda de pavão.
A   F#7(5 +)
Lua de São Jorge
B7(9)
Cheia, branca, inteira
E7(9)   F#m7   C#m7
O minha bandeira solta na amplidão
D7M   Dm6   C#m7   F#7(5 +)
Lua de São Jorge, lua brasileira,
B7(9)   E7(9) A E7(9)
Lua do meu cora - ção.
A   F#7(5+) B7(9)
Lua de São Jorge, lua maravilha
E7(9)   A
Mãe, irmã e filha de todo esplendor.
A   F#7(5+) B7(9)
Lua de São Jorge, brilha nos altares
E7(9)   F#m7   C#m7
Brilha nos lugares onde estou e vou.
D7M   Dm6
Lua de São Jorge
C#m7   F#7(5+) B7(9)   E7(9) A E7(9)
Brilha sobre os mares, brilha sobre o meu a - mor.
A   F#7(5+) B7(9)
Lua de São Jorge, lua soberana,
E7(9)   A   E7(9)
Nobre porcelana sobre a seda azul.
A   F#7(5+) B7(9)
Lua de São Jorge, lua da alegria
E7(9)   F#m7   C#m7
Não se vê um dia claro como tu
D7M   Dm6
Lua de São Jorge
C#m7   F#7(5+) B7(9)   E7(9)   A
Serás minha guia no Brasil de Norte a Sul.

O que é, o que é

Lá Maior   **Gonzaga Júnior**

a capella:
Eu fico com a pureza da resposta das crianças

É a vida, é bonita, e é bonita (no gogó!!!)

     A C#7/G# F#m7
Viver
          F#m/E   Bm/D E7
E não ter a vergonha de ser feliz
    Bm7   E7
Cantar e cantar e cantar
                         A
A beleza de ser um eterno aprendiz
  E7   A   A/G
Ah! Meu Deus, eu sei,   eu sei
                      D/F#
Que a vida devia ser bem melhor e será
  Dm/F   A/E F#7
Mas isso não impede que eu repita
   Bm7   E7   A   E7
É bonita, é bonita e é bonita.

   Am7
E a vida?
       A7   Dm7   Dm/C
E a vida o que é, diga lá, meu irmão?
         Bm7(5)   E7
Ela é a batida de um coração?
Bm7(5-)   E7   Am7 E7
Ela é uma doce ilusão?
      Am7
Mas e a vi - da?
     A7   Dm7   Dm/C
Ela é maravilha ou é so - frimento?
        Bm7(5-)   E7
Ela é alegria ou lamen - to?
Bm7(5-)   E7   Am7 Ab7
O que é, o que é, meu irmão?

     G7
Há quem fa - le que a vida da gente
      C
É um nada no mundo

O que é, o que é (continuação)

[Bm7(5)]   [E7]
É uma gota, é um tempo
                [Em7(5-)/Bb] [A7]
Que nem dá um segundo
      [Dm]   [Dm/C]
Há quem fa - le que é
   [Bm7(5-)] [E7]   [Am7]   [Am/G]
Um divino mistério pro - fundo
      [F7]
É o sopro do Criador
         [E7]
Numa atitude repleta de amor
     [Bm7(5)]   [E7]
Você diz que é luta e prazer
         [Am7]
Ela diz   que a vida é viver
     [Bm7(5-)]   [E7/G#]
Ela diz   que melhor é morrer
               [Em7(5-)/Bb]   [A7]
Pois amada não é, e o verbo é sofrer
      [Dm7]   [E7]
Eu só sei que confio na moça
              [Am7]   [Am/G]
E na moça eu ponho a força da fé
      [F7]
Somos nós que fazemos a vida
       [E7]
Como der, ou puder, ou quiser
 [Bm7(5)] [E7] [Am 7] [Ab7]
Sempre deseja - da
    [G7]   [C]
Por mais que esteja errada
 [Bm7(5-)]   [E7]   [Am7]
Ninguém quer a morte
 [B7]   [E7]
Só saúde e sorte
[Bm7(5)] [E7] [Am 7] [Ab7]
E a pergunta roda,
    [G7]   [C]
E a   cabeça agita
 [Bm7(5)]   [E7]   [Am7]   [Am/G]
Eu fico com a pureza da resposta das crianças
       [F7]   [E7]
É a vida, é bonita e é bonita.

Viver etc.

Clube da esquina

Mi Maior   **Milton Nascimento, Lô Borges e Marcio Borges**

E7M   B/D#
Porque se chamava moço
      C#m7
Também se chamava estrada
   B/D#
Viagem de ventania
E7M   B/D#
Nem lembra se olhou pra trás
    C#m7 B/D#
A primeiro passo asso asso...
E7M   B/D#
Porque se chamavam homens
    C#m7
Também se chamavam sonhos
    B/D#
E sonhos não envelhecem
E7M   B/D#
Em meio a tantos gases lacrimogêneos
   C#m7 E/F#
Ficam calmos, calmos, calmos...

C#m7 G#m7 F#7 B7M
E lá   se vai
F#7 F#7/E B/D#
Mais um dia
E7M B/D# E/F#
Ah... ah...

E7M   B/D#
E basta contar compasso
    C#m7
E basta contar consigo
    B/D#
Que a chama não tem pavio
E7M   B/D#
De tudo se faz canção
    C#m7 B/D#
E o coração na curva de um rio, rio, rio, rio...
E7M   B/D#
De tudo se faz canção
    C#m7 E/F#
E o coração na curva de um rio...

Clube da esquina (continuação)

E7M   **B/D#**
E o rio de asfalto e gente
          C#m7
Entorna pelas ladeiras
        B/D#
Entope o meio-fio
E7M   **B/D#**
Esquina mais de um milhão
                  C#m7
Quero ver então a gente, gente, gente.

Coisa feita

Fá Maior   João Bosco, Paulo Emílio e Aldir Blanc

```
     F7M                       G7(9)
Sou bem mulher de pegar macho pelo pé
     Gm7     C7
Reencarnação   da Princesa do Dao - mé
    F7M                        G7(9)
Eu sou marfim, lá das Minas do Salomão
        Gm7            C7
Me esparramo em mim,  lua cheia sobre o carvão
    F7M                       Db7(9)
Um mulherão, balangandãs, cerâmica e sisal
G7(9)                         Gm7
Língua assim, a conta certa entre a baunilha e o sal
     F7M                  F7
Fogão de lenha, garrafa de areia colorida
  Bb7M    G7            C7       B7(9)
Pedra-sabão, peneira e água de moringa
         Bb7M     Eb7(9)
Sou de arrancar couro
     Am7     D7(9)  D7(9-)
De farejar ouro
        Gm7     C7(9)    F7
Princesa do Da - o - mé
      F7M                    G7(9)
Sou coisa feita, se o malandro se aconchegar
Gm7            C7          Eb7(9)     C7
Vai morrer na esteira,  maré sonsa de Paque - tá
       F7M                  G7(9)
Sou coisa benta, se provar do meu alua
   Gm7            C7          Eb7(9)    C7
Bebe o Pólo Norte,  bem tirado do samo - var
      F7M                          Db7(9)
Neguinho assim, ó, já escreveu atrás do caminhão
G7(9)                         Gm7    F#7(11+)
"A mulher que não se esquece é lá do Daomé"
F7M                             F7
Faço mandinga, fecho os caminhos com as cinzas
  Bb7M   G7             C7       B7(9)
Deixo biruta,  lelé da cuca, zuretão ranzinza
         Bb7M    Eb7(9)
Pra não ficar bobo,
     Am7     D7(9)  D7(9-)
Melhor fugir logo
```

Coisa feita (continuação)

Sou de pegar pe - lo pé
^{Gm7   C7   C7(9-) F7 B7(9)}

Sou avatar vodu,
^{Bb7M   Eb7(9)}

Sou de botar fogo
^{Am7   D7(9)   D7(9-)}

Princesa do Da - o - mé.
^{Gm7   C7   F6}

Luz e mistério

Ré Maior   *Caetano Veloso e Beto Guedes*

Introdução: G/B   G6   A7/G   Dm7/F#   F°(13-)   Em7   D6(9)/F#

G/B
Oh! Meu grande bem
   G6   A7/G
Pudesse eu ver a estrada
  D7M/F#
Pu - desse eu ter
F°(13-)   Em7
A rota certa que levas - se até
          D6(9)/F#
Dentro de   ti
  G/B
Oh! Meu grande bem
    G6   A7/G
Só vejo pistas falsas
  D7M/F#
É   sempre assim
F°(13-)   Em7   D/F#   E7/G#
Cada picada aberta me tem mais fechado em mim
A
Es um luar
                   D/F#   E7/G#
Ao mesmo tempo luz e mistério
A
Como encontrar
              D/F#   E7   F#7
A chave desse teu riso sério.

Instrumental: Bm7 E6/G#

Duas vezes: G/B G6 A7/G D7M/F# F° Em7 D6(9)/F#

  G/B
Doçura de luz
    G6   A7/G
Amargo e sobra escura
  D7M/F#
Pro - curo em vão
F°(13-)   Em7   D/F#   E7/G#
Banhar-me em ti e poder decifrar teu cora - ção
A
Es um luar
                   D/F#   E7/G#
Ao mesmo tempo luz e mistério
A
Como encontrar

Luz e mistério (continuação)

                    D/F#   E7 F#7 Bm7 E6/G#
A chave desse teu riso sério
G/B
Meu grande bem
             G6
Pudesse eu ver a estrada (etc.)
                    D/F#   E7 F#7 Bm7 E6/G#
A chave desse teu riso sério.

G/B   **G6**   **A7/G**   **DM7/F#**
Oh! Grande mistério, meu bem, doce luz
F°   **Em7**
Abrir as portas desse império teu
  D6(9)/F#
E ser fe - liz.

Pra que dinheiro

Si bemol Maior *Martinho da Vila*

Bb   **F7**
Dinheiro, pra que dinheiro
              Bb
Se ela não me dá bola
               Cm
Em casa de batuqueiro
         F7   **Bb**
Só quem fala alto é viola.

                     Cm
Venha depressa, correndo pro samba
      F7   **Bb**
Porque a lua já vai se mandar
                     Cm
Venha depressa, correndo pro samba
      F7   **Bb**
Porque a lua já vai se mandar
           Cm
Afina logo a sua viola
    F7
E canta samba até o sol raiar.

Bb   **F7**
Mas dinheiro, pra que dinheiro
             Bb
Se ela não me dá bola
              Cm
Em casa de batuqueiro
         F7   **Bb**
Só quem fala alto é viola.

                   Cm
Aquela mina não quis me dar bola
      F7   **Bb**
E eu tinha tanta grana pra lhe dar
                   Cm
Aquela mina não quis me dar bola
      F7   **Bb**
E eu tinha tanta grana pra lhe dar
               Cm
Chegou um cara com uma viola
    F7
E ela logo começou bolar

Copyright 1968 by Irmãos Vitale S.A. Ind. e Com.

Pra que dinheiro (continuação)

Bb   **F7**
Mas dinheiro, pra que dinheiro
           Bb
Se ela não me dá bola
             Cm
Em casa de batuqueiro
      F7   **Bb**
Só quem fala alto é viola.

               Cm
Eu era um cara muito solitário
     F7   **Bb**
Não tinha mina pra me namorar
               Cm
Eu era um cara muito solitário
     F7   **Bb**
Não tinha mina pra me namorar
               Cm
Depois que eu comprei uma viola
    F7
Arranjo nega em qualquer lugar.

Bb   **F7**
Mas dinheiro, pra que dinheiro
           Bb
Se ela não me dá bola
             Cm
Em casa de batuqueiro
      F7   **Bb**
Só quem fala alto é viola.

               Cm
Eu tinha grana, me levaram grana
     F7   **Bb**
Fiquei quietinho nem quis reclamar
               Cm
Eu tinha grana, me levaram grana
     F7   **Bb**
Fiquei quietinho nem quis reclamar
               Cm
Mas se levarem a minha viola
    F7
Não me segura pois eu vou brigar.

Bb
Mas dinheiro... etc.

Resposta ao tempo

Dó Maior   *Aldir Blanc e Cristóvão Bastos*

Introdução: C6(9) Am7(9) C6(9) Am7(9)

```
C6(9)                          Am7(9)
Batidas na porta da frente, é o tempo
  C6 9                              Am7(9)
Eu bebo um pouquinho pra ter argumento
    FM7              G/F         Em7(9)
Mas fico sem jeito cala - da, ele ri
                A7(13-)       Dm7(9)
Ele zomba do quan - to eu chorei
                G⁷₄(9)        Bb7(11+)  A7  Dm7(9)  G7(9)
Porque sabe passar e eu não sei
C6(9)                         Am7(9)
Num dia azul de verão sinto o vento
   C6(9)                          Am7(9)
Há folhas no meu coração, é o tempo
    F7M              G/F
Recordo um amor que perdi, ele ri
Em7(9)              A7(13-)
Diz que somos iguais, se eu notei
Dm7(9)           G⁷₄(9)     C7(9)
Pois não sabe ficar e eu também não sei.

   B7/4(9)              B7(9-)
E gira em volta de mim
    E7M(9)                 C#m7
Sussurra que apaga os caminhos
C#m/B    A#m7(5-)           D#7(9)  G#7M  G⁷₄(9)
Que amores terminam no escuro    sozinhos.

C6(9)                        Am7(9)
Respondo que ele aprisiona, eu liberto
   C6(9)                           Am7(9)
Que ele adormece as paixões, eu desperto
       F7M            Dm7(9) G7(13)
E o tempo se rói com inveja     de mim
Em7(5-)          A7(11+)
Me vigia queren - do aprender
Dm7(9)            G⁷₄(9)      C7(9)
Como eu morro de amor    pra tentar reviver
      F7M                E7(13-)
No fundo é uma eterna criança
       Am7(9)             Fm6
Que não soube amadurecer
```

Resposta ao tempo (continuação)

G⁷₄(9)   C6(9)
Eu posso, ele não vai poder me esquecer
    Am7(9)
No fundo é uma eterna criança
    C6(9)
Que não soube amadurecer
    Am7(9)   C6(9)
Eu posso ele não vai poder me esquecer.

É o amor

Si Maior   *Zezé di Camargo*

```
F#7    B
```
Eu não vou negar que sou louco por você

Tô maluco pra te ver
```
          F#7
```
Eu não vou negar
```
    C#m              C#m7/B         F#
```
Eu não vou negar, sem você tudo é saudade
```
          F#7            B   E  F#7
```
Você traz felicidade, eu não vou negar
```
    B
```
Eu não vou negar, você é meu doce mel
```
             B7
```
Meu pedacinho de céu
```
           E
```
Eu não vou negar.

```
                                B
```
Você é minha doce amada, minha alegria
```
          G#m          C#m
```
Meu conto de fada, minha fantasia
```
          F#7      B   B7
```
A paz que eu preciso pra sobreviver
```
    E                         B
```
Eu sou o seu apaixonado de alma transparente
```
          G#m           C#m
```
Um louco alucinado meio inconsequente
```
          F#7       B   B7
```
Um caso complicado de se entender

```
E
```
É o amor
```
                                B
```
Que mexe com minha cabeça e me deixa assim
```
                                F#7
```
Que faz eu lembrar de você e esquecer de mim
```
    E             F#7         B    B7
```
Que faz eu entender que a vida é feita pra viver

É o amor (continuação)

    E
É o amor
                                 B
Que veio como tiro certo do teu coração
                               F#7
Que derrubou a base forte da minha paixão
 E   F#7   B
E fez eu entender que a vida é nada sem você.

Eu não vou negar... etc.

Deus lhe pague

Mi menor   *Chico Buarque de Hollanda*

Introdução: Em   Em/F#   Em/G   Em/F#   Em   Em/F#   Em/G   Em/A

Em(#11)/B   C/B   C   C/B   C/E   C/F#   C/G   C/A   C
 Por esse pão pra comer, por esse chão pra dormir
Em(#11)/B   C/B   C   C/B   C/E   C/F#   C/G   C/A   C
 A certidão pra nascer e a concessão pra sorrir
Em(#11)/B   Am
 Por me deixar respirar, por me deixar existir
  C7/A F/A   B7(b9/#11)   B7   Em   Em/F#   Em/G   Em/F#   Em   Em/F#   Em/G   Em/A
 Deus lhe   pa-gue.

Em(#11)/B   C/B   C   C/B   C/E   C/F#   C/G   C/A   C
 Pelo prazer de chorar e pelo "estamos aí"
Em(#11)/B   C/B   C   C/B   C/E   C/F#   C/G   C/A   C
 Pela piada no bar e o futebol pra aplaudir
Em(#11)/B   Am
 Um crime pra comentar e um samba pra distrair
  C7/A F/A   B7(b9/#11)   B7   Em   Em/F#   Em/G   Em/F#   Em   Em/F#   Em/G   Em/A
 Deus lhe   pa-gue.

Em(#11)/B   C/B   C   C/B   C/E   C/F#   C/G   C/A   C
 Por essa praia, essa saia, pelas mulheres daqui
Em(#11)/B   C/B   C   C/B   C/E   C/F#   C/G   C/A   C
 O amor malfeito depressa, fazer a barba e partir
Em(#11)/B   Am
 Pelo domingo que é lindo, novela, missa e gibi
  C7/A F/A   B7(b9/#11)   B7   Em   Em/F#   Em/G   Em/F#   Em   Em/F#   Em/G   Em/A
 Deus lhe   pa-gue.

Em(#11)/B   C/B   C   C/B   C/E   C/F#   C/G   C/A   C
 Pela cachaça de graça que a gente tem que engolir
Em(#11)/B   C/B   C   C/B   C/E   C/F#   C/G   C/A   C
 Pela fumaça, desgraça, que a gente tem que tossir
Em(#11)/B   Am
 Pelos andaimes, pingentes, que a gente tem que cair
  C7/A F/A   B7(b9/#11)   B7   Em   Em/F#   Em/G   Em/F#   Em   Em/F#   Em/G   Em/A
 Deus lhe   pa-gue.

Em(#11)/B   C/B   C   C/B   C/E   C/F#   C/G   C/A   C
 Por mais um dia, agonia, pra suportar e assistir
Em(#11)/B   C/B C   C/B   C/E   C/F#   C/G   C/A   C
 Pelo rangido dos dentes, pela cidade a zunir

Deus lhe pague (continuação)

Em(#11)/B   **Am**
E pelo grito demente que nos ajuda a fugir
    C7/A   **F/A B7(♭9/#11) B7 Em Em/F# Em/G Em/F# Em Em/F# Em/G Em/A**
Deus   lhe   pa-gue.

Em(#11)/B   **C/B C C/B C/E C/F# C/G C/A C**
Pela mulher carpideira pra nos louvar e cuspir
Em(#11)/B   **C/B C C/B C/E C/F# C/G C/A C**
E pelas moscas-bicheiras a nos beijar e cobrir
Em(#11)/B   **Am**
E pela paz derradeira que enfim vai nos redimir
    C7/A   **F/A B7(♭9/#11) B7 Em Em/F# Em/G Em/F# Em Em/F# Em/G Em/A**
Deus   lhe   pa-gue.

Em(#11)/B   **C/B C C/B C/E C/F# C/G C/A C**
Por esse pão pra comer, por esse chão pra dormir
Em(#11)/B   **C/B C C/B C/E C/F# C/G C/A C**
A certidão pra nascer e a concessão pra sorrir
Em(#11)/B   **C/B C C/B C/E C/F# C/G C/A C**
Pelo prazer de chorar e pelo "estamos aí"
Em(#11)/B   **Am**
Pela piada no bar e o futebol pra aplaudir
    C7/A   **F/A B7(♭9/#11) B7 Em Em/F# Em/G Em/F# Em Em/F# Em/G Em**
Deus   lhe   pa-gue.

Mentiras

Lá Maior   *Adriana Calcanhoto*

Introdução: A7M   D   Dm

```
   A           A7M
Nada ficou no lugar
      D                 D7M
Eu quero quebrar essas xícaras
     A             A7M
Eu vou enganar o diabo
      D                D7M
Eu quero acordar sua família
     A              A5+
Eu vou escrever no seu muro
    D/A      Dm/A
E violentar o seu gosto
      A              A7M
Eu quero roubar no seu jogo
   Dm         E        A7M  A7
Eu já arranhei os seus discos.

    D7M              Dm
Que é pra ver se você volta
    A              A7M
Que é pra ver se você vem
    D              Dm         A
Que é pra ver se você olha pra mim.

   A           A7M
Nada ficou no lugar
      D                D7M
Eu quero entregar suas mentiras
     A             A7M
Eu vou invadir sua aula
    D              D7M
Queria falar sua língua
     A              A5+
Eu vou publicar seus segredos
   D/A            Dm/A
Eu vou mergulhar sua guia
     A                A7M
Eu vou derramar nos seus planos
  Dm            E      A7M  A7
O resto da minha alegria.
```

Mentiras (continuação)

D7M   **Dm**
Que é pra ver se você volta
A   **A7M**
Que é pra ver se você vem
   D   **Dm**   **A**   **A7M**   **A7**
Que é pra ver se você olha pra mim
   D   **Dm**
Que é pra ver se você volta
   A   **A7M**
Que é pra ver se você vem
   D   **Dm**   **A**
Que é pra ver se você olha pra mim.

Metamorfose ambulante

Ré Maior *Raul Seixas*

Introdução: G D A G D A

```
        G   D                    A
Eu prefiro ser essa metamorfose ambulante    2x
G                D                    A
Do que ter aquela velha opinião formada sobre tudo.   2x


         G   D                        A
Eu quero dizer agora o oposto do que eu disse antes
         G   D                    A
Eu prefiro ser essa metamorfose ambulante.

   G                  D                      A
Do que ter aquela velha opinião formada sobre tudo
G                Bb                    A           F
Do que ter aquela velha opinião formada sobre tudo
              C                D
Sobre o que é o amor, sobre que eu nem sei quem sou.


                           C
Se hoje sou estrela, amanhã já se apagou
      D                     C
Se hoje eu te odeio, amanhã lhe tenho amor
      D                C
Lhe tenho amor, lhe tenho horror,
      D              C
Lhe faço amor, eu sou um ator.


      G            D              A
E chato chegar  a um objetivo num instante
            G   D                    A
Eu quero viver  nessa metamorfose ambulante.


   G                  D                      A
Do que ter aquela velha opinião formada sobre tudo
G                Bb                    A           F
Do que ter aquela velha opinião formada sobre tudo
              C                D
Sobre o que é o amor, sobre que eu nem sei quem sou.
```

Copyright 1973 by Warner Chappell Edições Musicais Ltda.

Metamorfose ambulante (continuação)

           C
Se hoje sou estrela, amanhã já se apagou
D   C
Se hoje eu te odeio, amanhã lhe tenho amor
D   C
Lhe tenho amor, lhe tenho horror,
D   C
Lhe faço amor, eu sou um ator.

      G   D   A
Eu vou lhes dizer aquilo tudo que eu lhes disse antes
      G   D   A
Eu prefiro ser essa metamorfose ambulante
G   D   A
Do que ter aquela velha opinião formada sobre tudo. **3x**

Rio

Samba - Sol Maior   ***Ary Barroso***

Introdução: G D7 G C7 G D7 G E7 A7 D7(9)

G7M G6
Rio

Ruído de rodas rangendo

Barulho de gente correndo
                  Am7 Am5+ Am6 Am7
Que vai pro trabalho e é feliz

D7 D7(9)
Rio

Batida de bumbo e pandeiro

Batuque de bom no terreiro
        A7   D E7 Am7 D7
Cabrocha gingando os seus quadris

G7M G6
Rio

Que conta anedota no bar
               G7
Que vai pros estádios gritar
          C
E canta samba de improviso

Cm6
Rio
      Am7   D7   G7M
Copacabana na feiticeira
   E7   Am7
Jóia da terra brasileira
   A7   D7
Pedaço do paraíso
G   D7
Bate o tamborim ô ô
       G
Bate o comelê ê ê
     Eb
Rio de Janeiro
Am7 D7 G
Ri - o, Rio
Eb   B°   Cm
Céu azul, verdes montanhas
  Bb7   Eb
Um mar de águas verdes

Rio (continuação)

   C7   Fm   D7(9-)
Praias inundadas de sol
     G7   Bb7
Pra Iaiá
      Eb6
Pra Ioiô
 C7   Fm
Pra Sinhá
        Cm C7
E pra Sinhô
      Fm   C7   Fm   Bb7
Terra de amor, de luz, de vida e resplendor
      Eb6
Rio de Janeiro.

João Valentão

Dó Maior   **Dorival Caymmi**

    C6   C/Bb   F/A
João Valentão é brigão
             Fm/Ab
Pra dar bofetão
             C/G
Não presta atenção
    F#°   Dm/F   G7(13)
E nem pensa na vi————— da
   Dm7   A7(13-)   Dm7(9) G7
A to - dos João intimi————— da
   Dm7   A7(13)   Dm7(9) G7
Faz coisa que até Deus duvi————— da
   Dm7   A7(13-)   Dm7(9) G7
Mas tem seu momento na vi————— da:
    C   C7M   C6
É quando o sol vai quebrando
   C7M   Dm7   A7(13)
Lá pro fim do mundo pra noite chegar
   Dm   Dm(7+)   G$^7_4$(9)
É quando se ouve mais forte
   G7(9)   C7M   Gm6/Bb
O ronco das ondas na beira do mar
C7   F6   D#°
É quando o cansaço da lida da vida
   C/E   Gm6/Bb   A$^7_4$ A7
Obriga João se sentar
   Dm7   A7(13-)   Fm6/Ab
É quando a morena se encolhe, se chega pro lado
       G7
Querendo agradar
    C   C7M
Se a noite é de lua
   C6   C7M   Dm7   A7(13-)
A vontade é contar mentira, é se espreguiçar
   Dm   Dm(7M) G$^7_4$(9)
Deitar na areia da praia
   G7(9)   C7M   Gm6/Bb
Que acaba onde a vista não pode alcançar
C7   F6   D#°
E assim adormece esse homem
   C/E   Gm6/Bb   A7/4 A7
Que nunca precisa dormir pra sonhar
   Dm   A7(13)   Dm7
Porque não há sonho mais lindo

Copyright 1947 by Mangione, Filhos & Cia. Ltda.

João Valentão (continuação)

    G7(9)   C$_9^6$ Fm6/Ab C$_9^6$
Do que a sua terra, não há
    F6   D#°
É assim adormece esse homem
                C/E   Gm6/Bb   A$_4^7$ A7
Que nunca precisa dormir pra sonhar
  Dm   A7(13-)   Dm7
Porque não há sonho mais lindo
    G7(9)   C$_9^6$ Fm6/Ab C$_9^6$
Do que sua terra, não há.

Malandragem

Dó menor *Frejat e Cazuza*

Cm   **Bb(add9)**
Quem sabe eu ainda sou uma garotinha
Fm   **Cm**
Esperando o ônibus da escola, sozinha
                       Bb(add9)
Cansada com minhas meias três-quartos
Fm   **Cm**
Rezando baixo pelos cantos
Bb(add9)   **Ab**
Por ser uma menina má.

Cm   **Bb(add9)**
Quem sabe o príncipe virou um chato
Fm Cm
Que vive dando no meu saco
       Bb(add9)   **Ab**
Quem sabe a vida é não sonhar.

Cm   **Bb**
Eu só peço a Deus
       Eb   **F**
Um pouco de malandragem
Cm   **Bb**
Pois sou criança   *Refrão*
       Eb   **F**
E não conheço a verdade
Ab   **Bb**   **Cm**
Eu sou poeta e não aprendi a amar
Ab   **Bb**   **Cm**
Eu sou poeta e não aprendi a amar

                      Bb(add9)
Bobeira é não viver a realidade
Fm   **Cm**
E eu ainda tenho uma tarde inteira
Fm   **Eb**
Eu ando nas ruas
Bb   **Cm**
Eu troco cheque
Ab   **Cm**
Mudo uma planta de lugar

Malandragem (continuação)

F   **Eb**
Dirijo meu carro
Bb   **Cm**
Tomo o meu pileque
Ab   **Cm**
E ainda tenho tempo pra cantar.

Refrão:

Eu ando nas ruas, etc.

Refrão:
Cm   **Bb**
Quem sabe eu ainda sou uma garotinha.

Esquadros

Lá Maior　　　　　　　　　　　　　　　　　　　　　　**Adriana Calcanhoto**

　　　A
Eu ando pelo mundo

Prestando atenção em cores
　　　　　　　　　　F#m
Que eu não sei o nome
Bm
Cores de Almodôvar, cores de Frida Khalo, cores
　　A
Passeio pelo escuro
　　　　　　　　　　　　　　　　F#m
Eu presto muita atenção no que o meu irmão ouve
　　　Bm
E como uma segunda pele, um calo, uma casca
　　　　　　　　　　　A
Uma cápsula protetora
F#m
Eu quero chegar antes
　　　Bm　　　　　　　　　　　　　　　　　　**E7**
Pra sinalizar o estar de cada coisa, filtrar seus graus
　　A　　　　　　　　　　　　　　　　　　　　　**F#m**
Eu ando pelo mundo divertindo gente, chorando ao telefone
　　Bm　　　　　　　　　　　　　　**E7**
E vendo doer a fome nos meninos que têm fome.

　Am
Pela janela do quarto, pela janela do carro

Pela tela, pela janela

Quem é ela, quem é ela?

Eu vejo tudo enquadrado
F7+　　　　　　**E7**
Remoto controle

　　　A
Eu ando pelo mundo
　　　　　　　　　F#m
E os automóveis correm para quê?
Bm　　　　　　　　　　　**E7**
As crianças correm para onde?

Esquadros (continuação)

    A
Transito entre dois lados de um lado
F#m
Eu gosto de opostos
    Bm
Exponho o meu modo, me mostro
E7
Eu canto para quem?

Am   **Dm**
Pela janela do quarto, pela janela do carro... etc.

   A
Eu ando pelo mundo
F#m
E meus amigos, cadê?
Bm   **E7**
Minha alegria, meu cansaço...
    A   **F#m**
Meu amor, cadê você?
      Bm
Eu acordei
       E7
Não tem ninguém ao lado.

Am   **Dm**
Pela janela do quarto, pela janela do carro... etc.

Ouro de tolo

Sol Maior　　　　　　　　　　　　　　　　　　　　　　　　　**Raul Seixas**

Introdução: G Bm/D G Bm/D F Am/C D7(4) D7

　　　G　　　　　　　　　　　Em/D　　　　　　　G
Eu devia estar contente porque eu tenho um emprego
　　　　　　Em/D　　　　　　G
Sou um dito cidadão respeitável
　　　　　　　　　　　　Em/D　　　　　Am
E ganho quatro mil cruzeiros por mês

E devia agradecer ao Senhor
　　　　　　　　D7
Por ter tido sucesso na vida como artista
　　　　　　　　　　　　　　　　　　　　　　　　G
Eu devia estar feliz porque consegui comprar um Corcel 73.

　　　　　　　　　　　　　　　　　Em/D　　　　　　　　G
Eu devia estar alegre e satisfeito por morar em Ipanema
　　　　　　Em/D　　　　　　　　G
Depois de ter passado fome por dois anos
　　　　　Em/D　　　　Am
Aqui na Cidade Maravilhosa

Ah! Eu devia estar sorrindo e orgulhoso
　　　　　　D7
Por ter finalmente vencido na vida

Mas eu acho isto uma grande piada
　　　　　　　　　G　　Em/D　G7
E um tanto quanto perigosa.

C　　　　　　　　　　　　　　　C6
Eu devia estar contente por ter conseguido tudo que eu quis
　　　　　　　C7M　　　　　　　　　　Bm
Mas confesso abestalhado que estou decepcionado
　　　　　　　　C　　　　　　　　C6
Porque foi tão fácil conseguir, agora me pergunto, e daí?
　　　　　　　　A
Eu tenho uma porção de coisas grandes pra conquistar
　　　D7　　　　　　　　G F D7
E eu não posso ficar aí parado.

　　　　G　　　　　Em/D　　　　　　　　　　　G
Eu devia estar feliz pelo Senhor ter me concedido
　　　Em/D　　　　　　　　　G　　　　　　　　Em/D
O domingo pra ir com a família no Jardim Zoológico

Ouro de tolo (continuação)

          Am
Dar pipoca aos macacos

Ah! Mas que sujeito chato que sou eu
    D7
Que não acha nada engraçado:

Macaco, praia, carro, jornal, tobogã...
              G
Eu acho tudo isso um saco.

           Em/D   **G**
É você olhar no espelho, se sentir um grandessíssimo idiota
        G   **Em/D**
Saber que é humano, ridículo, limitado
            Am
E que só usa dez por cento de sua cabeça animal
            D7
E você ainda acredita que é um doutor, padre ou policial
                                      G
E que está contribuindo com sua parte para o nosso belo
   Em/D
quadro social.

C   **C6**
Eu é que não me sento no trono de um apartamento
      C7M
Com a boca escancarada cheia de dentes,
    Bm
Esperando a morte chegar
C   **C6**
Porque longe das cercas embandeiradas que separam quintais
A
No cume calmo do meu olho que vê,
D7   **G**   **G7**
Assenta a sombra sonora dum disco voador.

C   **C6**
Eu é que não me sento no trono de um apartamento
      C7M   **Bm**
Com a boca escancarada cheia de dentes, esperando a morte chegar
   C   **C6**
Porque longe das cercas embandeiradas que separam quintais
A
No cume calmo do meu olho que vê
D7   **G**
Assenta a sombra sonora dum disco voador.

Entre tapas e beijos

Lá Maior **Nilton Lamas e Antônio Bruno**

Introdução: E7 A E7 A

        E7
Perguntaram pra mim
      A
Se ainda gosto dela
        E7
Respondi, tenho ódio
D   A
E morro de amor por ela
        E7
Hoje estamos juntinhos
    A
Amanha nem te vejo
    E7
Separando e voltando
            D   A
A gente segue andando entre tapas e beijos
         E7
Eu sou dela, e ela é minha
      A
E sempre queremos mais
    E7
Se me manda embora
     D   A
Eu saio pra fora, ele chama pra trás

Entre tapas e beijos

E ódio e desejo
    E7
E sonho é ternura

O casal que se ama
     D
Até mesmo na cama
 A
Provoca loucuras

E assim vou vivendo, sofrendo, querendo
    E7
Esse amor doentio
    D
Mas se falto pra ela
    E7
Meu mundo sem ela
  A
Também é vazio.

Chuva

Dó Maior

Durval Ferreira e Pedro Camargo

[C7M]　　　　　[G7/4(9)]
Vem amor que é meu
[C7M]　　　　　[G7/4(9)]
Olha a chuva a nos chamar
[C7M]　　　　[F7M]
Ouve a chuva a nos dizer
　　　　　[Em7]　[A7(9-)]
Que existe um bem
　　　[Dm7]　　　[Bbm6]
Sente amor que é meu
　　　[Dm7]　　　　　　　[Dm(7M)]
Todo o amor em mim que é teu
　　　[Dm7]　　　　　　　[G/F]
E este bem que a chuva em nós
　　　　　[Em7]　[Eb7(9)]
Faz renascer
[Em7(5-)]　　　　[A7(9-)]
Todo um sonho lindo
　　　　[Em7(5-)]　　[A7(9-)]
Fez-se em nós para dizer
　　　[Dm7]　　　[G7/4(9)] [G7(9)]
Toda beleza de lembrar
　　　　　　　　[Fm7]　[Bb7(9)]
Que existe um bem
[C7M]　　　　　[G7/4(9)]
Vem amor que é meu
　　　[C7M]　　[F7M]　　[F#m7(5-)] [B7(9-)]
Olha o amor a nos chamar
　　　　[Em7]　　　[A7(9-)]
E esta chuva que traz
　　　[Am6]　　　[Ab°]
Do céu nosso bem
　　　　[Em7(5-)]
Que o sonho nos deu
　　[A7/4]　　　[A7]
E a vida também
　　[Dm7]
Razão de cantar
[G7/4(9)]　　　[G7(9-)]　　[C6/9]
Sorrir pelo bem de amar.

O que tinha de ser

Fá sustenido menor   **Antonio Carlos Jobim e Vinícius de Moraes**

F#m　　　　　　　　　F°
　Porque foste na vida　a última esperança
Em6　　　　　　　F#7(9-)　G°/B　Bm7　E⁷₄
　Encontrar-te me fez　　crian - ça
　　　　　　　　F°　　F#m　　　A7　　D7M
　Porque já eras meu sem eu saber sequer
　　　　　　　　Bm7　G#7(13) G#7(13-)　C#⁷₄(9)　C#7(9-)
　Porque és o meu homem e eu　tua　　mulher
F#m　　　　　　G#m7(5-)　　　　　　　　　C#7/G#
　Porque tu me chegaste　　sem me dizer que vinhas
Em6/G　　　　　　　F#7　　G°/B　Bm7
　E tuas mãos foram minhas com cal - ma
C°　　　　　　　　F#m/C#　　　　　　　　D7M
　Porque foste em minli alma　como um amanhecer
Bm7　　　　　C#⁷₄(9)　C#7(9-)　F#m
　Porque foste o que ti - nha de ser
F#m　　　　　　　　　F°
　Porque foste na vida　a última esperança
Em6　　　　　　　F#7(9) G°/B　Bm7　E⁷₄
　Encontrar-te me fez　　crian - ça
　　　　　　　　F°　　F#m　　　A7　　D7M
　Porque já eras meu sem eu saber sequer
　　　　　　　　Bm7　G#7(13)　G#⁷7(13-)　　C#⁷₄(9)　C#7(9-)
　Porque és o meu homem e eu　tua　　mulher
F#m　　　　　　G#m7(5-)　　　　　　　　　C#7/G#
　Porque tu me chegaste　　sem me dizer que vinhas
Em6/G　　　　　　　F#7　　　G°/B　Bm7
　E tuas mãos foram minhas com cal - ma
C°　　　　　　　　F#m/C#
　Porque foste em minh'alma como um amanhecer
Bm7　　　　　　　C#m7　　D7M　E⁷₄(9)
　Porque foste o que tinha de　ser.

Sentimental demais

Ré menor   *Ewaldo Gouveia e Jair Amorim*

Dm   **C7**
Sentimental eu sou
F   **A7**   **Dm**
Eu sou demais
A7   **Dm**
Eu sei que sou assim
      D7   **Gm**
Porque assim ela me faz
     Eb
As músicas que eu
    A7
Vivo a cantar
Dm   **A7**   **Dm**
Têm o sabor igual
      E7
Por isso é que se diz
A7   **Bb7**   **A7**
Como ele é sentimental
          Dm
Romântico é sonhar
C7   **F**   **A7**   **Dm**
E eu sonho assim
        D7
Cantando estas canções
         Gm
Pra quem ama igual a mim
    Eb
E quem achar alguém
   A7
Como eu achei
Dm   **A7**   **Dm**
Verá que é natural
      Gm
Ficar como eu fiquei
   C7
Cada vez mais
A7   **Dm**   **Gm**   **Dm**
Sentimental.

Punk da periferia

Lá Maior   ***Gilberto Gil***

A7   D7
Das   feridas que a pobreza cria sou o pus
G7   C7
Sou   o que de resto restaria aos urubus
F7
Pus por isso mesmo esse blusão carniça
E7   A7
Fiz   no rosto este make-up pó caliça
D7   E7(9+)   A7 E7(9+)
Quis trazer assim nossa desgraça à luz.

A7
Sou um punk da periferia
D7   C#7   F#m
Sou da Freguesia do Ó   *refrão*
A7   D7
Ó, ó, ó, aqui   pra você
C#7   F#m G7 G#7
Sou da Freguesia.

A7   D7
Ter cabelo tipo índio moicano me apraz
G7   C7
Saber que entraremos pelo cano satisfaz
F7
Vós tereis um padre pra rezar a missa
E7   A7
Dez minutos antes de virar fumaça
D7   E7(9+)   A7 E7(9+)
Nós ocuparemos a praça da paz.

refrão

A7   D7
Transo lixo, curto porcaria, tenho dó
G7   C7
Da esperança vã da minha tia, da vovó
F7
Esgotados os poderes da ciência

Punk da periferia (continuação)

E7 A7
Esgotada toda a paciência
D7   E7(9+)   A7   E7(9+)
Eis que esta cidade é um esgoto só.

A7
Sou um punk da periferia
D7   C#7 F#m
Sou da Freguesia do Ó
A7   D7
Ó, ó, ó, aqui pra você
C#7   F#m G7 G#7
Sou da Freguesia.

Ontem ao luar

Choro - Lá menor   **Catulo da Paixão Cearense e José Pedro de Alcântara**

Am
Ontem ao luar
   B7
Nós dois em plena solidão
E7
Tu me perguntaste
           Am
O que era a dor de uma paixão
A7   **Dm**
Nada respondi, calmo assim fiquei
B7
Mas fitando o azul
    E7
Do azul do céu a lua azul
    Am   **B7**
Eu te mostrei, mostrando a ti os olhos meus
        E7   **Am**
Correr sem ti uma nívea lágrima e assim respondi
A7   **Dm**   **Am**
Fiquei a sorrir por ter o prazer de ver a lágrima
  B7 **E7** **Am** **E7**
Dos olhos a sofrer.

A   **B7**
A dor da paixão não tem explicação
E7   **A**
Como definir o que só sei sentir
Dm   **A**   **F#m**
É mister sofrer, para se saber
    Bm   **E7**   **A** **E7**
O que no peito o coração não quer dizer
  A   **B7**
Pergunta ao luar, travesso e tão taful
E7   **A**
De noite a chorar na onda toda azul
  Dm   **A**   **F#m**
Pergunta ao luar, do mar a canção
  B7   **E7**   **A** **E7** **A**   **E7**
Qual o mistério que há na dor de uma paixão
  A   **F#7**   **Bm**
Se tu desejas saber o que é o amor e sentir
  E7   **A**   **C#m7**
O seu calor, o amaríssimo travor do seu dulçor

Ontem ao luar (continuação)

    C°   E7
Sobe o monte à beira-mar ao luar
        A
Ouve a onda sobre a areia lacrimar
        F#7   Bm   E7
Ouve o silêncio a falar na solidão do calado coração
    A
E a dor maior que é a dor de Deus.

Não quero mais amar ninguém

Sol Maior   *Zé da Zilda, Cartola e Carlos Cachaça*

Introdução: G   Bm/F#   Am/E   D7

        G   D7
Não quero mais
       G   Bm/F#   Am/E
Amar a ninguém
D7   G
Não fui feliz
    D/F#   E7
O destino não quis
 E/G#   Am   E7
O meu primeiro amor
        Cm/Eb Cm
Morreu como a flor
     G   E7/D
Ainda em botão
        Am
Deixando espinhos
   D7
Que dilaceram
   G
Meu coração.

  Am   B7
Semente de amor sei que sou
   Em   Em/D
Desde nascença
        C   C/B Am
Mas sem ter brilho e fulgor
Am/G   D7/F#
Eis minha sentença
  B7   B7/D#
Tentei pela primeira vez
   Em E7/D
Um sonho vibrar
  A7   A7/B   A7/C#
Foi beijo que nasceu e morreu
  A7/B Am   Am/E Am/Eb D7
Sem se chegar a dar
   G
Não quero mais...

Não quero mais amar ninguém (continuação)

    Am   B7
Às vezes dou gargalhada
              Em   Em/D
Ao lembrar do passado
            C   C/B Am
Nunca pensei em amor
    Am/G   D7/F#
Nunca amei nem fui amado
  B7   B7/D#
Se julgas que estou mentindo
      Em   E7/D
Jurar sou capaz
  A7   A7/B   A7/C#
Foi tudo um sonho que passou
 A7/B Am Am/E Am/Eb D7
E nada mais
         G
Não quero mais...

D7 D7/C D7/B D7/A G   G/F# G G#° Am
O que dou preferência hoje em dia
               B7
É viver com bastante alegria
             E7
E o sorriso que me faz esconder
 Am Am/G   D7/F# D7/E G
Saudade que me faz   sofrer.

Naquela estação

Mi Maior   *Caetano Veloso, João Donato e Rui Bastos*

Introdução: E A7M D7 E E4 E(add9) E

    E   E4   E
Você entrou no trem
A7M D7   E
E   eu na estação
    G#m   G°   F#m   F#m7M
Vendo um céu fugir
        F#m7   A/B   E   C#m
Também não dava mais para tentar
F#7   A/B   B7
Lhe convencer a não partir
    E   A/B   E A7M
E agora tudo bem
  D7   E
Você partiu
       E7   A7M
Para ver outras paisagens

                    D7
E o meu coração embora
  G#m   G°
Finja fazer mil viagens   BIS
F#m   A/B   E   E7
Fica batendo parado naquela estação.

Repete toda a primeira parte

Por enquanto

Sol Maior   **Renato Russo**

  G   D/F#
Mudaram as estações
C   G/B
Nada mudou
          C   G/B
Mas eu sei que alguma coisa aconteceu
    F7M   Am   D/F#
Tá tudo assim tão diferente
Em   Em/D   C   G/B
Se lembra quando a gente chegou um dia a acreditar
Em   Em/D
Que tudo era pra sempre
  C   G/B   Am   C   D   D4   D
Sem saber que o pra sempre sempre acaba
      G   D/F#
Mas nada vai conseguir mudar
C   G/B
O que ficou
           C   G/B
Quando penso em alguém, só penso em você
  F7M   Am   D/F#
E aí, então, estamos bem
Em   Em/D   C   G/B
Mesmo com tantos motivos pra deixar tudo como está
C   G/B
Nem desistir, nem tentar
    C   G/B
Agora tanto faz
      Am C   D   G
Estamos indo de volta pra casa.

BIS

Preciso dizer que te amo

Si bemol   *Dé, Bebel Gilberto e Cazuza*

Introdução: Bb/C   C7(9-)

Fm7　　　　　　　　**Bb7**
Quando a gente conversa
Db7M　　　　　　**C7(9+)**
Contando casos, besteiras
Fm7　　　　　　　**Bb7**
Tanta coisa em comum
Db7M　　　　**Bm7**　　**Fm7**
Deixando escapar segredos
　　　　　　　　Bbm7
Quando a gente conversa
C7
Contando casos, besteiras
Fm7　　　　　　　**Bb7**
Tanta coisa em comum
Bbm7　　　　　　**C7**
Deixando escapar segredos
C#m7　　　　　　**F#7**
E eu não sei que hora dizer
　　　　　G#7M
Me dá um medo (que medo)
C#m7　　　　　　**F#7**
Eu preciso dizer que te amo
Fm7
Tanto
　　　　　　　　　　Bb7
E até o tempo passa arrastado
Bbm7　　　　　　**C7**
Só pra eu ficar do teu lado
Fm7　　　　　　　　**Bb7**
Você me chora dores de outro amor
Bbm7　　　　　**C7**
Se abre e acaba comigo
C#m7　　　　　　**F#7**
E nessa novela eu não quero ser
　　　　G#7M
Teu amigo (que amigo?)
C#m7　　　　　　**F#7**
Eu preciso dizer que te amo
　　　G#7M
Te ganhar ou perder sem engano
C#m7　　　**F#7**　　　　**Fm7**
Que eu preciso dizer que te amo tanto
C#m7　　　　　　**F#7**
E nessa novela eu não quero ser

Eu preciso dizer que te amo (continuação)

     G#7M
Teu amigo (que amigo?)
 C#m7   **F#7**
Eu preciso dizer que te amo
     G#7M
Te ganhar ou perder sem engano
   C#m7   **F#7**   **Fm7**
Que eu preciso dizer que te amo tanto.

Medo de amar

Dó Maior *Suely Costa e Tite de Lemos*

Introdução: C Bb7 C Bb7

C
Você diz que eu te assusto
Em
Você diz que eu te desvio
Bb7
Também diz que eu sou bruto
F
E me chama de vadio
C
Você diz que eu te desprezo
Em
Que eu me comporto muito mal
Bb7
Também diz que eu nunca rezo
F
Ainda me chama de animal
C
Você não tem medo de mim
D7
Você não tem medo de mim
Bb7
Você tem medo é do amor
F
Que você guarda pra mim
C
Você não tem medo de mim
D7
Você não tem medo de mim
Bb7
Você tem medo de você
F
Você tem medo de querer?
C
Você diz que eu sou demente
Em
Que eu não tenho salvação
Bb7
Você diz que simplesmente
F
Sou carente de razão
C
Você diz que eu te envergonho
Em
Também diz que sou cruel

Medo de amar (continuação)

Bb7
Que no teatro do teu sonho
F
Para mim não tem papel
C
Você não tem medo de mim
D7
Você não tem medo de mim
Bb7
Você tem medo é do amor
F
Que você guarda para mim
C
Você não tem medo de mim
D7
Você não tem medo de mim
Bb7
Você tem medo de você

Você tem medo de querer?

Não tem tradução

Mi bemol Maior   *Francisco Alves e Noel Rosa*

Introdução: C7 Fm Abm Eb/G F7 Bb7 Eb

Bb7   **Eb**
O cinema falado
              Abm
É o grande culpado
          Eb
Da transformação
             Eb7
Dessa gente que sente

Que um barracão
             Ab   **C7/G**
Prende mais que um xadrez
Fm   **Abm/Cb**   **Eb/Bb**
Lá no morro, se eu fizer   uma falceta
         C7   **Fm**
A Risoleta desiste logo
   Bb7   **Eb**   **Bb7**
Do francês e do inglês
                     Eb **Cb/Eb** **Eb**
A gíria que o nosso morro criou
  Bb7
Bem cedo a cidade aceitou e usou
   C7   **Fm**
Mais tarde o malandro deixou de sambar
   Abm **Eb/G**
Dando pinote
      C7   **F7** **Bb7** **Eb** **Bb**
E só querendo dançar foxtrote
               Eb
Essa gente hoje em dia
          Abm   **Eb**
Que tem a mania da exibição
              Eb7
Não se lembra que o samba

Não tem tradução
        Ab   **C7/G**
No idioma francês
Fm   **Abm/Cb**   **Eb/Bb**
Tudo aquilo que o malandro pronuncia
       C7   **Fm**
Com voz macia é brasileiro,
 Bb7   **Eb** **Bb7**
Já passou de português

Não tem tradução (continuação)

                   Eb **Cb/Eb** **Eb**
Amor, lá no morro, é amor pra chuchu
 Bb7   **G**
As rimas do samba não são "I love you"
   C7   **Fm**   **Abm**   **Eb/G**
E esse negócio de "alô, boy, "alô Jone"
   C7   **F7**   **Bb7** **Eb**
Só pode ser conversa de telefone.

Apenas um rapaz latino-americano

Rock balada - Dó Maior **Belchior**

[C]
Eu sou apenas um rapaz
[Dm7]
Latino-americano
[C]
Sem dinheiro no banco
[F]
Sem parentes importantes
[G7]   [Dm] [G7]
E vindo do interior
[C]
Mas trago de cabeça
[Dm7]
Uma canção do rádio
[C]
Em que um antigo

Compositor baiano me dizia:
[F]
- Tudo é divino!
[G7]
Tudo é maravilhoso!
[F]   [Em]
Tenho ouvido muitos discos,
[F]
Conversado com pessoas,
[Em]
Caminhado o meu caminho
[F]
Papo o som dentro da noite
[Em]
E não tenho um amigo sequer
[F]
Que acredite nisso não
[G7] [G7/4]
(Tudo muda!) e com toda razão
[G7] [C]
Eu sou apenas um rapaz
[Dm7]
Latino-americano,
[C]
Sem dinheiro no banco

Apenas um rapaz latino-americano (continuação)

[F]
Sem parentes importantes
[G7]   [Dm] [G7]
E vindo do interior
[C]   [Dm7]
Mas sei que tudo é proibido
                 [C]
(Aliás, eu queria dizer que tudo

É permitido...
                              [F]
Até beijar você no escuro do cinema
                    [G7]
Quando ninguém nos vê!)
[F]   [Em7]
Não me peça que eu lhe faça
               [F]
Uma canção como se deve:
              [Em]
Correta, branca, suave,
            [F]
Muito limpa, muito leve
                [Em]
Sons, palavras, são navalhas
              [F]
E eu não posso cantar como convém
             [G7] [G7/4] [G7]
Sem querer ferir ninguém
[C]
Mas não se preocupe, meu amigo,
         [Dm]
Com os horrores que eu lhe digo
        [C]
Isto é somente uma canção
[F]
A vida realmente é diferente
                     [G7]
Quer dizer: ao vivo é muito pior
           [C]
E eu sou apenas um rapaz
[Dm7]
Latino-americano,
[C]
Sem dinheiro no banco
      [F]
Por favor não saque a arma no saloon,
              [G7] [G7/4] [G7]
Eu sou apenas o cantor

Apenas um rapaz latino-americano (continuação)

[C]
Mas se depois de cantar
[Dm7]
Você ainda quiser me atirar
[C]
Mate-me logo à tarde, às três,
[F]
Que à noite eu tenho compromisso

E não posso faltar
[G7]
Por causa de vocês
[C]
Eu sou apenas um rapaz
[Dm7]
Latino-americano
[C]
Sem dinheiro no banco
[F]
Sem parentes importantes
[G7]   [Dm] [G7]
E vindo do interior
[C]   [Dm7]
Mas sei que nada é divino, nada,
[C]
Nada é maravilhoso, nada
[F]
Nada é secreto, nada,
[G7]
Nada é misterioso, não!

Atire a primeira pedra

Samba - Sol Maior   ***Ataupho Alves e Mário Lago***

Introdução: Am7   D7   Bm7(5)   E7   Am7   D7   G   G7M   C/D

   G
Covarde sei que me podem chamar
            E7   Am7   D7
Porque não calo no peito esta dor
Am7   D7
Atire a primeira pedra, ai, ai, ai,
Am7   D7   G
Aquele que não sofreu por amor.

    Am7   D7
Eu sei que vão censurar
      G
O meu proceder
  F#m7(5-)
Eu sei, mulher,
   B7   Em
Que você mesma vai dizer
C7M   Cm   G
Que eu voltei pra me humilhar
          A7
Ai, mas não faz mal
       D7
Você pode até sorrir
  Am7   D7   G
Perdão foi feito pra gente pedir.

Bandeira branca

Marcha-rancho - Sol menor   *Max Nunes e Laércio Alves*

Introdução: **Gm Cm7 Am7(5-) D7 Gm Cm7 D7 Gm**

Gm
Bandeira branca, amor
      Cm
Não posso mais
  Gm   **Cm**
Pela saudade que me invade
D7 **Gm**
Eu peço paz.

          Cm
Saudade, mal de amor, de amor
D7   **Gm**
Saudade, dor que dói demais
  G7   **Cm**
Vem, meu amor
     Gm
Bandeira branca
D7 **Gm**
Eu peço paz.

A camisola do dia

Samba-canção - Dó menor

Herivelto Martins e David Nasser

  Cm   D7
  Amor, eu me lembro ainda
        G7   Cm
  Que era linda muito linda
Ab7   G7
  Um céu azul de organdi
      C7(9-)   Fm
  A camisola do dia
               Ab7
  Tão transparente e macia
                G7
  Que eu dei de presente a ti

  Tinha rendas de Sevilha
    C7
  A pequena maravilha
              Fm
  Que teu corpinho abrigava
    Dm7(5-) G7   Cm
  E eu era o dono de tudo
        D7
  Do divino conteúdo
              Cm
  Que a camisola ocultava
C7M   A7   D7
  A camisola que um dia
Dm   G7
  Guardou a minha alegria
            C7M
  Desbotou, perdeu a cor
    F7M   C
  Abandonada no leito
Am7   Dm7
  Que nunca mais foi desfeito
G7   Cm
  Pelas vigílias do amor.

Copyright 1953 by Irmãos Vitale S.A. Ind. e Com.

Canção de amor

Samba - Si bemol Maior *Elano de Paula e Chocolate*

     Bb7M   A7
Saudade, torrente de paixão
         Bb7M
Emoção diferente
Ab7   G7   Cm
Que aniquila a vida da gente
  F7   Bb7M   F7
Uma dor que não sei de onde vem
  Bb7M   A7
Deixaste meu coração vazio
        Bb7M
Deixaste a saudade
Ab7   G7   Cm
Ao desprezares aquela amizade
   F7   Dm7   G7(5+)
Que nasceu ao chamar-te meu bem
 Eb7M   Ab7
Nas cinzas do meu sonho
 Bb7M   G7
Um hino então componho
  Cm7   F7
Sofrendo a desilusão
   Dm7(5-) G7
Que me invade
  Cm   Ab7   C7   F7
Canção de amor, saudade!
           C7   F7 Gb7M F7(13) Bb7M
para terminar: saúda - a - de.

Casa de bamba

Samba - Si bemol Maior *Martinho da Vila*

```
     Bb              G7        Cm7
```
Na minha casa todo mundo é bamba | BIS
```
     F7             Bb
```
Todo mundo bebe, todo mundo samba
```
                    G7         Cm7
```
Na minha casa não tem bola pra vizinha | BIS
```
           F7                  Bb
```
Não se fala do alheio, nem se liga pra Candinha
```
                    G7         Cm7
```
Na minha casa todo mundo é bamba | BIS
```
     F7             Bb
```
Todo mundo bebe, todo mundo samba
```
                    G7         Cm7
```
Na minha casa não se liga pra intriga
```
           F7              Bb
```
Todo mundo xinga, todo mundo briga
```
                Cm7
```
Macumba lá na minha casa
```
          F7                Bb
```
Tem galinha preta e azeite de dendê
```
                G7      Cm7
```
Mas ladainha lá na minha casa | BIS
```
           F7
```
Tem reza bonitinha
```
                Bb
```
E canjinha para comer
```
    G7        Cm7
```
Se tem alguém aflito
```
           F7              Bb
```
Todo mundo chora, todo mundo sofre
```
                       G7     Cm7
```
Mas logo se reza pra São Benedito
```
           F7              Bb
```
Pra Nossa Senhora e pra Santo Onofre
```
                   Cm7
```
Mas se tem alguém cantando
```
           F7              Bb
```
Todo mundo canta, todo mundo dança
```
           G7                  Cm7
```
Todo mundo samba e ninguém se cansa
```
           F7          Bb
```
Pois minha casa é casa de bamba
```
          Cm7       F7     Bb
```
Pois minha casa é casa de samba.

Como é grande o meu amor por você

Sol Maior   *Roberto Carlos*

```
G          Am          D7
Eu tenho tanto pra lhe falar
                G              Em
Mas com palavras não sei dizer
           Am          D7       G   E7
Como é grande o meu amor por você
           Am          D7
E não há nada pra comparar
           G        Em
Para poder lhe explicar
           Am          D7       G
Como é grande o meu amor por você
              Am          D7
Nem mesmo o céu nem as estrelas
              Bm        Em
Nem mesmo o mar e o infinito
           Am          D7              G   E7
Não é maior que o meu amor nem mais bonito
           Am
Me desespero
    D7
A procurar
         G              Em
Alguma forma de lhe falar
           Am          D7        Am  E7
Como é grande o meu amor por você
            Am
Nunca se esqueça
    D7
Nem um segundo
              G            Em
Que eu tenho o amor maior do mundo
           Am          D7       G
Como é grande o meu amor por você
              Am          D7       G
Mas como é grande o meu amor por você.
```

Curare

Choro-estilizado - Sol Maior   **Bororó**

A/C#   Cm6   G
  Você tem buniteza
Bb°   Am7   D7   G
  E a natureza foi quem agiu...
A/C#   Cm6   G
  Com estes óio de índia
    A7   D7
  Curare no corpo,
    A7   D7
  Que é bem Brasil.
A/C#   Cm6   G
  Tu é toda Bahia
    Bb°   Am7
  É a fulô do mucambo,
    D7   G
  Da gente de cô
E7   Am
  Faz do amo confusão,
D7   F7   E7   Am
  Nesta misturação bem benzeira,
D7 G   C7   F   B7 Em
  Inzoneira, que tem raça e tradição
Am7   D7   G
  Quebra, machuca minha dô
    Am7   D7
  Nega, neguinha tudo-tudinho
G   Bm7 Am7   D7
  Meu amozinho com esta boquinha
    G   C#m7 F#7
  Vermelhinha, rasgadinha
B7M   F#7   B7M
  Qui tem veneno, cumo quê...
Am7   D7   G
  Conta tristeza e alegria
    Bb°   Am   G7
  Pru seu bem, que tudo vive a dizê
    C D7 G   Am7
  Que você é diferente desta gente
    D7   G
  Que finge querê!

Conversa de botequim

Samba-canção - Ré Maior   *Noel Rosa e Vadico*

```
D            Em              A7    D
```
Seu garçom faça o favor de me trazer depressa
```
B7       Em7           A7         Am7  D7
```
Uma boa média que não seja requentada
```
              G            F#7    Bm7
```
Um pão bem quente com manteiga à beça
```
           E7                        A7
```
Um guardanapo e um copo d'água bem gelada
```
                Em7         A7      D
```
Feche a porta da direita com muito cuidado
```
    B7                 Em7      A7    Am7     D7
```
Que eu não estou disposto a ficar exposto ao sol
```
             G          Gm6      D
```
Vá perguntar ao seu freguês do lado
```
    B7     E7     A7   D
```
Qual foi o resultado do futebol.

```
G
```
Se você ficar limpando a mesa
```
            C                 B7
```
Não me levanto nem pago a despesa
```
      E7          Am7
```
Vá pedir ao seu patrão
```
       Em7         A7             D7
```
Uma caneta, um tinteiro, um envelope e um cartão,
```
G
```
Não se esqueça de me dar palito
```
            C                B7
```
E um cigarro pra espantar mosquito
```
      E7          Am7
```
Vá dizer ao charuteiro
```
           Em7            Am7
```
Que me empreste umas revistas
```
         D7           G
```
Um cinzeiro e um isqueiro.

```
G
```
Telefone ao menos uma vez
```
            C        B7
```
Para 3 4 4 3 3 3
```
          E7              Am7
```
E ordene ao seu Osório

Copyright 1935 by Mangione, Filhos e Cia. Ltda.

Conversa de botequim (continuação)

    Em7   **A7**
Que mande um guarda-chuva
                D7
Aqui pro nosso escritório
 G
Seu garçom me empreste algum dinheiro
         C   **B7**
Que eu deixei o meu com o bicheiro
  E7   **Am7**
Vá dizer ao seu gerente
  Em7   **Am7**
Que pendure esta despesa
 D7   **G**
No cabide ali em frente.

De papo pro á

Cateretê - Fá Maior **Olegário Mariano e Joubert de Carvalho**

C7   **F**
Não quero outra vida
      Dm7   **Gm7**
Pescando no rio de jereré
     C7
Tenho peixe bom...

Tem siri patola
    F
De dá com o pé.

F   **C7**
Quando no terreiro

Faz noite de luá
     Gm7
E vem a saudade
   C7
Me atormentá
    Gm7
Eu me vingo dela
    C7
Tocando viola
    F
De papo pro á

C7   **F**
Se compro na feira
     Dm7
Feijão rapadura
     Gm7
Pra que trabaiá
    C7
Eu gosto do rancho

O home não deve
  F
Se amofiná.

BIS

De tanto amor

Mi Maior   ***Roberto Carlos e Erasmo Carlos***

Introdução: E F#m7 G#m7 E/G# A/B B7

E   E7M
Ah! eu vim aqui amor
     E7
Só pra me despedir
   C#7
E as últimas palavras
   F#m7
Desse nosso amor
    B7
Você vai ter que ouvir
E   E7M
Me perdi de tanto amor
    E7
Ah! Eu enlouqueci
  C#7
Ninguém podia amar assim
 F#m7
E eu amei
  B7
E devo confessar
          E   C#m7 G#m7
Aí foi que eu errei
D#7   G#m7
Vou te olhar mais uma vez
D#7   G#m7
Na hora de dizer adeus
C#7   F#m7
Vou chorar mais uma vez
C#7   F#m7
Quando olhar nos olhos teus
  B7
Nos olhos teus
E   E7M
Ah! saudade vai chegar
  G#m7
E por favor meu bem
  C#7
Me deixe pelo menos
 F#m7
Só te ver passar
  B7
Eu nada vou dizer
    E
Perdoa se eu chorar.

Faltando um pedaço

Dó Maior *Djavan*

Introdução: C7M Dm/C C7M Dm/C

C7M   Dm7
  O amor é um grande laço
               C/E
  Um passo pr'uma armadilha
               Dm7
  Um lobo correndo em círculo
            Em7
  Pra alimentar a matilha
Am   F   Dm7
  Comparo sua chegada
          C/E
  Com a fuga de uma ilha
             Dm7
  Tanto engorda quanto mata
G$^7_4$(9)   C7M Dm/C
  Feito desgosto de filha.

C7M   Dm7
  O amor é como um raio
          C/E
  Galopando em desafio
            Dm7
  Abre fendas, cobre vales
          Em7
  Revolta as águas dos rios
Am   F   Dm7
  Quem tentar seguir seu rastro
         C/E
  Se perderá no caminho
           Dm7
  Na pureza de um limão
G$^7_4$(9)   C7M Dm/C
  Ou na solidão do espinho.

C7M   Dm7
  O amor e a agonia
          C/E
  Cerraram fogo no espaço
         Dm7
  Brigando horas a fio
         Em7
  O cio vence o cansaço

Faltando um pedaço (continuação)

Am   F   Dm7
E o coração de quem ama
              C/E
Fica faltando um pedaço
              Dm7
Que nem a lua minguando
G7/4(9)   C   Dm/C C Dm/C C7M(9)
Que nem o meu nos seus braços.

Levante os olhos

Samba-canção - Lá menor *Silvio Cesar*

Introdução: Am7 Dm7 G7 C7M F7M E7 Am E7

E7   Am7
   Levante os olhos
                Dm
   Olhe de frente pra ela
G7   C7M
   Olhe bem dentro dos olhos
F7M   Bm7(5-) E7
   E veja tudo o que di - zem.

Dm   G7/4 G7
   A verdade às vezes dói
                Em7(11)
   Mas é porque você constrói
   A7(9-)   Dm7   Bb7 A7
   Um mundo só de sonhos e de me - do
Dm   G7/4 G7
   Meu irmão se você quer
             Em7(11)
   Ganhar o amor de uma mulher
   A7(9-)   Dm7   Bm7(5-) E7
   Procure nos seus olhos o segre - do.

        Am
   Levante os olhos
              Dm G7
   Olhe de frente pra ela
             C7M
   Olhe nos olhos da vida
F7M   E7   Am
   E veja apenas o que dizem

2ª vez para terminar:
    Am
o que dizem.

Meu consolo é você

Samba - Fá Maior *Nássara e Roberto Martins*

Introdução: F7M Bbm F7M D7 Gm C7 F7M

F7M　　　　　　　　Gm7
Meu consolo é você
C7　　　　　F7M　　　　D7　　　　Gm7
Meu grande amor eu explico por quê
　　　D7　　　　Gm7　　　　　　　　C7
Sem você sofro, muito, não posso viver
　　　　　　　　　　　　　　　　F6
Sem você mais aumenta meu padecer
　　　　　　　　Gm7
Tudo fiz sem querer
　　C7　　　　　Am7　　　　D7　　　　Gm7 C7　　F6
Meu grande amor eu peço desculpa a você.

F7M　　　　　Gm7　　　　　　　C7　　　　F7M
Mas se por acaso você não me perdoar
Gm7　　　　　C7
Juro por Deus
　　　　　　　　　　　　F6
Que não vou me conformar
　　　　　　　　Gm7　　　　　C7　　　　　F7M
Pois a minha vida sem você é um horror
　　D7　　　　　Gm7
Eu sofro noite e dia
　　C7　　　　　　Gm7
E você sabe porque
　　　　　　　C7　　　　F6
Meu consolo é você.

Minha

Canção - Ré menor *Francis Hime e Ruy Guerra*

  Dm7   Bm7(5) E7
Minha, vai ser minha
         Gm6   A7   Dm7
Desde a hora que nasceste
Cm7   F7   Bb7M
Minha não te encontro
Em7(5-) A7   Dm7
Só sei que estás perto
       Bm7(5-) E7
E tão longe
     Bb7M   Bbm
Num silêncio, noutro amor
        Dm7
Ou numa estrada
      Bm7(5-) E7   A7M   D7(9)
Que não deixa   seres minha
      G7 C7   F7M
Onde estejas como sejas
Bb6   E7
Vou te achar, vou
      Bbm7   A7(13-)
Me entregar, vou
     Gm7   C/Bb
Vou te amar e é tanto, tanto amor
  F7M   Bb7M
Que até pode assustar
      E7   Bbm
Não temas essa imensa sede
     Dm7   D7
Que ao teu corpo vou levar
    Gm7   C/Bb
Minha és e sou só teu
        F7M
Sai de onde estás
    Bb7M
Pra eu te ver
    E7   Bbm6 A7
Pois tudo tem de acontecer
  Dm7
Tem de ser tem
  Bm7(5)   E7
Tem de ser   vem
   Gm6   A7   Dm
Para sempre, para sempre minha.

Copyright 1976 by Trevo Editora Musical Ltda.

Não tem solução

Samba-canção - Dó Maior

Dorival Caymmi e Carlos Guinle

Introdução: F7M Fm G7

             Fm
Aconteceu um novo amor
                 C7M
Que não podia acontecer
F#m7(5-) B7   Em A7(13)
Não era hora de amar
D7   G7
Agora o que vou fazer?
C7M   G7
Não tem solução
C7M   Bm7(5) E7
Este novo amor
Am   E7
Um amor a mais
Am   Bm7 E7
Me tirou a paz
F7M   C7M
E eu que esperava
F7M   C7M
Nunca mais amar
Dm   Am
Não sei o que faça
    D7(9)   Dm7 G7
Com este amor demais.

2ª vez para terminar:
    D7(9) G7   C6
Com este amor demais.

Naquela mesa

Samba-choro - Mi menor **Sérgio Bittencourt**

Em
Naquela mesa ele sentava sempre

E me dizia sempre
             Am
O que é viver melhor
                   Am/G
Naquela mesa ele contava história
      F#m7(5-)   **B7**   **Em**
Que hoje na memória eu guardo e sei de cor

Naquela mesa ele juntava gente
        E7
E contava contente
          Am
O que fez de manhã

E nos seus olhos
      Em
Era tanto brilho
      B7
Que mais que seu filho
     Em
Eu fiquei seu fã

Eu não sabia, eu não sabia

Que doía tanto

Uma mesa num canto
         Am
Uma casa, um jardim

Se eu soubesse
         Am/G
O quanto dói a vida
    F#m7(5-)
Essa dor tão doída
B7 **Em**
Não doía assim

Agora resta uma mesa na sala
           E7
E hoje ninguém mais fala

Copyright 1973 by Edclave Edições Clave Ltda.

Naquela mesa (continuação)

       Am
No seu bandolim
                  Em
Naquela mesa tá faltando ele
     B7
E a saudade dele
        Em
Tá doendo em mim.

Nono mandamento

Samba-canção - Lá menor   **Renê Bittencourt e Raul Sampaio**

Introdução: Am Bb7M E7 Am E7

Am
Senhor,
  A7   Dm
Aqui estou eu de joelhos,
      Bm7(5-)
Trazendo os olhos vermelhos
 E7   Am Bm7(5-) E7
De chorar porque pequei.
 Am
Senhor,
  B7   Em
Por um erro de momento,
      F#m
Não cumpri um mandamento:
F7   E7
O nono da Vossa Lei.
 Am
Senhor,
     Dm Dm/C
Eu gostava tanto dela,
    Bm7(5-) E7
Mas não sabia que ela
     Am A7(13)
A um outro pertencia.
 Dm E7
Perdão
      Am
Por esse amor que foi cego,
    B7
Por essa cruz que carrego
 E7   Am Em7(5-) A7
Dia e noite, noite e dia.
 Dm Dm/C Bm7(5-)
Senhor,
 E7 Am
Dá-me sua penitência.
     Dm F
Quase sempre a inconsciência
    Gm/Bb A7
Traz o remorso depois.
  Dm   Am
Mandai para este caso comum,
     E7
Conformação para um,
    Am
Felicidade pra dois.

Copyright 1958 by Edições Euterpe Ltda.

Nunca mais

Samba-canção - Fá Maior *Dorival Caymmi*

Introdução: F7M   A7   Dm7   Bb7M   D7   Gm7   C7   F7M

F7M   Am7(5-) D7
 Eu queria escrever
Gm7   C7 Gm7
 Mas depois desisti
      C7   F7M
 Preferi te falar,   assim, a sós
       Am7(5-) D7
 Terminar nosso amor
Gm7   Em7(5-) A7
 Para nós é melhor
Dm   G7
 Para mim é melhor
   Gm7 C7   C7(5+)
 Convém a nós, convém a nós.
   F7M   Am7(5-) D7
 Nunca mais vou querer teu amor
   Gm
 Nunca mais
   C7
 Nunca mais vou querer os teus beijos
   F7M
 Nunca mais.
        G#°   Gm7
 Uma vez me pediste sorrindo, eu voltei
  C7/4(9)   C7   F7M
 Outra vez me pediste chorando, eu voltei
  Cm6/Eb   D7
 Mas agora eu não quero e nem posso,
  Gm
 Nunca mais,
  C7   F6
 O que tu fizeste, amor, foi demais
     C7   F6
Para terminar: O que tu fizeste, amor, foi demais.

O circo

Canção - Fá Maior **Sidney Miller**

Introdução: C7 F

F   C7   F
Vai, vai, vai começar a brincadeira
     D7   G
Tem charanga tocando a noite inteira
      E7   Am
Vem, vem, vem ver o circo de verdade
     Gm7   C7   F
Tem, tem, tem brincadeira e qualidade.

Corre, corre minha gente
       C7
Que é preciso ser esperto

Quem quiser que vai na frente
      F
Vê melhor quem vê de perto
      D7
Mas no meio da folia
     Gm
E noite alta, céu aberto
     A7
Sopra o vento que protesta
     Dm
Cai o teto rompe a lona
     Gm
Pra que a Lua de carona
   C7   F
Também possa ver a festa.

Vai, vai, vai, etc.

F
Bem me lembro o trapezista
    C7
Que mortal era seu salto
        F
Balançando lá no alto parecia um brinquedo
    D7   Gm
Mas fazia tanto medo que o Zezinho do trombone
    A7   Dm
De renome consagrado esquecia o próprio nome

O circo (continuação)

          Gm
E abraçava o microfone
C7   **F**
Pra tocar o seu dobrado.

Vai, vai, vai, etc.

F   **C7**
Faço versos pro palhaço que na vida já foi tudo
                               F
Foi soldado, carpinteiro, seresteiro, vagabundo
         D7   **Gm**
Sem juiz e seu juízo fez feliz a todo mundo
       A7   **Dm**
Mas no fundo não sabia que em seu rosto coloria
         Gm   **C7**   **F**
Todo encanto do sorriso que seu povo não sorria.

Vai, vai, vai, etc.

F   **C7**
De chicote, cara feira, domador fica mais forte
                              F
Meia-volta, volta e meia, meia vida, meia morte
          D7   **Gm**
Terminando seu batente de repente a fera some
            A7   **Dm**
Domador que era valente noutra esfera se consome
          Gm   **C7**   **F**
Seu amor, indiferente, sua vida e sua fome.

Vai, vai, vai

F
Fala o fole da sanfona
       C7
Fala a flauta pequenina

Que o melhor vai vir agora
          F
Que desponta a bailarina

O circo (continuação)

       D7
Que seu corpo é de senhora,
      Gm
Que seu rosto é de menina
       A7
Quem chorava já não chora
      Dm
Quem cantava desafina
      Gm
Porque a dança só termina
  C7   **F**
Quando a noite vai embora.

  C7   **F**
Vai, vai, vai terminar a brincadeira
   D7   **G**
Que a charanga tocou a noite inteira
  E7   **Am**
Morre o circo renasce na lembrança
  C7   **F**
Foi-se embora, e eu ainda era criança.

O que eu gosto de você

Samba - Fá Maior   *Silvio César*

Introdução: Gm7 C7 Gm7 C7 C F

F7M   Am7
O que eu gosto de você
  D7(5+)   Gm7   C7
É esse seu jeitinho de falar
      Gm7   C7
Esse jeitinho de sorrir
     Gm7   C7   F7M
É sorriso lindo como quê
                  Am7
O que eu não gosto de você
  D7(9-)   Gm7   C7
É esse olhar indiferente
       Gm7   C7
Que machuca tanto a gente
         Gm7   C7   F
Quando a gente fala de você
     Bbm7   Eb7
Eu não sei bem por que
      Ab7M
Fui gostar mesmo assim
      Bbm7   Db7(9)
Sem saber se você
          C7
Vai gostar de mim

F7M   Am
Mas o que sinto por você
  D7(9-)   Gm7   C7
Já é definitivo, não tem jeito
      Gm7   C7
Já não vivo satisfeito
     Gm7   Am7(5)   D7(9)
Esperando sempre por você
    Gm7   C7
Adoro esse seu jeito
      Gm7   C7
De pensar e dizer
 G#m7   C#7
Será que não há jeito
     G#m7   C#7
De você compreender
       Gm7   C7
Que no meu dicionário
      Gm7   C7   F6
Só existe uma palavra: você.

O mar

Canção praieira - Mi Maior   **Dorival Caymmi**

   E   C#m7
O mar...
B7/4(9)   E
Quando quebra na praia
    B7   E
É bonito... é bonito
  F   Dm7
O mar...
C7/4(9)   F
Pescador quando sai
    C7   F
Nunca sabe se volta
   C7 F
Nem sabe se fica
     Bbm6 F
Quanta gente perdeu
    Bbm6   F
Seus "maridos" ... seus "filhos"
    Bbm6 F
Nas ondas do mar.

  E   C#m7
O mar...
B7/4(9)   E
Quando quebra na praia
    B7   E
É bonito... é bonito
E   F#m7
Pedro vivia da pesca
    G#m7
Saía no barco
     F#m7
Seis horas da tarde
     E7M
Só vinha na hora
  C#7   F#m7
Do sol "raia"
  B7   F#m7
Todos gostavam de Pedro
     B7
E mais do que todos
    F#m7
Rosinha de Chica

O mar (continuação)

     B7
A mais bonitinha
            F#m7
E mais "bem feitinha"
     B7
De todas mocinha
        E   **B7/4(9)**
Lá do "arraia"
E7M   **F#m7**
Pedro saiu no seu barco
      G#m7
Seis hora da tarde
     F#m7
Passou toda a noite
       E7M   **C#7** **F#m7**
E não veio na hora do sol "raiá"
B7   **F#m7**
Deram com o corpo de Pedro
   B7
Jogado na praia
   F#m7
Roído de peixe
        B7
Sem barco, sem nada
       F#m7
Num canto bem longe
  B7   **E** **B7/4(9)**
Lá do arraia
E7M   **F#m7**
Pobre Rosinha de Chica
    G#m7
Que era bonita
   F#m7   **C#7** **F#m7**
Agora parece que endoideceu
B7   **F#m7**
Vive na beira da praia
     B7
Olhando pras ondas
    F#m7
Rodando... andando...
   B7
Dizendo baixinho
 E
Morreu... morreu...
B7   **E**   **C#m7**
Oh! O mar...
B7(9)
Quando quebra na praia
  B7   **E**
É bonito... é bonito.

O samba da minha terra

Samba - Sol Maior **Dorival Caymmi**

G6   G#°   Am7
O samba da minha terra
D7   G6   Em7
Deixa a gente mole,
Am7   D7   G6 Em 7
Quando se canta todo mundo bole
Am7   D7   G6
Quando se canta todo mundo bole.

               Bm7(5) E7
Eu nasci com o samba
             Am7
No samba me criei,
          D7
Do danado do samba
        G6
Nunca me separei.

Am7   D7   G6
Quem não gosta também bole
Am7   D7   G6
Quem não sabe também bole
Am7   D7   G6
Quem é velho também bole
Am7   D7   G6
Quem é rico também bole.

        G6   Bm7(5) E7
Quem não gosta de samba
         Am7
Bom sujeito não é
       D7
E ruim da cabeça,
       G6
Ou doente do pé.

Saia do caminho

Samba - Fá Maior   **Custódio Mesquita e Ewaldo Ruy**

F7M
Junte tudo o que é seu
  F5+   **Gm7**
Seu amor, seus trapinhos
D7   **Gm7**
Junte tudo o que é seu
      C7
E saia do meu caminho
      F7M
Nada tenho de meu
    G#°   **Gm7**
Mas prefiro viver sozinho
D7(9-)   **Gm7**
Nosso amor já morreu
      G7   **C7**
E a saudade, se existe, é minha
     F7M
Tinha até um projeto
  F5+   **Gm7**
No futuro, um dia,
 D7(9-)   **Gm7**
O nosso mesmo teto
      C7
Mais uma vida abrigaria
    F7M
Fracassei novamente
   F7   **Bb**
Pois sonhei, mas sonhei em vão
G#°   **Am7**   **Gm7** **C7**
E você francamente, decididamente,
   F6
Não tem coração.

O surdo

Choro-canção - Lá menor **Totonho e Paulinho Rezende**

    Dm7   **E7**   **Am7**
Amigo, que ironia desta vida
                 Bm7(5-)
Você chora na avenida
    E7   **Am7**
Pro meu povo se alegrar
         Dm7
Eu bato forte em você
  E7   **Am7**
E aqui dentro do meu peito

Uma dor me destrói
    Dm7
Mas você me entende
Bm7(5-)   **E7**   **Am7**
E diz que pancada de amor não dói

Meu surdo
      Dm
Parece absurdo
       G7
Mas você me escuta
       Dm7 **G7**
Bem mais que os amigos
  C7M
Lá do bar
E7   **Am**
Não deixa
          Dm
Que a dor mais lhe machuque
   G7
Pois pelo seu batuque

Eu dou fim do meu pranto
   C7M **Bm7(5-)**
E começo a cantar
E7   **Am**
Meu surdo
      Dm
Bato forte no seu corpo
       G7
Só escuto este teu choro
  Dm7
Que aplausos
G7   **C7M**
Vêm me consolar

O surdo (continuação)

Amigo, que ironia desta vida, etc.
    [Dm7]   [E7]   [Am7]

Meu surdo velho amigo e companheiro [Dm]
Da avenida e de terreiro [G7]
De rodas de samba e de solidão
  [Dm7]   [G7]   [Bm7(5-)]

[E7] Não deixe que eu, vencido de cansaço, [Am] [Dm]
Me descuide desse abraço [G7]
E desfaça o compasso dum passo
  [Dm7]   [Gm]   [Bm7(5-)]
Do meu coração. [E7] [Am]

Os quindins de Yayá

Samba - Ré Maior **Ary Barroso**

D
Os quindins de Yayá... cumé, cumé, cumé

Os quindins de Yayá... cumé, cumé, cumé
            A7
Os quindins de Yayá... cumé
      D   **B7**   **Em7** **B7**
Cumé que faz chorá
Em   **F#m7(5-)**   **B7**
Os oin de Yayá... cumé, cumé, cumé
Em   **F#m7(5-)**   **B7**
Os oin de Yayá... cumé, cumé, cumé
Em   **B7**
Os oin de Yayá... cumé
               Em
Cumé que faz pena - a - a
A7   **D**
O jeitão de Yayá - me dá - me dá
      F#m7(5-)
Urna dô - me dá - me dá
        B7
Que não sei - se é - se é
      Em
Se é ou não é amo
Gm   **Em7(5-)**
Só sei que Yaya tem umas coisa
        A7   **D**
Que as outras Yayas não tem... que é?
Em7   **A7**   **D**
Os quindins de Yayá
Em7   **A7**   **D**
Os quindins de Yayá
Em7   **A7**   **D**
Os quindins de Yayá
Em7   **A7**   **D**
Os quindins de Yayá.

    Bm   **F#m7**
Tem tanta coisa de valô
    G7M   **Gm7**
Neste mundo de Nosso Senhô:
    Em7   **A7**
- Tem a flô da meia-noite
    D
Escondida nos canteiros!

Copyright 1940 by Irmãos Vitale S.A. Ind. e Com.

Os quindins de Yayá (continuação)

     Em7   A7
Tem música e beleza
   D   F#m7(5-)
Na voz dos boiadeiros!
   Em7   A7
A prata da lua cheia...
   D   F#m7
O leque dos coqueiros...
Bm7   Em7   A7
O sorriso das crianças...
   D   F#m7
A toada dos barqueiros...
Bm7   Gm7   D   D7
Mas juro por Virgem Maria
         G   G°   D
Que nada disso pode matá... o quê?
E7   A7   D
Os quindins de Yayá
E7   A7   D
Os quindins de Yayá
E7   A7   D
Os quindins de Yayá
E7   A7   D
Os quindins de Yayá.

Para viver um grande amor

Samba - Dó Maior　　　　　　　　　*Toquinho e Vinícius de Moraes*

Introdução: C　D7　G7　C　G7(13)

Cantado:

C6　　F6　　　　Em7(11)　Am7
Eu　não ando só
　　　　　　　D7(9)　　G7(13)　　　C6
Só ando em bo　-　a companhia
　　　F7M　　　　　Em7(11)　Am7
Com　　meu violão
　　　　　　　D7(9) G7(13)　　C6
Minha canção　e a poesia.

Falado:

Para viver um grande amor, preciso

É muita concentração e muito siso;

Muita seriedade e pouco riso

Para viver um grande amor.

Para viver um grande amor, mister

É ser um homem de uma só mulher,

Pois ser de muitas - poxa! - é pra quem quer -

Não tem nenhum valor.

Para viver um grande amor, primeiro

É preciso sagrar-se cavalheiro

E ser de sua dama por inteiro -

Seja lá como for.

Há que fazer do corpo uma morada

Onde clausure-se a mulher amada

Para viver um grande amor (continuação)

E portar-se de fora com uma espada -

Para viver um grande amor.

Cantado:

D6 G7M   F#m7(11)
Eu   não ando só
Bm7   E7   A7(13)   D6
Só ando em bo - a companhia
      G7M   F#m7(11)
Com   meu violão
Bm7   E7   A7(13) D6
Minha canção   e a poesia.

Falado:

Para viver um grande amor direito

Não basta apenas ser bom sujeito,

É preciso também ter muito peito -

Peito de remador.

É sempre necessário ter em vista

Um crédito de rosas no florista;

Muito mais, muito mais que na modista!

Para viver um grande amor.

Conta ponto saber fazer coisinhas:

Ovos mexidos, camarões, sopinhas,

Molhos, filés com fritas - comidinhas

Para depois do amor

E o que há de melhor que ir pra cozinha

E preparar com amor uma galinha

Com rica e gostosa farofinha para o seu grande amor?

Para viver um grande amor (continuação)

Cantado:

| Eb6 | Ab7M | Gm7(11) |

  Eu   não ando só

Cm7   F7   Bb7(13)   Eb6

  Só ando em bo - a companhia

     Ab7M   Gm7(11)

  Com meu violão

Cm7   F7   Bb7(13) Eb6

  Minha canção e a poesia.

Falado:

Para viver um grande amor, é muito,

Muito importante viver sempre junto

E até ser, se possível, um só defunto -

Pra não morrer de dor.

É preciso um cuidado permanente

Não só com o corpo, mas também com a mente,

Pois qualquer "baixo" seu, a amada sente

E esfria um pouco o amor.

Há que ser bem cortês sem cortesia;

Doce e conciliador sem covardia;

Saber ganhar dinheiro com poesia

Não ser um ganhador.

Mas tudo isso não adianta nada,

Se nesta selva escura e desvairada,

Não se souber achar a grande amada -

Para viver um grande amor!

Para viver um grande amor (continuação)

Cantado:

F6   Bb7M   Am7(11)
Eu   não ando só
Dm7   G7 C7(13)   F6
Só ando em bo - a companhia
      Bb7M   Am7(11)
Com   meu violão
Dm7   G7 C7(13)   F6
Minha canção e a poesia.

Tá - Hi!... (Pra você gostar de mim)

Marcha-canção - Dó menor   *Joubert de Carvalho*

Cm   **Fm**
Tá-Hi!...

Eu fiz tudo
                 Cm
Pra você gostar de mim...

Oh! meu bem
            G7
Não faz assim comigo não!
Dm7(5-)   **G7**   **Dm7(5-) G7**
Você tem, você tem
               Cm
Que me dar seu coração.

                 G7
Meu amor não posso esquecer...
Dm7(5-)   **G7**   **Cm7**
Se dá alegria, faz também sofrer
       Fm   **Cm**
A minha vida foi sempre assim:
          G7   **Cm**
Só chorando as mágoas... que não têm fim.

             G7
Essa história de gostar de alguém
Dm7(5-)   **G7**   **Cm**
Já é mania que as pessoas têm
       Fm   **Cm**
Se me ajudasse nosso Senhor
         G7   **Cm**
Eu não pensaria mais no amor.

Última inspiração

Samba-canção - Dó menor *Peterpan*

 Cm   G7   Cm
Eu sempre fui feliz, vivendo só, sem ter amor
C7   Fm
Mas o destino quis roubar-me a paz de sonhador
       G7   Cm
E pôs num sonho meu o olhar de ternura
         G7 Cm
De alguém que mesmo em sonho roubou minha ventura
         G7   Cm
Sonhei com esse alguém noites e noites... sem cessar
C7   Fm
Por fim, alucinado, fui pelo mundo a procurar
      G7   Cm
Aquele olhar tristonho da cor do luar
        G7   Cm
Mas tudo foi um sonho pois não pude encontrar.
         G7   Cm
Mas na espinhosa estrada desta vida sem querer... um dia,
C7   Fm
Encontrei com esse alguém que tanto eu queria
         D7 G7   Cm
E esse alguém, que mesmo em sonho eu amei com tanto ardor
D7   Fm/Ab G7 Cm
Não compreendeu a minha dor! foi inspirado, então
    G7   Cm   C7
Na ingratidão de quem amava tanto que fiz esta triste valsa
     Fm
Triste como o pranto que me mata de aflição
 Cm   G7   Cm
Bem sei que esta valsa será a minha última inspiração.

Terezinha

Valsinha - Mi menor *Chico Buarque de Hollanda*

<code>Em</code>
  O primeiro me chegou
  <code>E7   Am</code>
  Como quem vem do florista

  Trouxe um bicho de pelúcia
       <code>B7   Em</code>
  Trouxe um broche de ametista
     <code>C7M   A7</code>
  Me contou suas viagens
      <code>G   Bm</code>
  E as vantagens que ele tinha
<code>D7   G   E7</code>
  Me mostrou o seu relógio
    <code>F#7   B7</code>
  Me chamava de rainha
     <code>G7   C</code>
  Me encontrou tão desarmada
    <code>Cm   E7</code>
  Que tocou meu coração
          <code>Am</code>
  Mas não me negava nada
    <code>B7   Em</code>
  E assustada eu disse não.

  <code>Coro: E7   Am   B7(9-)   Em</code>

<code>Em</code>
  O segundo me chegou
   <code>E7   Am</code>
  Como quem chega do bar

  Trouxe um litro de aguardente
  <code>B7   Em</code>
  Tão amarga de tragar
    <code>C7M   A7</code>
  Indagou o meu passado
     <code>G7   Bm</code>
  E cheirou minha comida
<code>D7   G   E7</code>
  Vasculhou minha gaveta
    <code>F#7   B7</code>
  Me chamava de perdida
     <code>G7   C</code>
  Me encontrou tão desarmada
     <code>Cm   E7</code>
  Que arranhou meu coração

Terezinha (continuação)

              Am
Mas não me entregava nada
  B7   Em
E assustada eu disse não.

Coro: Am   B7(9-)   Em

Em
  O terceiro me chegou
      E7   Am
Como quem chega do nada

Ele não me trouxe nada
      B7   Em
Também nada perguntou
    C7M   A7
Mal sei como ele se chama
    G7   Bm
Mas entendo o que ele quer
D7   G   E7
Se deitou na minha cama
  F#7   B7
E me chama de mulher
  G7   C
Foi chegando sorrateiro
    Cm   E7
E antes que eu dissesse não
            Am
Se instalou feito um posseiro
 B7   Em
Dentro do meu coração.

Coro: Am   B7(9-)   Em

A jangada voltou só

Canção praieira - Si menor   **Dorival Caymmi**

   Bm7
A jangada saiu
  Em   **F#7**
Com Chico Ferreira

E o Bento...
     Bm7
A jangada voltou só,

Com certeza foi,
 Em   **F#7**
Lá fora, algum pé de vento...
     Bm7
A jangada voltou só.

 Em7   **Bm**
Chico era o "boi" do rancho
Em7 **F#7** **Bm**
Nas festas de Natá

 Em7 **A7** **D7M**
Não se ensaiava o rancho
    Em **F#7** **Bm**
Sem com o Chico se conta.

 F#m7(5-) **B7(9-)** **Em**
Agora que não tem Chico
  A7   **D7M**
Que graça é que pode tê
  G   **F#7**
Se Chico foi na jangada
   Em **Bm**
...E a jangada voltou só.

  Bm7
A jangada saiu... etc.

 Em7   **Bm**
Bento, cantando modas
Em7 **F#7** **Bm**
Muita figura fez

A jangada voltou só (continuação)

Em7   A7   D7M
Bento tinha bom peito
          Em   F#7   Bm7
E pra canta não tinha vez

   F#m7(5-)   B7   Em
A moça de Jaguaribe
   A7   D7M
Chorava de fazer dó
      G   F#7
Seu Bento foi na jangada
        Em7   Bm
...E a jangada voltou só.

                  Bm
A jangada voltou só... etc.

A tua vida é um segredo

Samba - Dó menor   **Lamartine Babo**

     Cm7
A tua vida é...
G7   **Cm**
É um segredo...
Fm   **Cm**
É um romance e tem...
G7   **Cm**
E tem... enredo!
    Bb7
A tua vida é...
          Eb7M
É um livro amarelado,
   D7   **G7**   **Cm**
Lembranças do passado
    G7   **C7**
Folhas soltas da saudade...
    Fm
A tua vida...
          Cm
Romance igual ao meu...
D7   **G7**   **Cm**
Igual a muitos outros
    G7   **Cm**
Que o destino escreveu!
    Bb7
A tua vida
        Eb7M
Foi sonho... e foi... ventura
   D7 **G7** **Cm**
Foi lágrima caída...
   G7   **C7**
No caminho da amargura!
     Fm
São nossas vidas
        Cm
Romances sempre iguais
  D7 **G7** **Cm**
Três atos de jnentira...
   G7   **Cm**
Cai o pano... e nada mais!

Ave Maria

Samba-canção - Sol Maior   *Vicente Paiva e Jayme Redondo*

   E7   **Am**
Ave Maria
 D7   **G7M**
Dos seus andores
Em7   **Am7**
Rogai por nós
 D7   **G7M**
Os pecadores
    F#m7(5-)   **B7**
Abençoai desta terra morena
        Em
Seus rios, seus campos

E as noites serenas,
   A7
Abençoai as cascatas
    Am7   **D7**
E as borboletas que enfeitam as matas
E7   **Am7**
Ave Maria
 D7   **G7M**
Cremos em vós
Em7   **Am7** **D7**
Virgem Maria
   G7M
Rogai por nós
G7   **C7M**   **Cm**
Ouvi as preces murmúrio de luz
     G7M
Que os céus ascendem
    Bm   **E7** **Am7**
E o vento conduz, conduz a vós
   D7
Virgem Maria
  G
Rogai por nós.

Ave Maria no morro

Samba-canção - Sol Maior   **Herivelto Martins**

  G
Barracão de zinco
    C7M   **Cm**
Sem telhado, sem pintura,
  G
Lá no morro
    Am7   **D7** **G**
Barracão é "bungalow"!
    Dm7 **G7**   **Dm7 G7**   **C7M**
Lá não existe felicida - de de arranha-céu,
      Cm   **G**
Pois quem mora lá no morro
Em7 **Am7**   **D7**   **G7M**
Já vive pertinho do céu!
     Dm7
Tem alvorada
    G7
Tem passarada
  C6
Alvorecer
    Cm6   **G**
Sinfonia de pardais
Em7   **A7**   **D7**   **G**
Anunciando o anoitecer
      Cm
E o morro inteiro
    G
No fim do dia
      Am7 **D7** **G**
Reza uma prece - Ave Maria
G   **G#°** **Am** **B7 E** **C7** **B7**
A - ve Maria!   A - ve
  C7M   **D7**
E quando o morro escurece
G   **Am7**   **D7**
Eleva a Deus uma prece...
G **C** **G**
A - ve Maria!

Chove lá fora

Valsa-canção - Si bemol Maior   *Tito Madi*

Bb7M   **Dm7**
  A noite está tão fria
         Dbm7   **Gb7(13)**
  Chove lá fo - ra
Bb7M   **Dm7**
  E esta saudade enjoada
       Dm7(5)   **G7(13)**   **G7(13)**
  Não vai embora
Cm7   **F7(9)**
  Quisera compreender
       Bb7M   **Gm7**
  Por que partis - te
C7/4(9)   **C7**
  Quisera que soubesses
       Cm7   **F7/4**   **F7**
  Como estou tris - te
Bb7M   **Dm7**
  E a chuva conti - nua
       Dbm7   **Gb7(13)**
  Mais forte ain - da
Bb7M   **Dm7**
  Só Deus sabe dizer
       Dm7(5-)   **G7(13)**   **G7(13-)**
  Como é infin - da
Cm7   **F7(9-)**
  A dor de não saber
       Bb7M
  Saber... lá fora
Ab7(13)   **G7/4(9)**   **G7(9)**   **Cm7**
  Onde estás? Como estás?
F7/4   **F7**   **Bb7M**
  Com quem estás, agora?

Bastidores

Samba-canção - Fá menor   *Chico Buarque de Hollanda*

```
 F          G7  C7                F#°  F7
Chorei,  chorei até ficar com dó de mim
Bbm7         Eb7          Ab7M
E me tranquei no camarim
Bb7            Eb7           D7
Tomei um calmante, um excitante,
         Gm7       C7
Um bocado de gim
 F          G7  C7                F#°  F7
Amai - diçoei o dia em que te conheci
Bbm7          Eb7          Ab7M
Com muitos brilhos me vesti
       Bb7       Eb         C7          Fm         Bb7
Depois me pintei, me pintei, me pintei, me pintei
       Eb      G7  Cm          F7       Bbm7   Eb7
Cantei,  cantei,  como é cruel cantar assim,
Ab7M        G7         Cm
E num instante de ilusão
             G7      D7        G7
Te vi pelo salão a caçoar de mim
C7      F      G7    C7                F#°  F7
Não me troquei, voltei correndo ao nosso lar
Bbm7         Eb7          Ab7M
Voltei pra me certificar
Bb7            Eb            C7
Que tu nunca mais vais voltar
        Fm7          Bb7
Vais voltar, vais voltar
       Eb      G7 Cm                 Bbm   Eb7
Cantei,  cantei,  nem sei como eu cantava assim
Ab7M        Gm7        Cm
Só sei que todo o cabaré
             G7      D7         G7   C7
Me aplaudiu de pé quando cheguei ao fim
        F     G7
Mas não bisei
        C7              F#°  F7
Voltei correndo ao nosso lar
Bbm7         Eb7          Ab7M
Voltei pra me certificar
Bb7            Eb            C7
Que tu nunca mais vais voltar
```

Bastidores (continuação)

       Fm
Vais voltar, vais voltar
 Eb   **G7** **Cm7**   **F7**   **Bbm7** **Eb7**
Cantei,   cantei, jamais cantei tão lindo assim.
Ab7M   **Gm7**   **Cm**
E os homens lá pedindo bis
           G7   **D7**   **G7** **C7**
Bêbados e febris a se rasgar por mim
     F   **G7** **C7**   **F#°** **F7**
Chorei, chorei até ficar com dó de mim...

Bbm7 **Fm7** **Bbm7** **Eb7** **Ab7M**

Camisa listada

Samba-canção - Dó menor *Assis Valente*

    Cm7   **G7(5+)**
Vestiu uma camisa listada
         Cm
E saiu por aí
                  C7
Em vez de tomar chá com torrada
       Fm
Ele bebeu parati

Levava um canivete no cinto
          Cm
E um pandeiro na mão
             Fm
E sorria quando o povo dizia
    Ab7   **G7**
Sossega leão, sossega leão
    Cm   **G7(5+)**
Tirou o seu anel de doutor
             Cm7
Para não dar que falar
                 C7
E saiu dizendo eu quero mamar

Mamãe, eu quero mamar
           Fm
Mamãe, eu quero mamar
   Dm7(5-)   **G7**
Levava um canivete no cinto
         Cm
E um pandeiro na mão
    Ab7M   **G7**
E sorria quando o povo dizia
          Cm
Sossega leão, sossega leão
 Dm7(5-)   **G7**   **Cm**
Levou meu saco de água quente pra fazer chupeta
               C7   **Fm**
Rompeu minha cortina de veludo pra fazer uma saia
 Dm7(5-)
Abriu o guarda-roupa
   G7   **Cm**
E arrancou minha combinação

Camisa listada (continuação)

Ab7M   **Dm7(5-)**
E até do cabo de vassoura
       G7
Ele fez um estandarte
       Cm
Para o seu cordão.
Dm7(5-)   **G7**   **Cm**
Agora que a batucada vai começando

Não deixo e não consinto
                 Fm
O meu querido debochar de mim
Dm7(5-)   **G7**
Porque se ele pega as minhas coisas
       Cm
Vai dar o que falar
    Ab7M   **Dm7(5)**
Se fantasia de Antonieta
       G7
E vai dançar no Bola Preta
    Cm
Até o sol raiar.

Caprichos do destino

Valsa-canção - Lá menor *Pedro Caetano e Claudionor Cruz*

  Am   Dm6
Se Deus um dia
       E7   Am
Olhasse a terra e visse o meu estado
                    Bm7(5)
Na certa compreenderia
  E7   A7
O meu trilhar deseperado
       Dm6
E tendo Ele
     E7   Am
Em suas mãos o leme dos destinos
F7   Em
Não deixar-me-ia assim
     B7   E7(9-) Am
A cometer desatinos.
      Dm6
É doloroso
   E7   Am
Mas infelizmente é a verdade
  F7   Bm7(5)
Eu não devia nem sequer
 E7   A7(9-)
Pensar numa felicidade que não posso ter
 Dm   E7   Am
Mas sinto uma revolta dentro do meu peito
        F7
É muito triste não se ter direito
E7   Am
Nem de viver.
 A7M   F#7   Bm
Jamais consegui um sonho ser concretizado
 E7   A
Por mais modesto e banal sempre me foi negado
          F#m7
Assim, meu Deus, francamente, devo desistir
C#7   F#7
Contra os caprichos da sorte
 B7   E7
Eu não posso insistir,
 A7M   F#7   Bm7
Eu quero fugir ao capricho a que estou condenado

Copyright 1952 by Mangione, Filhos & Cia. Ltda.

Caprichos do destino (continuação)

   E7   **A**
Eu quero deixar esta vida onde fui derrotado
Em   **A7**
Sou covarde, bem sei
                D   **G7**
Que o direito é levar a cruz até o fim
       A6   **Bm**   **F7M E7(9-) Am7**
Mas não posso, é pesada demais pra mim.

Doce veneno

Samba - Ré Maior   **Valzinho, Carlos Lentine e M. Goulart**

     D
Quanta dor,
    G7   **C#7**
Tão infeliz eu sou...
  Am7
Por que razão...
    Gm7 **C7**   **F7M**
Você vive a me torturar,
  Bm7   **E7**   **Am7**
O meu sofrimento é infinito!
    D7
Não suporto tanta dor,
  Dm7   **Bb7**
Coração já não existe em mim,
Em7   **A**   **D**
Ai! meu Deus!... Que amargor!

Gm7   **C7**   **F7M**
Oh! Doce veneno, você é meu querer,
  D#7   **E7**   **Em7** **A7**
Você entrou no meu sangue sem eu perceber...
D7   **Gm7**   **Bbm6**
Oh! Quanto eu sou tão infeliz
  C7   **F7M**
Em pensar sempre em você
  Gm7 **C7** **F**
Eis a razão do meu sofrer!

Para repetir: **Em7 A7(13)**

Emília

Samba - Sol Maior **Wilson Baptista e Haroldo Lobo**

G7M
Quero uma mulher que saiba lavar e cozinhar
Am7   D7   G7M   E7   Am7
Que de manha cedo me acorde na hora de trabalhar
          F#m7(5-)
Só existe uma
      B7   Em7
E sem ela eu não vivo em paz
Am7
Emília, Emília, Emília
      D7
Eu não posso mais.

    Am7   D7   Am7   D7   G7M
Ninguém sabe igual a ela preparar o café
       F#m7(5-)   B7   Em7
Não desfazendo das outras, Emília é mulher
   C6   F7   Bm7   E7
Papai do céu é quem sabe a falta que ela me faz
   Am
Emília, Emília, Emília
      D7   G
Eu não posso mais.

Fim de caso

Samba-canção - Fá Maior   **Dolores Duran**

```
 F7M
Eu desconfio
         D7                         Gm   Gm/F
Que o nosso caso está na hora de acabar
        Em7(5-)        A7          Dm   Dm/C
Há um adeus em cada gesto, em cada olhar
            G7/B      G7         Gm7   C7
Mas nós não temos é coragem de falar
         F7M          D7              Gm7   Gm/F
Nós já tivemos a nossa fase de carinho apaixonado
         Em7(5-)       A7          Dm7
De fazer versos, de viver sempre abraçados
            G7              C7   Cm7   F7
Naquela base de só vou se você for.
           Bb          C7                        F7M
Mas, de repente, fomos ficando cada dia mais sozinhos
                                 G7
Embora juntos cada qual tem seu caminho
                            Gm7   C7
E já não temos nem vontade de brigar
         F7M         D7              Gm7   Gm/F
Tenho pensado e Deus permita que eu esteja errado
           Em7(5-)  A7         Dm
Mas eu estou, estou desconfiado
         Gm7           C7        F
Que o nosso caso está na hora de acabar.

2ª vez, para terminar:
         Gm7           C7        F6
Que o nosso caso está na hora de acabar
         Gm7           C7        F6
Que o nosso caso está na hora de acabar.
```

Menina moça

Samba - Mi menor **Luiz Antonio**

Em
Você, botão de rosa
   F#7   B7   Bm7(5)
Amanhã a flor mulher
E7   Bm7(5-)
Jóia preciosa
E7   Am
Cada um deseja e quer
            D7
Que manhã banhada ao sol
G7M   Em
Vem ao mar beijar
C7M   F#m7(5-)   B7(5+)
Lua enciumada noite alta vai olhar
      Em
Você, menina moça
   F#7   B7   Bm7(5-)
Mais menina que mulher
Em   Bm7(5-)
Condições não ouça
E7   Am
Abra os olhos se puder,
         D7
Tudo tem seu tempo certo
G7M   Em7
Tempo para amar
C7M   B7   Em
Coração aberto faz chorar,
  Bm7(5) E7
A lua, o sol,
  Am
A praia, o mar
  C#7   F#7
Missão, dever
         B7   Em
A vida eterna para amar.

Folia no matagal

Marcha - Lá Maior   *Eduardo Dusek e Luis Carlos Góes*

    A   F#m   Bm7
O mar passa saborosamente
   E7   A
A língua na areira
    F#m   C#m7
Que bem debochada
Bm   E7
Cínica que é
   B7   Bm   E7
Permite deleitada esses abusos do mar
   Bm7   E7   A   F#m
Por trás de uma folha de palmeira
Bm   E7
A lua poderosa
          A7
Mulher muito fogosa
   D   E7   A F#m
Vem nu - a, vem nua
   Bm   E7   Em7 A7
Sacudindo e brilhando inteira
   D   E7   A
Vem nu - a, vem nua
F#m   Bm   E7   Em7 A7
Sacudindo e brilhando inteira
D7   C#m7   Bm7   E7   F#m
Palmeiras se abraçam fortemente
 B7   E7   A
Suspiram, dão gemidos, soltam ais
        Dm   A
Um coqueirinho pergunta docemente
F#m   Bm   B7   E7
A outro coqueiro que o olha sonhador:
Bm   F#7   Bm
Você me amará eternamente
   E7   A
Ou amanhã tudo já se acabou?
D   Dm
Nada acabará
 A   F#7
Grita o matagal
Bm   E7   Em7 A7
Nada ainda começou

Folia no matagal (continuação)

          D   **E7**
Imagina... são dois coqueirinhos
Bm7   **E7**
Ainda em botão
             Bm   **D**   **A**
Nem conhecem ainda o que é uma paixão
  D   **Dm**
E lá em cima a lua
G7   **A**
Já virada em mel
F#m   **Bm**
Olha a natureza
    E7   **A7**
Se amando ao léu
Dm   **G7**
E louca de desejo
  A   **F#7**
Fulgura num lampejo
B7   **E7**   **A** **A7**
E rubra se entrega ao céu
Dm   **G7**
E louca de desejo
  A   **F#7**
Fulgura num lampejo
Bm7   **E7**   **A**
E rubra se entrega ao céu
  A
Olé!

Maria

Samba - Fá Maior   ***Ary Barroso e Luiz Peixoto***

  F7M   F#° Gm7
Maria!
       C7   F7M
O teu nome principia
       G7 C7   F7M
Na palma da minha mão
       G7
E cabe bem direitinho
      C7   F7M   C7
Dentro do meu coração, Maria!
F7M   F#° Gm7
Maria!
       C7   F7M
De olhos claros, cor do dia
     G7   C7   F7M
Como os de Nosso Senhor
          G7
Eu, por vê-los tão de perto,
    C7   F6
Fiquei ceguinho de amor.
Bb7M
No dia, minha querida,
  Gm7
Em que juntinhos na vida
    F7   F7M
Nós dois nos quisermos bem

A noite em nosso cantinho

Hei de chamar-te baixinho
        Gm7   C7
Não hás de ouvir mais ninguém, Maria!
F7M   F#° Gm7
Maria!
    C7   F7M
Era o nome que eu dizia
     G7 C7   F7M
Quando aprendi a falar

Da avozinha,
  G7
Coitadinha,

Copyright 1932 by Irmãos Vitale S.A. Ind. e Com.

Maria (continuação)

        C7   F   C7
Que eu não canso de chorar, Maria!
Bb7M
E quando eu morar contigo
     Gm7
Tu hás de ver que perigo
    C7   F7M
Que isso vai ser, ai meu Deus!

Vai nascer todos os dias

Uma porção de Marias
                       Gm7   C7
De olhinhos da cor dos teus, Maria!
  F
Maria!

Meu caro amigo

Choro - Dó Maior   **Francis Hime e Chico Buarque de Hollanda**

C6/E   Eb°   Dm7   G/F
Meu caro amigo me perdoe, por favor
C6/E   Cm6/Eb   Dm7   G/F
Se eu não faço uma visi - ta
C6/E   Eb°   Dm7   G/F
Mas como agora apareceu um portador
C6/E   Cm6/Eb   Bm7(5-)   E7(9-)
Mando notícias nessa fi - ta

Am   Am/G   F#m7(5-)   B7
Aqui na terra estão jogando futebol
Em7(5-)   A7(9-)   D7(9)   G/F
Tem muito samba, muito choro e rock'n'roll
C6/E   Eb°   Dm7   G/F
Uns dias chove, noutros dias bate sol
Em7(5-)   A$^7_4$(9-)   A7(9-)   D7(9)
Mas o que eu quero lhe dizer é que a coisa aqui tá preta
Fm6/Ab   C6/G   A7(9-)
Muita mutreta pra levar a situação
     D7(9)   G7(13)   Gm6/Bb   A7(9-)
Que a gente vai levando de teimoso e de pirraça
     D7(9)   G7(13)   Gm6/Bb   A7(9-)
E a gente vai tomando, que também sem a cachaça
     D7(9)   G7(13)   C$^°_9$
Ninguém segura esse rojão

C6/E   Eb°   Dm7   G/F
Meu caro amigo, eu não pretendo provocar
C6/E   Cm6/Eb   Dm7   G/F
Nem atiçar suas saúda - des
C6/E   Eb°   Dm7   G/F
Mas acontece que não posso me furtar
C6/E   Cm6/Eb   Bm7(5-)   E7(9-)
A lhe contar as novida - des

Am   Am/G   F#m7(5-)   B7
Aqui na terra estão jogando futebol
Em7(5-)   A7(9-)   D7(9)   G/F
Tem muito samba, muito choro e rock'n'roll
C6/E   Eb°   Dm7   G/F
Uns dias chove, noutros dias bate sol
Em7(5-)   A$^7_4$(9-)   A7(9-)   D7(9)
Mas o que eu quero lhe dizer que a coisa aqui ta preta
Fm6/Ab   C6/G   A7(9)
E pirueta pra cavar o ganha-pão
     D7(9)   G7(13)   Gm6/Bb   A7(9-)
Que a gente vai cavando só de birra, só de sarro
     D7(9)   G7(13)   Gm6/Bb   A7(9-)
E a gente vai fumando que, também, sem um cigarro

Meu caro amigo (continuação)

   D7(9)   **G7(13)** **C⁶/₉**
Ninguém segura esse rojão
C6/E **Eb°**   **Dm7** **G/F**
Meu caro amigo, eu quis até telefonar,
C6/E **Cm6/Eb** **Dm7** **G/F**
Mas a tarifa não tem gra - ça
C6/E **Eb°**   **Dm7** **G/F**
Eu ando aflito pra fazer você ficar
C6/E **Cm6/Eb** **Bm7(5-)** **E7(9-)**
A par de tudo que se pas - sa
Am **Am/G** **F#m7(5-)** **B7**
Aqui na terra estão jogando futebol
Em7(5-) **A7(9-)** **D7(9)** **G/F**
Tem muito samba, muito choro e rock'n'roll
C6/E **Eb°**   **Dm7** **G/F**
Uns dias chove, noutros dias bate sol
Em7(5-)   **A⁷/₄(9-)**   **A7(9-)** **D7(9-)**
Mas o que eu quero lhe dizer e que a coisa aqui tá preta
Fm6/Ab   **C6/G** **A7(9-)**
Muita careta pra engolir a transação
   D7(9) **G7(13)** **Gm6/Bb** **A7(9-)**
E a gente ta engolindo cada sapo no caminho
   D7(9) **G7(13)** **Gm6/Bb** **A7(9-)**
E a gente vai se amando que, também, sem um carinho
   D7(9)   **G7(13)** **C⁶/₉**
Ninguém segura esse rojão
C6/E **Eb°**   **Dm7** **G/F**
Meu caro amigo, eu queria lhe escrever
C6/E **Cm6/Eb** **Dm 7** **G/F**
Mas o correio andou aris - co
C6/E **Eb°**   **Dm7** **G/F**
Se me permite, vou tentar lhe remeter
C6/E **Cm6/Eb** **Bm7(5-)** **E7(9-)**
Notícias frescas nesse dis - co
Am **Am/G** **F#m7(5)** **B7**
Aqui na terra estão jogando futebol
Em7(5-) **A7(9-)** **D7(9)** **G/F**
Tem muito samba, muito choro e rock'n'roll
C6/E **Eb°**   **Dm7** **G/F**
Uns dias chove, noutros dias bate sol
Em7(5-)   **A⁷/₄(9-)**   **A7(9-)** **D7(9)**
Mas o que eu quero lhe dizer é que a coisa aqui tá preta
Fm6/Ab   **C6/G** **A7(9-)**
A Marieta manda um beijo para os seus
   D7(9) **G7(13)** **Gm6/Bb** **A7(9)**
Um beijo na família, na Cecília e nas crianças
   D7(9) **G7(13)** **Gm6/Bb** **A7(9-)**
O Francis aproveita pra também mandar lembranças
   D7(9) **G7(13)** **C⁶/₉**
A todo o pessoal, adeus.

Morena dos olhos d'água

Samba-canção - Sol Maior   **Chico Buarque de Hollanda**

    E7   Am
Morena dos olhos d'água
 Bb7   Eb7M
Tira os seus olhos do mar
 D7   G7M   Em7   A7
Vem ver que a vida ainda vale
                   Am7(5-)
O sorriso que eu tenho
D7   G
Pra lhe dar
   G7   Cm7
Descansa em meu pobre peito
  A#°   C#°   D7
Que jamais enfrenta o mar
        Gm   Em7(5-)
Mas que tem abraço estreito, morena
   Eb7   Am7(11)
Com jeito de lhe agradar
 D7   G7   Cm
Vem ouvir lindas histórias
  A#° A7(9-) Am7(5-)
Que por seu amor sonhei
D7   Gm   Em7(5-)
Vem saber quantas vitórias, morena
 Eb7M   Bm7(5)
Por mares que só eu sei
  E7   Am7
Morena dos olhos d'água, etc.
  G7   Cm7
O seu homem foi-se embora
  A#°   C#°   D7
Prometendo voltar já
  Gm   Em7(5-)
Mas as ondas não têm hora
  Eb7   Am7(11)
De partir ou de voltar
D7   G7   Cm
Passa a vela e vai-se embora
  A#° A7(9-) Am7(5-)
Passa o tempo e vai também
D7   Gm   Em7(5-)
Mas meu canto ainda lhe implora,
  Eb7M   G6
Morena, agora, morena, vem.

Copyright 1966 by Editora Musical Arlequim Ltda.

Não deixe o samba morrer

Samba - Sol menor *Edson e Aloísio*

|Gm   G7   Cm7|
Não deixe o samba morrer
F7   Bb7M
Não deixe o samba acabar
Eb7M   Am7(5-)   **BIS**
O morro foi feito de samba
D7   Gm
De samba pra gente sambar
Gm
Quando eu não puder pisar
      Cm
Mais na avenida
Am7(5-)   D7
Quando as minhas pernas
            Gm
Não puderem aguentar
    Cm7   **BIS**
Levar meu corpo
F7   Bb7M
Junto com meu samba
Eb7M   Am7(5-)
O meu anel de bamba
    D7
Entrego a quem mereça usar
    Cm7
Eu vou ficar
   F7   Bb7M
No meio do povo espiando
      G7   Cm7
Minha escola, perdendo ou ganhando
F7   Bb7M G7
Mais um carnaval
Cm7   Am7(5)
Antes de me despedir
D7   Gm
Deixo ao sambista mais novo   **BIS**
Eb7   D7 Gm
O meu pedido final
      Eb7   D7 Gm
2ª vez: O meu pedido final.

Copyright 1975 by Irmãos Vitale S.A. Ind. e Com.

Não me diga adeus

Samba - Ré menor **Paquito, Luiz Soberano e João Corrêa da Silva**

[Dm]   [Am]
Não, não me diga adeus
             [Dm]
Pense nos sofrimentos meus!

Se alguém lhe dá conselhos
      [Am]
Pra você me abandonar
                [Dm]
Não devemos nos separar
           [Gm]
Não vá me deixar,
     [Dm]
Por favor
         [Gm]
Que a saudade
   [Dm]
É cruel
            [Gm]   [Dm]
Quando existe amor.

Ninguém é de ninguém

Bolero - Si bemol Maior **Umberto Silva, Toso Gomes e Ruiz Mergulhão**

Bb7M
Ninguém é de ninguém
    G7   **Cm7**
Na vida tudo passa
          F7
Ninguém é de ninguém
         Bb7M
Até quem nos abraça
  Dm7(5-)   **G7**
Não há recordação
            Cm
Que não tenha seu fim
  Gm7
Ninguém é de ninguém
            Cm
O mundo é mesmo assim...

Bb7M
Já tive a sensação
  G7   **Cm7**
Que amava com fervor
      F7
Já tive a ilusão
          Bb7M
Que tinha um grande amor
 Dm7(5-)   **G7**
Talvez alguém pensou   **BIS**
          Cm
No amor que eu sonhei
      F7
E que perdi também
  Bb7M   **Cm7**
E assim vi que na vida
 F7   **Bb6**
Ninguém é de ninguém.

Palpite infeliz

Samba - Mi bemol Maior **Noel Rosa**

Eb   Bb7   Eb   A°   Eb
Quem é você que não sabe o que diz?
      C7   Cm   E°   Bb7/F
Meu Deus do céu, que palpite infeliz!
   G7   Cm
Salve Estácio, Salgueiro, Mangueira,
        F7
Oswaldo Cruz e Matriz   *Refrão*
      Bb7
Que sempre souberam muito bem
  Eb   C7
Que a Vila não quer abafar ninguém,
    F7   Bb7   Eb
Só quer mostrar que faz samba também!

  Bb7   Eb
Fazer poemas lá na Vila é um brinquedo!
  Eb7   Ab
Ao som do samba, dança até o arvoredo!
      Abm6
Eu já chamei você pra ver,
 Eb   C7
Você não viu porque não quis
  F7   Bb7   Eb
Quem é você que não sabe o que diz?
 Bb7   Eb
A Vila é uma cidade independente,
 Eb7   Ab
Que tira samba, mas não quer tirar patente!
     Abm6
Pra que ligar a quem não sabe
 Eb   C7
Aonde tem o seu nariz?
  F7   Bb7   Eb
Quem é você que não sabe o que diz?

Refrão

Pra você

Ré Maior *Sílvio César*

D7M   Gm7 Em7(5-)
Pra você eu guardei
          A7(9-)
Um amor infinito
D7M   Am7 D7/4(9)
Pra você procurei
    D7(9)   G7M Gm6
O lugar mais boni - to
Bm7   F#7/A#
Pra você eu sonhei
D7/A   Ab7(11+)
O meu sonho de paz
G7M   F#m7 Bm7 Em7   A7
Pra você eu guardei   demais, demais.

D7M   Gm7
Se você não voltar
Em7(5-)   A7(9-)
O que faço da vida
D7M   Am7 D7/4(9)
Não sei mais procurar
    D7(9)   G7M Gm6
A alegria perdi - da
Bm7   F#7/A#
Eu nem sei bem por que
D7/A   Ab7(11+)
Terminou tudo assim
G7M   Em7
Ah! se eu fosse você
A7   F#m7(5-) B7(9-)
Eu voltava pra mim
Em7   A7
Ah, se eu fosse você
          D6
Eu voltava pra mim.

Quando as crianças saírem de férias

Sol Maior　　　　　　　　　　　*Roberto Carlos e Erasmo Carlos*

G
Quando eu chego em casa eu encontro

Minha turma esperando, sorrindo
　　　D7
E lá vou eu
　　Am7　　　　　　　**D7**
De xerife ou de homem do espaço
　　Am7　　　　　　**D7**
No seu mundo esquecer o cansaço
　　G
E o tempo vai

Bem mais tarde, o calor do seu beijo

Me envolve em amor e desejo
　　　　D7
Mas o nosso amor
　　　Am7　　　　　　**D7**
Não vai longe, um deles lhe chama
　　Am7　　　　　**D7**
Ele quer companhia e reclama
　　G7
E você vai

E assim nosso tempo se passa,

Quando você retorna sem graça
　　　　C
E eu me aborreço
G　　　　　　　　　　**Am**　　　**D7**
Quando as crianças saírem de férias
Am　　　　　　　　　　**D7**　　　　　　**G**
Talvez a gente possa então se amar um pouco mais

Novamente o calor do seu beijo
　　　　　　　　　　　　　D7
Me acende e eu esqueço o cansaço de esperar
　　Am7　　　　　　**D7**
A história é sempre assim,
　　　Am7　　　　　**D7**
Já um outro chamando por mim

Copyright 1972 by EMI Songs do Brasil Edições Musicais Ltda.

Quando as crianças saírem de férias (continuação)

  G
E lá vou eu

E assim outra noite se passa,

Quando eu volto e fico sem graça
           C
Você já dormiu.
                         Am7   D7
Quando as crianças saírem de férias
  Am7   D7   G
Talvez a gente possa então se amar um pouco mais
                         Am7   D7
Quando as crianças saírem de férias
Am7   D7   G
Talvez a gente possa então se amar um pouco mais.

Que maravilha

Fá Maior   *Jorge Ben e Toquinho*

 F7M   **Gm7**
Lá fora está chovendo
        Am7   **Bb7M**
Mas assim mesmo eu vou correndo
    Gm7   **C7**   **F7M**
Só pra ver o meu amor,
          Gm7
Ela vem toda de branco,
       Am7   **Bb7M**
Toda molhada e despenteada
     Am7
Que maravilha
    Gm7   **C7**   **F6**
Que coisa linda que é o meu amor
  C7/4(9)   **F7M**
Por entre bancários, automóveis, ruas e avenidas
  C7/4(9)   **F7M**
Milhões de buzinas tocando sem cessar
C7/4(9)   **F7M**
Ela vem chegando de branco, meiga e muito tímida
   C7/4(9)   **C7**
Com a chuva molhando seu corpo
       F7M
Que eu vou abraçar
  Bb7M   **G7** **C7**
E a gente no meio da rua andando no meio da chuva
 F   **C7/4(9)**
A girar, que maravilha!
 F   **C7/4(9)**
A girar, que maravilha!
 F   **C7/4(9)**
A girar, que maravilha!

Você abusou

Samba - Fá Maior *Antonio Carlos e Jocafi*

F
Você abusou
      Gm   **Bbm6** **C7**
Tirou partido de mim, abusou
    F   **Am7(5)**
Tirou partido de mim, abusou
D7 **Gm7**   **C7**
Tirou partido de mim, abusou
              Fm7
Mas não faz mal
                  Bbm7
É tão normal ter desamor
      Eb7   **Ab7M**
É tão cafona sofrer dor
               Db
Que eu já não sei se é
   Gm7   **C7**   **Fm**
Meninice ou cafonice o meu amor
                     Bbm
Se o quadradismo dos meus versos
   Eb7   **Ab7M** **Ab7**
Vai de encontro aos intelectos
    Db   **Gm**   **C7**
Que não usam o coração como expressão

F
Você abusou... etc.
C7   **Fm**
Que me perdoe
            Bbm
Se eu insisto neste tema
   Eb7   **Ab7**
Mas não sei fazer poema
Db   **Gm**
Ou canção que fale de outra coisa
C7   **Fm**
Que não seja o amor.
                  Bbm
Se o quadradismo dos meus versos
  Eb7   **Ab7M**
Vai de encontro aos intelectos
Ab7 **Db**   **Gm**   **C7**
Que não usam o coração como expressão.

Valsa de uma cidade

Valsa - Dó Maior **Ismael Netto e Antônio Maria**

  C7M   Am7   Dm
Vento do mar no meu rosto
     G7   G   A7   Dm7 G7
E o sol a queimar, queimar;
  G7M   Am7   Dm7   G7
Calçada cheia de gente a passar
    C7M Am   B7
E a me ver pas - sar
E7M C#m7   F#m B7 E7M C#m   F#m B7
Rio de Janeiro, gosto   de você
E7M   C#m   F#m   E7M
Gosto   de quem gosta deste céu
      A7   Dm7   G7
Deste mar, desta gente feliz
C7M   Am7   Dm7
Bem que eu quis escrever
     G7   C7M
Um poema de amor
  A7 Dm7 G7 Cm7   Ab7   G7
E o amor   estava em tudo o que vi
Ab7M   Fm   Dm7 G7
Em tudo quanto eu amei
C7M   Am7   F7M
E no poema que eu fiz
       Dm   D7 G7   C
Tinha alguém mais feliz que eu:
  G7   C   G7   C6
O meu amor, que não me quis.

Canção da manhã feliz

Samba-canção - Ré Maior   **Haroldo Barbosa e Luiz Reis**

    Em7   A7   D7M
Luminosa manhã, por que tanta luz...
             Em7   A7   D7M
Dá-me um pouco de céu, mas não tanto azul...
F#7   Bm   C#m7(5-)
Dá-me um pouco de festa, não esta,
F#7   F#m7(5-)   C7
Que é demais pro meu anseio;
    Bm7   E7
Ela veio, manhã, você sabe
    Em7 A7
Ela veio...
    Em7   A7   D
Despertou-me chorando e até me beijou...
D7   Am7   D7   G7M
Eu abri a janela e este sol entrou...
    G#m7(5-)   C#7
De repente, em minha vida,
   F#m7   Bm7
Já tão fria, sem desejos...
     Em7
Estes festejos,
A7   F#7(13) F#7(13-) F#m7
Esta emoção...
B7(9-) Em7   A7
Luminosa manhã
   F#m7   B7
Tanto azul, tanta luz,
   Em7   A7   D
É demais pro meu coração!

Pisando corações

Valsa - Sol menor   ***Ernani Campos e Antenogenes Silva***

Introdução: Cm   Gm   Eb7M   D7   Gm

    Gm   D7
Quando eu te vi naquela noite enluarada
        Am7(5-)   D7   Gm
Minha impressão era que fosses uma fada,
 Gm   Am7(5-) D7
Fugida do seu reina - do,
                    Gm
Vinda de um mundo encantado.

Agora vi
                D7
Que a hipocrisia é o sortilégio
   Am7(5-)   D7(9-)
Que afivelas como máscara
   G7
Ao teu rosto
Cm   Gm
E que o teu sorriso encantador
     Am7(5-)
É taça de veneno
D7   Gm
Em formato de flor.

   F7
Tu passaste
  Bb
A vida a sorrir,
    D7
Pisando corações
     Gm
Indiferente a rir
   Cm
Agora voltarás
      Gm
E então hás de sofrer
     D7
Por tudo qu£ fizeste
   Gm
Os outros padecer.

Feijãozinho com torresmo

Bossa-nova - Sol Maior *Walter Queiróz*

Introdução: Cm7   D7   D/F#   Gm/Bb   Gm7   C/D   D7

G7M(9)
Olha eu chegando
    Bm7(5) E7(9-)
Tão cansado e só
  Am7 Cm/Eb
Pedindo desculpas
  D7/4 D7 F#m7(5-) B7
Pela nossa dor
Em   Em/D
Eu não fui embora
 Bm7   Am7
Eu só me perdi
C7M   Bm7
Eu estava longe
Bbm7 Am7 D7(9)
Não saí daqui
Gm7
Se você soubesse
    Cm7 Cm/Bb
Como eu demorei
Eb7M   Cm7   D7
Só para aprender que eu já sei tudo
   Dm7
E nada sei
 G7 Cm   A7   Gm/Bb
Eu quero nos teus braços ser eu mesmo
Eb7M Gm   Fm   C/E
Comer meu feijãozinho com torresmo
 Cm   D7   Gm
Beber, tentar dormir, talvez morrer.

Estácio holly Estácio

Bolero - Si bemol Maior   *Luiz Melodia*

Introdução: Bb   B°   Cm7   F7(13)

   Bb
Se alguém
                 Cm7
Quer matar-me de amor
             Dm7   Dm7(5-)
Que me mate no Estácio
 G7   Cm7   Dm7(5-)
Bem no compasso
             G7
Bem junto ao passo
   Cm7
Do passista
         F7
Da escola de samba
         Bb   F7
Do Largo do Estácio.
  Bb7M   Cm7
O Estácio acalma o sentido
          Dm7   Dm7(5-)
Dos erros que eu faço
G7(5+)   Cm7 F7
Trago não traço
        G7
Faço não caço
  Cm   F7
O amor da morena maldita
        Bb Dm7 Cm7 Bb7M
Do Largo do Estácio.
            Cm7
Fico manso, amanso a dor
 F7
Holiday
       Bb7M B° Cm7 F7 Bb7M
É um dia de paz
   Gm7   Cm7
Solto o ódio, mato o amor
  F7   Bb7M B° Cm7 F7 Bb7M
Holiday eu já não penso mais.

Fracasso

Samba-canção - Dó menor   *Mário Lago*

Introdução: Fm   Dm7(5-)   G7   Cm   D7   G7   Cm   G7(9-)   Cm

   Dm7(5)   G7   Cm
Relembro sem saudade nosso amor
             C7   Fm7
O nosso último beijo e último abraço
   Bb7   Eb
Porque só me ficou da história triste desse amor
   Am7(5-)   D7   G7   Dm7(5-)
A história dolorosa de um fracasso
  G7
Fracasso por te querer
           Cm
Assim como quis:
  Eb°   C7
Fracasso por não saber
       Fm
Fazer-te feliz.
  Bb7
Fracasso por te amar
  Eb7M   Ab7M
Como a nenhuma outra amei
  Am7(5-)
Chorar o que já chorei
  Ab7   G7
Fracasso, eu sei

Fracasso por compreender
         Cm
Que devo esquecer
        C7
Fracasso porque já sei
       Fm
Que não esquecerei
  Dm7(5-)   G7
Fracasso, fracasso, fracasso,
     Cm
Fracasso afinal,
        D7
Por te querer tanto bem
G7   Cm
E me fazer tanto mal.

O ébrio

Tango-canção - Ré menor *Vicente Celestino*

```
      Dm            A7                  Dm
    Tornei-me um ébrio, na bebida busco esquecer
              D7                         Gm
    Aquela ingrata que eu amava, e que me abandonou,
                                   Dm
    Apedrejado pelas ruas, vivo a sofrer
              E7                        A7
    Não tenho lar, e nem parentes, tudo terminou
                                      Dm
    Só nas tabernas é que encontro meu abrigo
              D7                      Gm
    Cada colega de infortúnio, um grande amigo
                                    Dm
    Que embora tenham como eu seus sofrimentos
                        A7           Dm
    Me aconselharam, e aliviaram meus tormentos.

              D      B7       Em
    Já fui feliz e recebido com nobreza até,
              A7                      D
    Nadava em ouro, e tinha alcova de cetim.
                                         Em
    E a cada passo um grande amigo em que depunha fé,
         A7          D
    E nos parentes... confiava sim!
                         B7        Em
    E hoje ao ver-me na miséria, tudo vejo então
              A7                 F#7
    O falso lar que amava e a chorar deixei
         Bb           Gm6      D      B7
    Cada parente, cada amigo, era um ladrão
              E7       A7         D
    Me abandonaram e roubaram o que amei.

              A7                    Dm
    Falsos amigos, eu vos peço, imploro a chorar,
              D7                        Gm
    Quando eu morrer, a minha campa nenhuma inscrição
                                       Dm
    Deixai que os vermes pouco a pouco venham terminar
              E7                A7
    Este ébrio triste e este triste coração.
```

Copyright 1936 by Mangione, Filhos & Cia. Ltda.

O ébrio (continuação)

       A7   **Dm**
Quero somente na campa que eu repousar
   D7   **Gm**
Os ébrios loucos como eu venham depositar
                      Dm
Os seus segredos ao meu derradeiro abrigo,
          A7   **Dm**
E suas lágrimas de dor ao peito amigo.

Tic-tac do meu coração

Samba - Si menor   *Alcyr Pires Vermelho e Walfrido Silva*

Bm
O tic-tac, o tic-tac do meu coração
         B7   Em
Marca o compasso do meu grande amor
         Bm
Na alegria fica muito forte,
      C#7   F#7
E na tristeza fica fraco porque sente dor
           Bm
O tic-tac, o tic-tac do meu coração
    B7   Em
Marca o compasso de um atroz viver
         Bm
É um relógio de uma existência
      F#7   Bm
Pouco a pouco vai morrendo de tanto sofrer.
   A7   D
Meu coração já bate diferente
  F#7   B7
Dando o sinal do fim da mocidade
  Em   Bm
O seu pulsar é um soluçar constante
     C#7   F#7
De quem muito amou na vida com sinceridade
  A7   D
Às vezes eu penso que o tic-tac
  F#7   B7
É um aviso do meu coração
  Em   Bm
Que já cansado de tanto sofrer
   C#7   F#7 Bm
Não quer que eu tenha nesta vida mais desilusão!

Pela rua

Samba-canção - Dó menor **J. Ribamar e Dolores Duran**

G7　　Cm　　　Fm　　　　G7
Luar parado passou um lamento
　　　　Cm　　　　　　Fm
Riscou a noite e desapareceu
　　　G7　　　　　　　Cm
Depois a lua ficou mais sozinha
　　　　Cm/Bb　　　Ab　　　　G7
Foi ficando triste e também se escondeu

　　　　Cm
Na minha vida
　　　　F#°
Uma saudade negra
　　　Fm
Soluçou baixinho

No meu olhar
　　　　　　　　G7
Um mundo de tristeza
　　　Cm
Veio se aninhar
　　　　　　　　　　　　　Fm
Minha canção ficou assim sem jeito
　　　　Cm
Cheia de desejos
　　　Fm
E eu fui andando
　　　　　G7　　　　　　Cm
Pela rua escura pra poder chorar

BIS

Sumário de Cifras

Cifras
(noções)

A	B	C	D	E	F	G
lá	si	dó	ré	mi	fá	sol

As cifras são usadas para representar os acordes, para facilitar a leitura e agilizar a execução das harmonias em instrumentos como violão e teclado.

Regras básicas:

- A letra maiúscula sozinha representa um acorde perfeito maior. Ex: A (lá maior), C (dó maior), etc.

- A letra maiúscula acompanhada do "m" minúsculo representa um acorde perfeito menor. Ex: Bm (si menor), Gm (sol menor), etc.

- A letra acompanhada de um número representa o acorde perfeito maior ou menor acrescido de mais um som que é justamente o intervalo entre a "tônica" do acorde e este determinado som. Ex: Fm7 (fá menor com sétima), D7(9) (ré maior com sétima e nona), etc.

- A letra acompanhada de acidentes (sustenido ou bemol) segue a mesma regra das notas musicais. Ex: F# (fá sustenido maior), Cb7(9) (dó bemol com sétima e nona), etc.

- A letra acompanhada do termo "dim" ou símbolo "°" representa um acorde diminuto. Ex: G#dim (sol sustenido diminuto), Ab° (lá bemol diminuto), etc.

Acordes Maiores

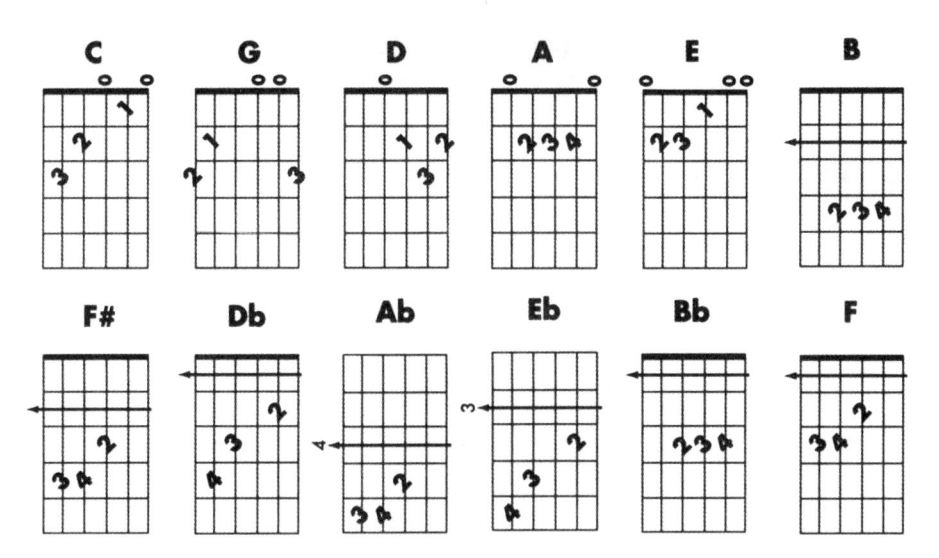

C   G   D   A   E   B

F#   Db   Ab   Eb   Bb   F

Acordes Menores

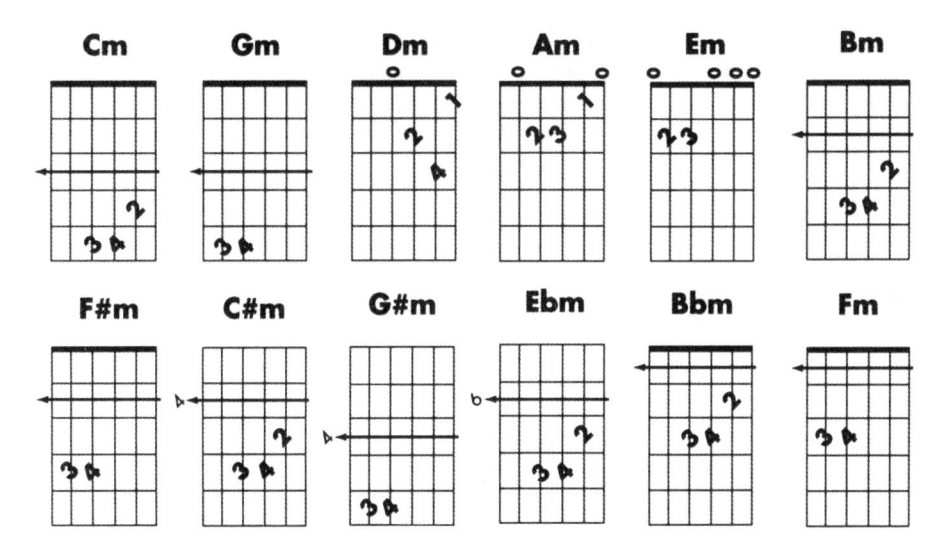

Cm   Gm   Dm   Am   Em   Bm

F#m C#m G#m Ebm Bbm Fm

Acordes Maiores com 7ª (menor)

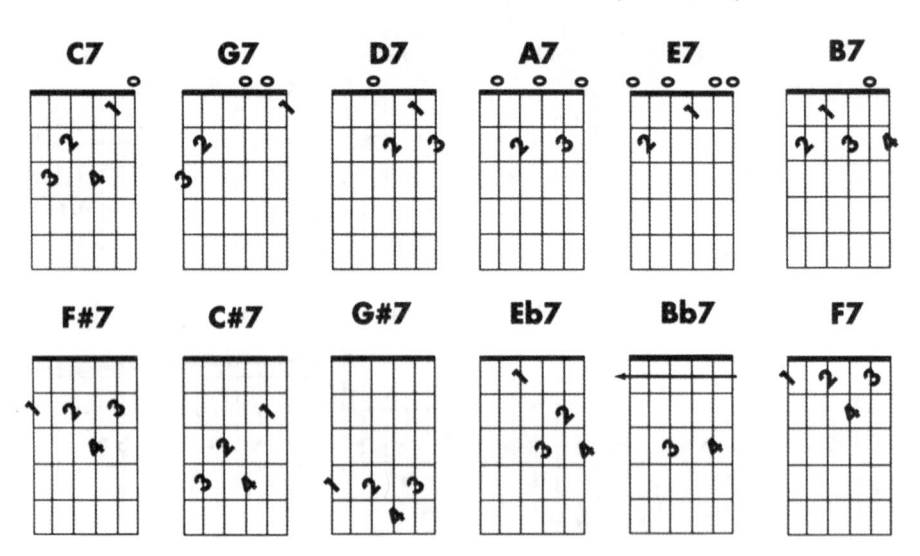

C7 G7 D7 A7 E7 B7

F#7 C#7 G#7 Eb7 Bb7 F7

Acordes Menores com 7ª (menor)

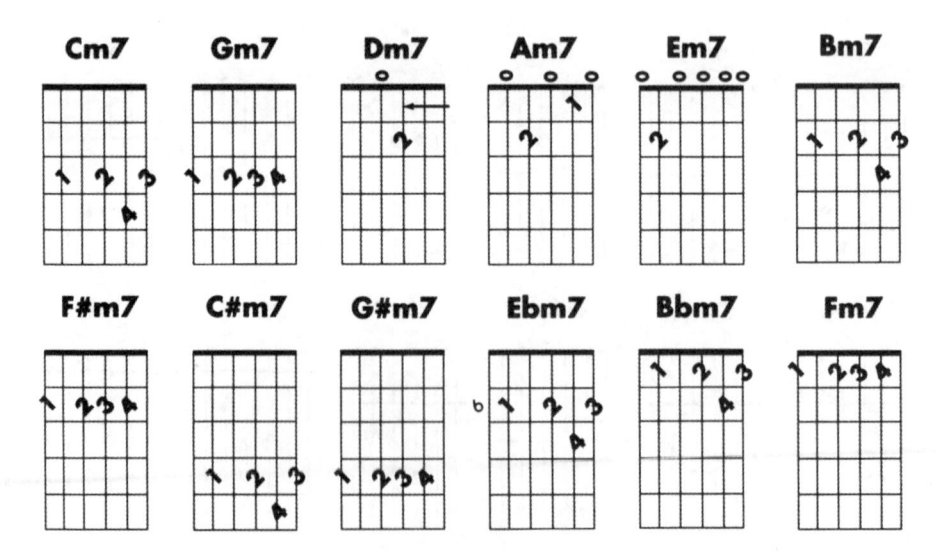

Cm7 Gm7 Dm7 Am7 Em7 Bm7

F#m7 C#m7 G#m7 Ebm7 Bbm7 Fm7

Acordes Maiores com 7ª M (Maior)

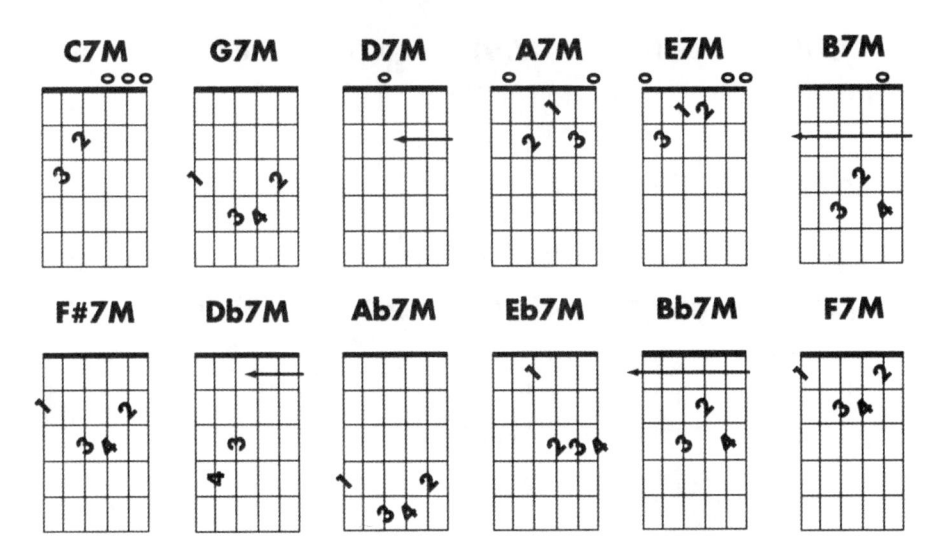

C7M G7M D7M A7M E7M B7M

F#7M Db7M Ab7M Eb7M Bb7M F7M

Acordes Maiores com 7ª (menor) e 5+ (5ª aumentada)

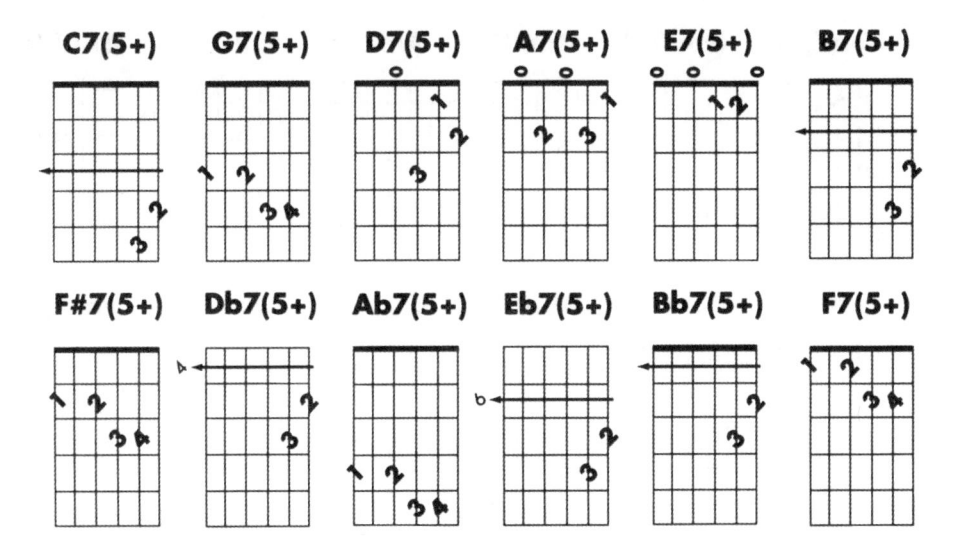

C7(5+) G7(5+) D7(5+) A7(5+) E7(5+) B7(5+)

F#7(5+) Db7(5+) Ab7(5+) Eb7(5+) Bb7(5+) F7(5+)

Acordes Maiores com 7ª (menor) e 9ª (Maior)

C7(9)   G7(9)   D7(9)   A7(9)   E7(9)   B7(9)

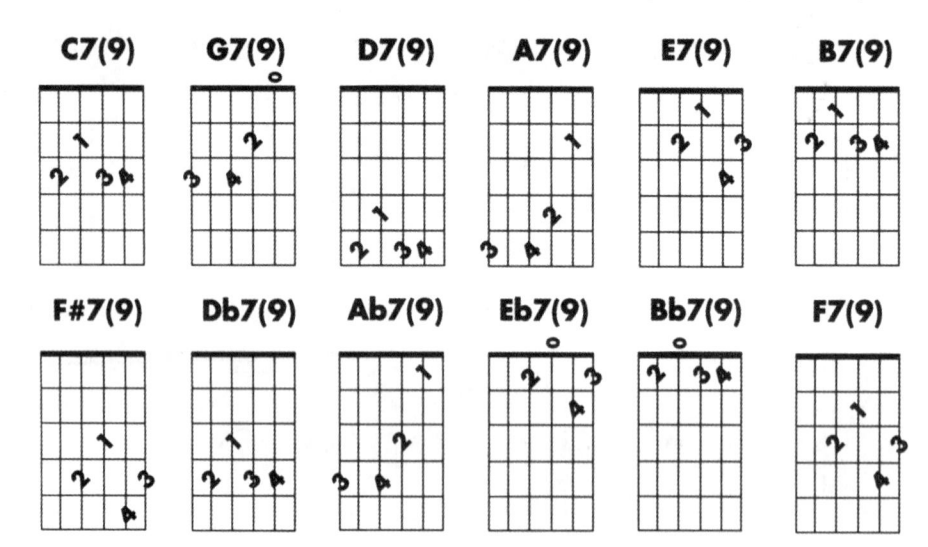

F#7(9) Db7(9) Ab7(9) Eb7(9) Bb7(9) F7(9)

Acordes Menores com 7ª (menor) e 9ª (Maior)

Cm7(9) Gm7(9) Dm7(9) Am7(9) Em7(9) Bm7(9)

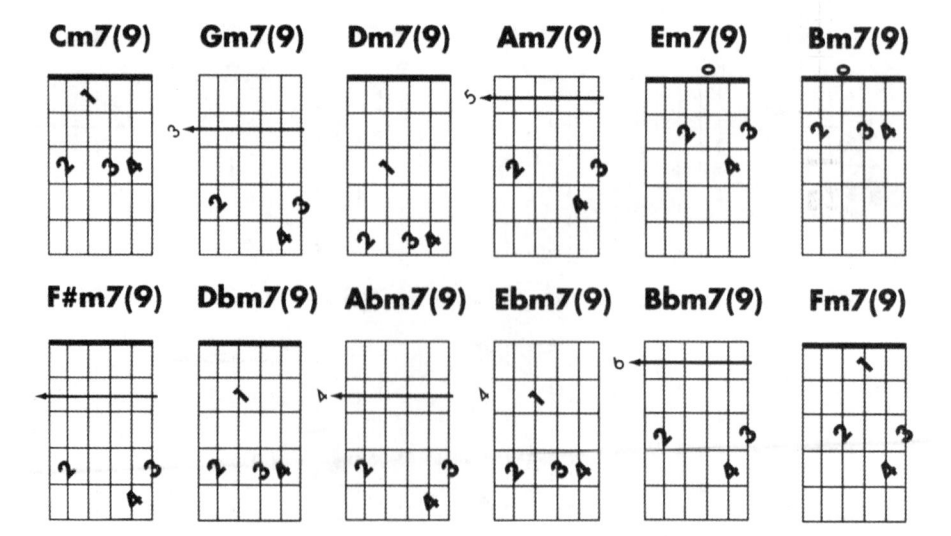

F#m7(9) Dbm7(9) Abm7(9) Ebm7(9) Bbm7(9) Fm7(9)

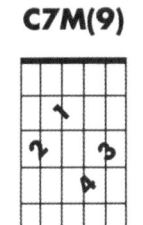

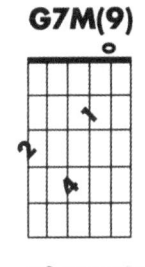

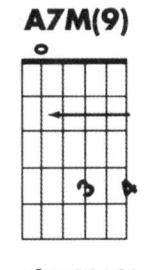

Acordes Maiores com 7º (menor) e 9ª (menor)

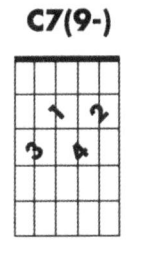

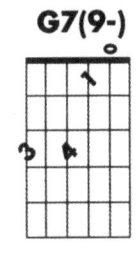

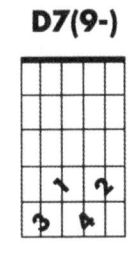

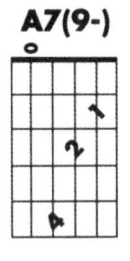

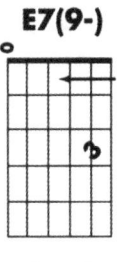

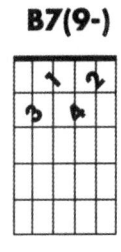

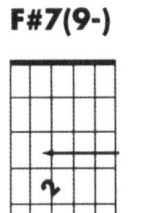

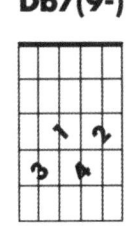

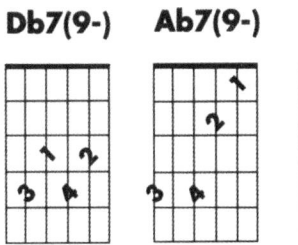

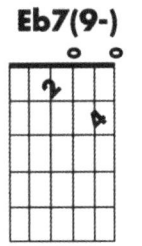

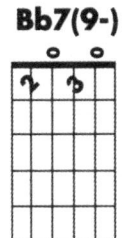

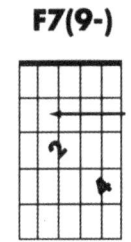

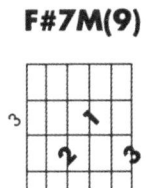

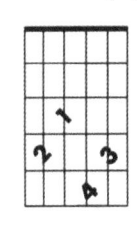

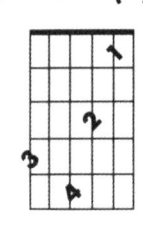

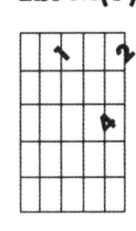

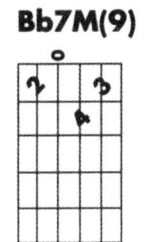

C7(9-) G7(9-) D7(9-) A7(9-) E7(9-) B7(9-)

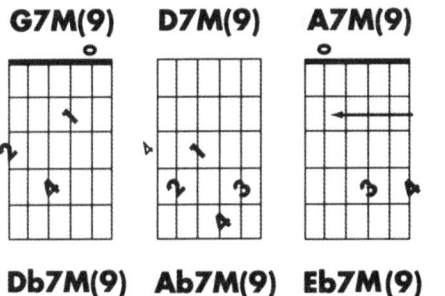

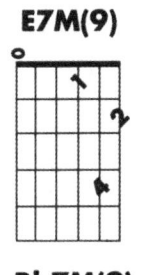

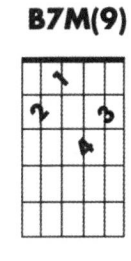

F#7(9-) Db7(9-) Ab7(9-) Eb7(9-) Bb7(9-) F7(9-)

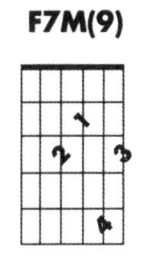

Acordes Maiores com 7ª (Maior) e 9ª (Maior)

C7M(9) G7M(9) D7M(9) A7M(9) E7M(9) B7M(9)

F#7M(9) Db7M(9) Ab7M(9) Eb7M(9) Bb7M(9) F7M(9)

Acordes Maiores com 7ª e 13ª

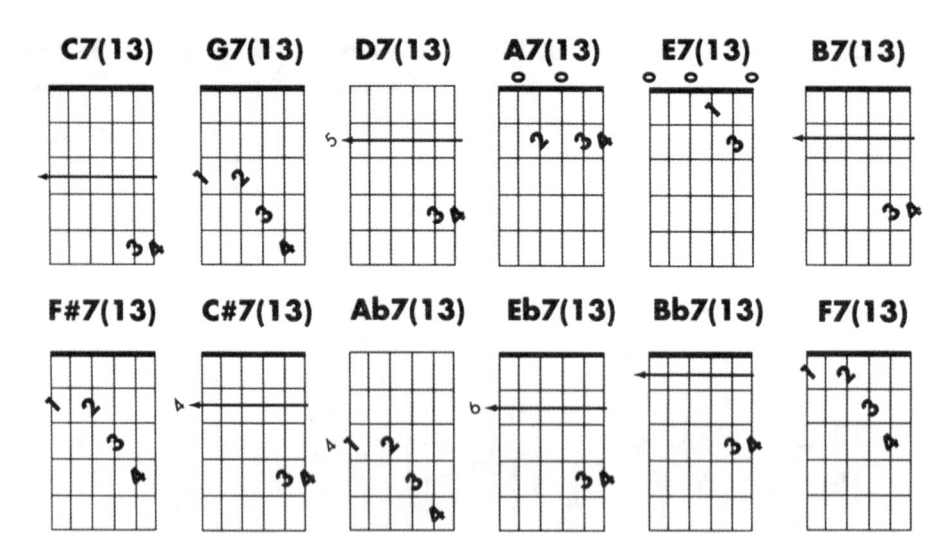

C7(13) G7(13) D7(13) A7(13) E7(13) B7(13)

F#7(13) C#7(13) Ab7(13) Eb7(13) Bb7(13) F7(13)

Acordes Maiores com 7ª (menor) e 11ª (aumentada)

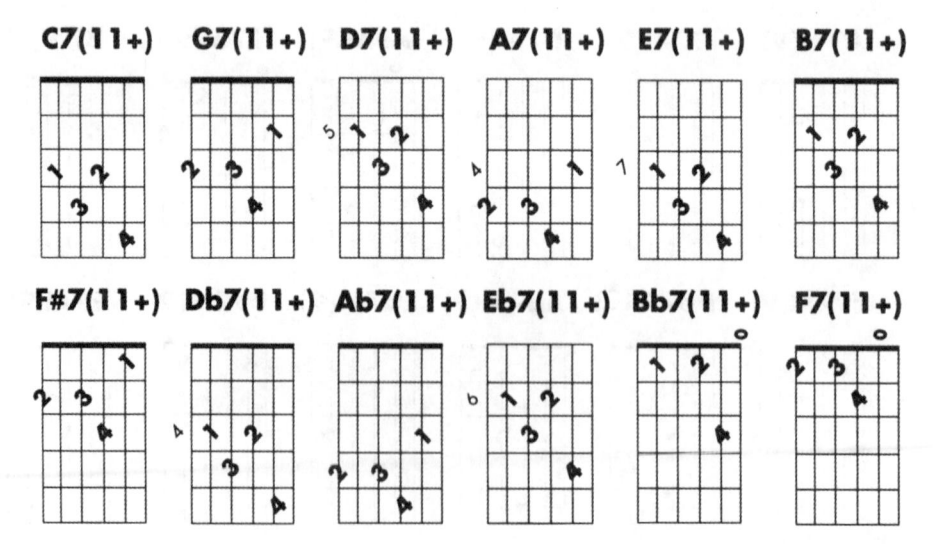

C7(11+) G7(11+) D7(11+) A7(11+) E7(11+) B7(11+)

F#7(11+) Db7(11+) Ab7(11+) Eb7(11+) Bb7(11+) F7(11+)

Acordes Maiores com 6ª

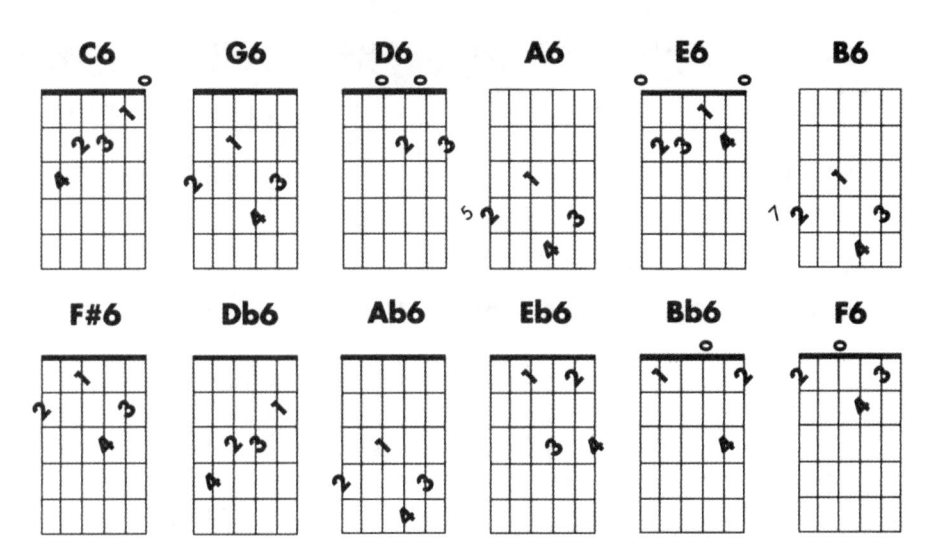

C6 G6 D6 A6 E6 B6

F#6 Db6 Ab6 Eb6 Bb6 F6

Acordes Menores com 6ª

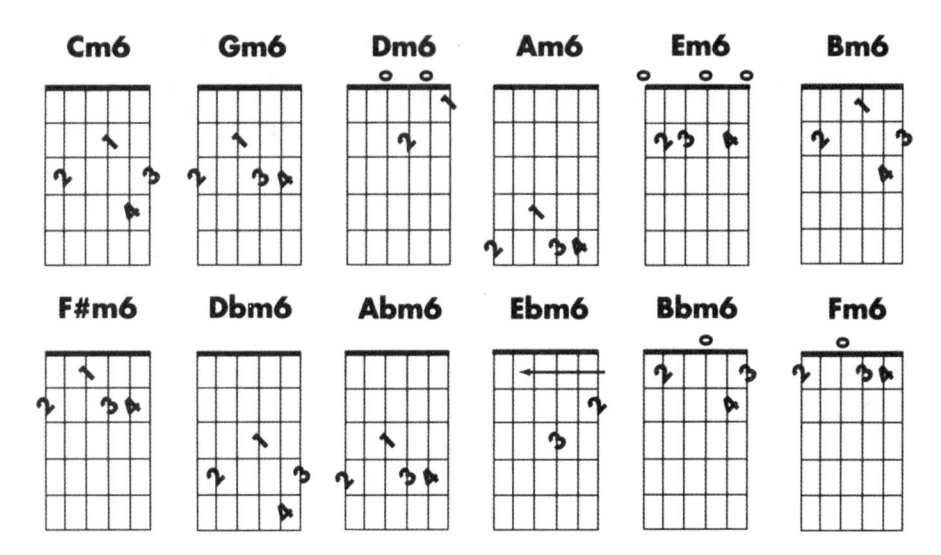

Cm6 Gm6 Dm6 Am6 Em6 Bm6

F#m6 Dbm6 Abm6 Ebm6 Bbm6 Fm6

Acordes Maiores com 6ª e 9ª

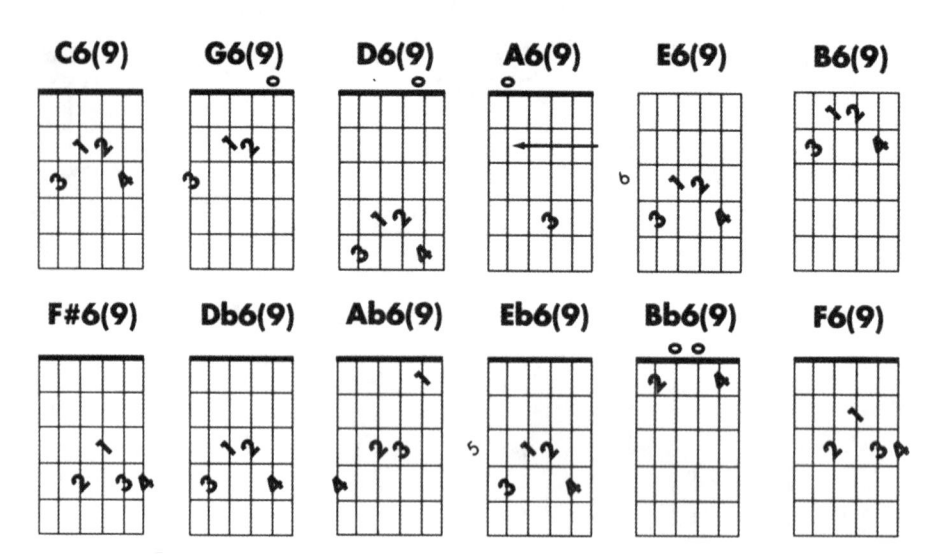

C6(9) G6(9) D6(9) A6(9) E6(9) B6(9)

F#6(9) Db6(9) Ab6(9) Eb6(9) Bb6(9) F6(9)

Acordes Diminutos

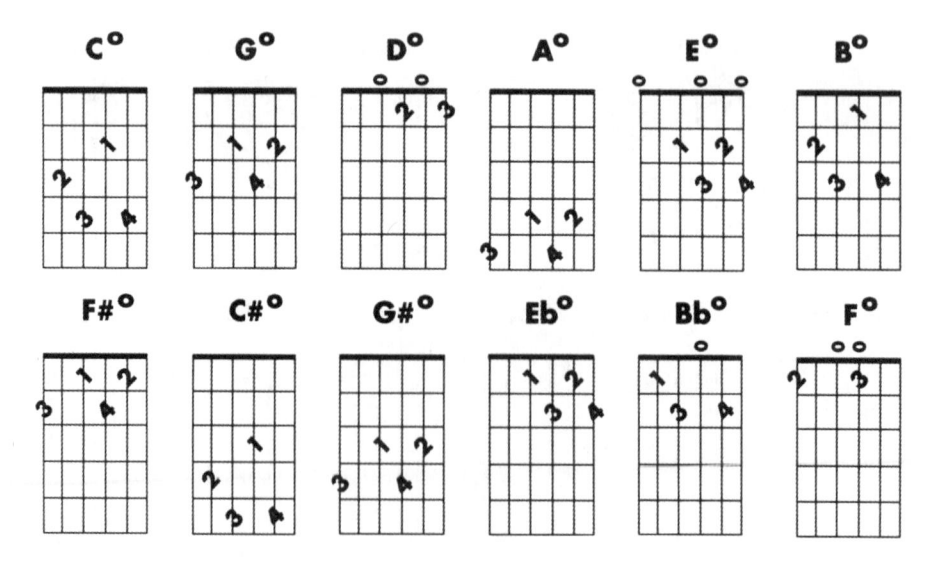

C° G° D° A° E° B°

F#° C#° G#° Eb° Bb° F°

Acordes meio diminutos

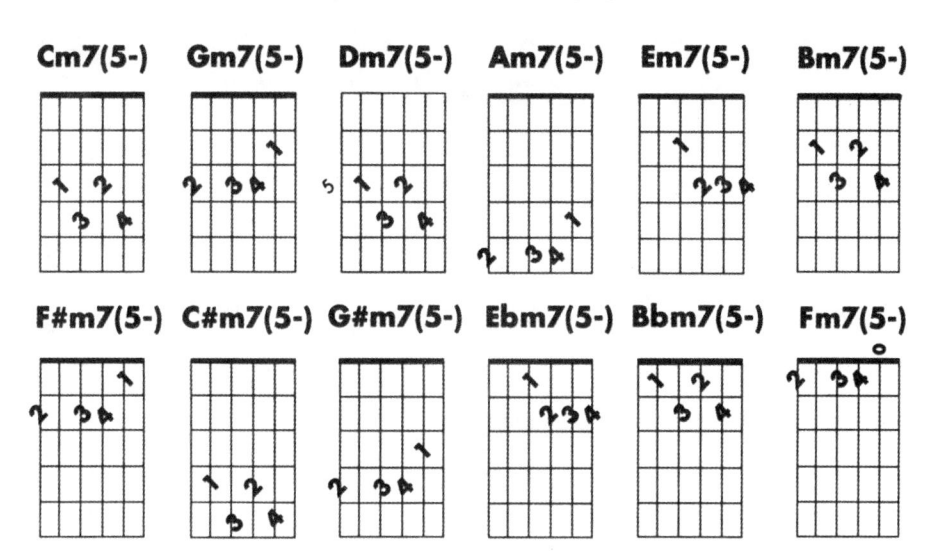

Cm7(5-) Gm7(5-) Dm7(5-) Am7(5-) Em7(5-) Bm7(5-)

F#m7(5-) C#m7(5-) G#m7(5-) Ebm7(5-) Bbm7(5-) Fm7(5-)

Acordes Sus 4

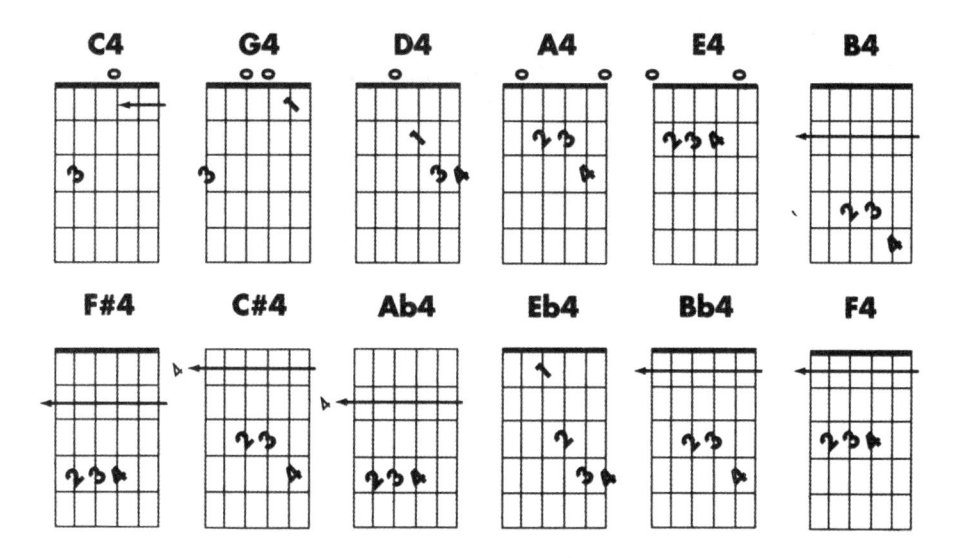

C4 G4 D4 A4 E4 B4

F#4 C#4 Ab4 Eb4 Bb4 F4

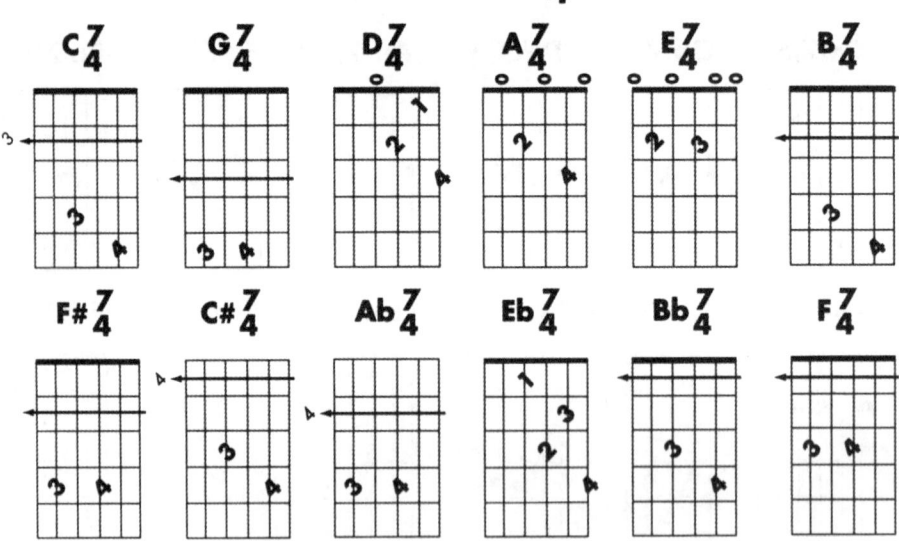

Acordes Sus 7/4

C7/4   G7/4   D7/4   A7/4   E7/4   B7/4

F#7/4   C#7/4   Ab7/4   Eb7/4   Bb7/4   F7/4

Acordes Sus 7/4 (9)

C7/4(9)   G7/4(9)   D7/4(9)   A7/4(9)   E7/4(9)   B7/4(9)

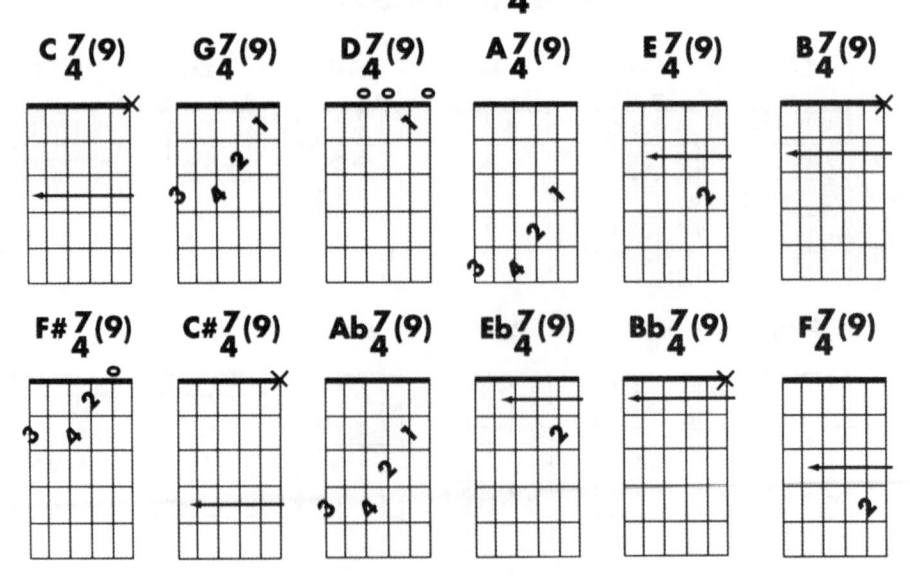

F#7/4(9)   C#7/4(9)   Ab7/4(9)   Eb7/4(9)   Bb7/4(9)   F7/4(9)

Acordes Maiores com a 3ª no baixo

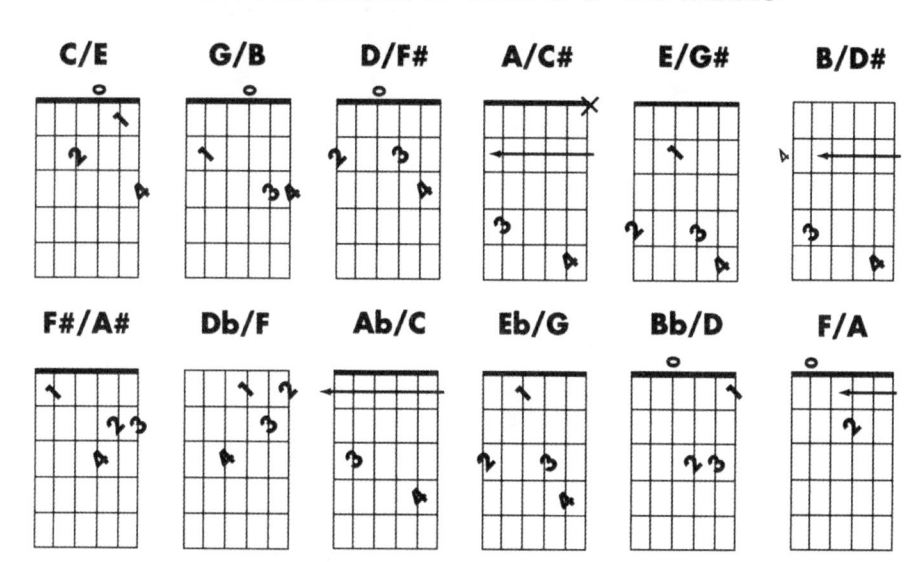

C/E G/B D/F# A/C# E/G# B/D#

F#/A# Db/F Ab/C Eb/G Bb/D F/A